MIMOS

24

MIMOS

Schweizer Jahrbuch Darstellende Künste 86–2024
Annuaire suisse des arts de la scène 86–2024
Annuario svizzero delle arti sceniche 86–2024
Annuari svizer dals arts represchentativs 86–2024

Herausgegeben von
Édité sous la direction de
A cura di
Edì da

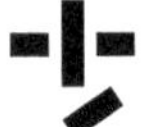

Schweizerische Gesellschaft für Theaterkultur
Société suisse du théâtre
Società Svizzera di Studi Teatrali
Societad svizra per cultura da teater

Mit Unterstützung von
Avec le soutien de
Con il sostegno di
Cun il sustegn da

Schweizerische Eidgenossenschaft
Confédération suisse
Confederazione Svizzera
Confederaziun svizra

Eidgenössisches Departement des Innern EDI
Département fédéral de l'intérieur DFI
Dipartimento federale dell'interno DFI
Departament federal da l'intern DFI
Bundesamt für Kultur BAK
Office fédéral de la culture OFC
Ufficio federale della cultura UFC
Uffizi federal da cultura UFC

In der gleichen Reihe, beim gleichen Verlag
Dans la même collection, chez le même éditeur
Nella stessa collana, presso lo stesso editore
En la medema collecziun, dal medem editur

MIMOS 2011: Christoph Marthaler
MIMOS 2012: Daniele Finzi Pasca
MIMOS 2013: Yvette Théraulaz (avec DVD)
MIMOS 2014: Omar Porras
MIMOS 2015: Rimini Protokoll
MIMOS 2016: Theater HORA
MIMOS 2017: Ursina Lardi
MIMOS 2018: Theater Sgaramusch
MIMOS 2019: Cie Yan Duyvendak
MIMOS 2020: Jossi Wieler
MIMOS 2021: Martin Zimmermann
MIMOS 2022: Barbara Frey
MIMOS 2023: Cindy Van Acker
MIMOS 2024: Lilo Baur

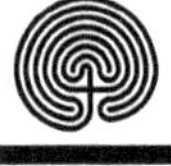

Die Schweizerische Gesellschaft für Theaterkultur
ist Mitglied der SAGW, die ihre Tätigkeit unterstützt.

La Société suisse du théâtre
est membre de l'ASSH, qui soutient ses activités

La Società Svizzera di Studi Teatrali
è membro dell'ASSU, che sostiene le sue attività

La Societad svizra dal teater
è commembra da l'ASSUS, che sustegna sias activitads

MIMOS 24

Lilo Baur

Herausgegeben von
Édité sous la direction de
A cura di
Edì da

Paola Gilardi
Anne Fournier
Andreas Klaeui

PETER LANG

Lausanne · Berlin · Bruxelles · Chennai
New York · Oxford

Die Deutsche Nationalbibliothek
verzeichnet diese Publikation in der
Deutschen Nationalbibliographie.
Detaillierte bibliographische
Daten sind im Internet abrufbar
unter: https://portal.dnb.de/opac.htm.

Umschlagbild / Cover
Lilo Baur als Lucie in
The Three Lives of Lucie Cabrol
Regie: Simon McBurney
Complicité, London, 1994
Foto: © Johannes Flaschberger

Für eine ausgewählte Zielgruppe
wurde eine limitierte Hardcover-
Version produziert.

Print version – Hardcover
ISBN: 978-3-0343-5893-4

Print-Version: Softcover Print-on-Demand
ISBN: 978-3-0343-5892-7

E-book version
ISBN: 978-3-0343-5891-0

DOI: 10.3726/b22928

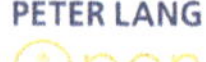
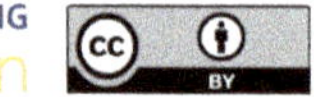

© Paola Gilardi / Anne Fournier /
Andreas Klaeui [Band-Herausgeber:innen]
und Claudia Rosiny / Georges Grbic /
Simon McBurney / Armelle Héliot /
Laurent Muhleisen / Chantal Hurault /
Demis Quadri / David Christoffel /
Karelle Ménine

2025 Peter Lang Group AG, Lausanne

Verlegt durch: Peter Lang Group AG,
Lausanne, Schweiz

info@peterlang.com
peterlang.com

Adresse der Redaktion /
Redaction adress
Schweizerische Gesellschaft
für Theaterkultur
Geschäftsstelle
4000 Basel
Schweiz

info@mimos.ch
mimos.ch

Gestaltung / Layout
Adeline Mollard, Zürich

Assistent / Assistant
Dennis Vugts, Solothurn

Schriften / Typefaces
Chroma, Selina Bernet (Source Type)
Bradford, Laurenz Brunner (Lineto)

MIMOS 2024

Claudia Rosiny
Verantwortliche Darstellende Künste, Bundesamt für Kultur

Die Regisseurin und Schauspielerin Lilo Baur erhielt den Schweizer Grand Prix Darstellende Künste / Hans-Reinhart-Ring 2024. Mit dieser wichtigsten Auszeichnung des Landes im Bereich der Bühnenkünste würdigt das Bundesamt für Kultur in Kooperation mit der Schweizerischen Gesellschaft für Theaterkultur herausragende künstlerische Leistungen von grosser Relevanz. Lilo Baur ist eine Reisende, die vor allem als Schauspiel- und Opernregisseurin in einem noch immer männerdominierten Umfeld eine hohe Anerkennung in verschiedenen Ländern erreicht hat.

Die Eidgenössische Jury für Darstellende Künste bemüht sich darum, nicht nur die ganze Breite im künstlerischen Schaffen der Bühnenkünste in der Schweiz zu berücksich-tigen, sondern auch Auszeichnungen auszusprechen, die über die Landesgrenzen hinausreichen. So fiel der Jury die aussergewöhnliche Karriere der Regisseurin und Schau-spielerin Lilo Baur ins Auge, die in jüngster Zeit vor allem durch ihr Wirken an der Comédie-Française oder der Opéra-Comique in Paris auf sich aufmerksam gemacht hat und dort stets für ausverkaufte Vorstellungen sorgt.

Beeindruckt war ich im November 2024 von einer solchen Aufführung von Molières *L'Avare* an der Comédie-Française – volle Ränge mit einem begeisterten Publikum, dem Lilo Baur die Vielseitigkeit ihrer Inszenierungskünste zeigte. Gekonnt verschmilzt sie Sprache, Bewegung und Komik zu einem Gesamtkunstwerk, das weit über eine reine Sprechtheater-inszenierung hinausweist. Gut erkennbar war auch die Spielfreude der Darsteller:innen, was wohl mit der für Lilo Baur typischen Inszenierungsweise zu tun hat: Auch an einem grossen Haus wie der Comédie-Française beginnt Lilo Baur mit Improvisationen anstelle einer Leseprobe, damit sich die Spielenden in ihre Rolle einfinden können.

Inspirationen für ihre Regiearbeiten im Sprech- und Musiktheater und den für sie kennzeichnenden, oft slapstickartigen Humor findet Lilo Baur auch im Film: Charlie Chaplin, Federico Fellini oder Jacques Tati nennt sie als Vorbilder. Sicherlich kann sie auch auf ihre breite schauspielerische Erfahrung zurückgreifen, vor allem als langjähriges Ensemblemitglied der 1983 in London gegründeten Theatergruppe Complicité, die als eine der international bekanntesten Compagnien in der freien Szene gilt. Hier wie auch in der Ausbildung bei Jacques Lecoq und der Zusammenarbeit mit Peter Brook in Paris verortet sie ihre improvisatorische Herangehensweise an Stoffe. Rollen in Filmen wie in *Vollmond* (1998) von Fredi M. Murer oder ihr Kurzauftritt im Hollywoodfilm *Bridget Jones* (2004) zählen auch noch zu ihrem reichhaltigen Erfahrungsschatz. Es verwundert nicht, dass sie 2023 mit *Une journée particulière* [*Ein besonderer Tag*] ein Bühnenstück nach dem gleichnamigen Film von Ettore Scola im Théâtre de Carouge bei Genf uraufführte.

Aufgewachsen in einem kleinen Dorf im Kanton Aargau, ging sie nach dem Besuch des Lehrerseminars in Wohlen für ihre Schauspielausbildung an die Lecoq-Schule in Paris. Die von dem Pantomimen Jacques Lecoq in den 1960er Jahren gegründete internationale Schule gilt bis heute als eine der führenden Bildungsinstitutionen im Bewegungstheater. Ursprünglich wollte Lilo Baur Tänzerin werden. Geblieben von dieser ersten Berufsidee ist ihr Inszenierungsansatz, der stark vom Körper ausgeht. Das kann auch mal dazu führen, dass sie es trotz der Sprachlastigkeit im französischen Theater schafft, dass auch Schauspieler:innen, die überwiegend ernsthafte und tragische Rollen darstellen, ihre komische Ader entdecken und bereit sind, Körpereinsatz zu zeigen. Der Schlüssel dazu ist Lilo Baurs Vertrauen und ihre Wertschätzung aller Beteiligten einer Produktion. Alle zählen, auch die Statist:innen oder Chorsänger:innen, denn alle tragen zum Bühnenuniversum bei.

Wer Lilo Baur an der Preisverleihung im Theater Casino Zug Ende Oktober 2024 erlebt hat, glaubt dies sofort: Ihre Energie und ihr Engagement für das Theater sind ansteckend. Dahinter verbirgt sich jedoch eine sensible, tiefgründige Persönlichkeit. Wie es Jurymitglied Georges Grbic in

Claudia Rosiny

seiner Laudatio treffend formuliert hat, Lilo Baur «verliert [...] nie ihre Seelenlandschaft aus dem Blick»[1]. Denn wie beim *Kleinen Prinzen* «sieht man nur mit dem Herzen gut». Lilo Baurs Kreationen sind von einem Liebesgefühl geprägt: «Bei Marcel Aymé, Molière und Feydeau sowie kürzlich in Lullys Oper *Armide* oder ausgehend von Ettore Scolas Filmschaffen erforscht sie auf der Bühne die Liebe in allen ihren Zuständen.»[2] Doch Liebe allein reicht in aktuellen Zeiten nicht. So plädierte Lilo Baur in ihrer Dankesrede mit einer Liedzeile aus dem Musical *Billy Elliot* für unser aller Engagement in der Kultur: «Solidarity, solidarity, solidarity forever!»[3]

---

1 Zitat aus der Laudatio von Jurymitglied Georges Grbic in diesem *MIMOS*-Band, S. 22.

2 Ebd.

3 Die vollständige Videoaufzeichnung der Preisverleihung findet sich auf dem YouTube-Kanal der Schweizer Preise Darstellende Künste: https://www.youtube.com/watch?v=CEaAgmi8w_g.

Préface
Une metteuse en scène polyvalente

Claudia Rosiny
Responsable Arts de la scène, Office fédéral de la culture

La metteuse en scène et comédienne Lilo Baur est la lauréate du Grand Prix suisse des arts de la scène / Anneau Hans Reinhart 2024. Avec cette distinction, la plus importante du pays dans les arts du spectacle, l'Office fédéral de la culture, en coopération avec la Société suisse du théâtre, honore des prestations artistiques exceptionnelles et d'une grande pertinence. Lilo Baur est une voyageuse au long cours, qui a obtenu une reconnaissance à l'échelle internationale, avant tout dans le domaine de la mise en scène de théâtre et d'opéra, un milieu encore largement dominé par les hommes.

Le jury fédéral des arts de la scène s'efforce non seulement de prendre en compte toute l'étendue de la création scénique en Suisse, mais aussi de décerner des distinctions qui dépassent les frontières nationales. C'est ainsi que le jury a été frappé par l'admirable carrière de la metteuse en scène et comédienne Lilo Baur, qui s'est notamment distinguée ces derniers temps par son travail à la Comédie-Française et à l'Opéra-Comique de Paris, où elle fait toujours salle comble.

En novembre 2024, j'ai assisté à une représentation de son adaptation de *L'Avare* de Molière à la Comédie-Française, et le succès rencontré m'a laissée sans voix: une salle bondée et un public enthousiaste devant le talent protéiforme de la metteuse en scène. Lilo Baur fusionne habilement la parole, le mouvement et le comique en une œuvre d'art totale qui va bien au-delà de la simple mise en scène de théâtre. Le plaisir qu'éprouvaient les actrices et acteurs en jouant était lui aussi manifeste, et cela est probablement lié aux spécificités du travail de Lilo Baur: même dans une grande institution comme la Comédie-Française, elle commence

Claudia Rosiny

toujours les répétitions par des exercices d'improvisation en lieu et place de l'habituelle séance de lecture à la table, afin que les comédiennes et comédiens puissent mieux s'imprégner de leur rôle.

C'est également dans le cinéma que Lilo Baur puise son inspiration, pour ce qui touche à la mise scène (de théâtre parlé ou musical) et à cet humour souvent burlesque qui la caractérise : quand on lui demande par qui elle a été marquée, elle cite Charlie Chaplin, Federico Fellini ou Jacques Tati comme modèles. Bien sûr, elle peut aussi s'appuyer sur sa vaste expérience de comédienne : pendant de nombreuses années, elle a été membre de la troupe londonienne Complicité, fondée en 1983, désormais l'une des compagnies indépendantes les plus connues au niveau international. C'est dans ce contexte, mais aussi grâce à sa formation auprès de Jacques Lecoq et à sa collaboration avec Peter Brook à Paris, qu'est né son penchant pour l'improvisation lorsqu'elle aborde un nouveau texte ou sujet. Parmi ses nombreuses expériences, citons encore ses rôles dans divers films, notamment *Vollmond* (*Pleine lune*, 1998), de Fredi M. Murer, et son apparition dans le succès hollywoodien *Bridget Jones : L'Âge de raison* (2004). Ainsi, on ne s'étonnera pas d'apprendre qu'en 2023 elle a adapté pour la scène le film *Une journée particulière* d'Ettore Scola, au Théâtre de Carouge (Genève).

Lilo Baur grandit dans un petit village du canton d'Argovie. Après avoir fréquenté l'École normale de Wohlen, elle obtient son diplôme de comédienne à l'École internationale de théâtre Jacques Lecoq, fondée par le mime dans les années 1960 à Paris et considérée aujourd'hui encore comme l'une des principales formations dans le domaine du théâtre de mouvement. À l'origine, Lilo Baur voulait devenir danseuse. De cette première idée de carrière, il reste son approche de la mise en scène, où le corps joue un rôle prépondérant. Parfois, cela se traduit par le fait que, malgré le poids de la langue dans le théâtre français, elle parvient à stimuler la veine comique d'actrices et acteurs habitués aux rôles sérieux et tragiques en les amenant à s'engager davantage sur le plan corporel. La clé de cette réussite réside dans la confiance et l'estime que Lilo Baur témoigne à

F   l'ensemble des participantes et participants d'une
production. Chacune et chacun compte, y compris les figurants et les choristes, car tout le monde contribue à l'univers scénique.

Quiconque a vu Lilo Baur lors de la remise des Prix au
Theater Casino Zug, fin octobre 2024, s'est aperçu que son
énergie et son engagement pour le théâtre sont contagieux.
Derrière cet enthousiasme, se cache une personnalité
sensible et profonde. Georges Grbic, membre du jury, l'a très
bien exprimé dans son éloge: «Lilo Baur ne perd pas de
vue son paysage intérieur, à l'instar du Petit Prince, "on ne
voit bien qu'avec le cœur" […]. Il est singulier de relever à
quel point ses créations sont traversées par le thème central du sentiment amoureux. Que ce soit chez Marcel Aymé,
Molière, Georges Feydeau, ou récemment avec l'opéra
Armide de Lully ou le cinéma d'Ettore Scola, c'est bien l'amour
dans tous ses états que Lilo Baur explore sur scène.»[1]
Mais l'amour seul ne suffit pas dans les temps actuels.
Aussi, dans son discours de remerciement, Lilo Baur a-t-elle
appelé à ce que nous nous engagions toutes et tous pour
la culture, reprenant une phrase de la comédie musicale
Billy Elliot: «Solidarity, solidarity, solidarity forever!»[2]

1   Citation tirée de l'éloge de Georges Grbic, membre du jury, publié dans
le présent ouvrage p.21.

2   L'enregistrement vidéo complet de la cérémonie de remise des Prix est disponible
en ligne, sur la chaîne YouTube des Prix suisses des arts de la scène:
https://www.youtube.com/watch?v=CEaAgmi8w_g.

Claudia Rosiny

La registra e attrice Lilo Baur si è aggiudicata il Gran Premio svizzero delle arti sceniche / Anello Hans Reinhart 2024. Questo massimo riconoscimento nazionale nel campo delle arti performative è conferito dall'Ufficio federale della cultura in cooperazione con la Società Svizzera di Studi Teatrali. Lilo Baur può essere definita una viaggiatrice che, soprattutto come regista teatrale e d'opera lirica, ha saputo affermarsi in diversi Paesi conquistando grande stima e apprezzamento in un ambito professionale ancora prevalentemente maschile.

La giuria federale delle arti sceniche si propone di abbracciare l'ampio ventaglio delle arti performative in Svizzera, attribuendo anche riconoscimenti che valicano i confini nazionali. In questa prospettiva ha soffermato lo sguardo sulla straordinaria carriera della regista e attrice Lilo Baur, che di recente si è distinta soprattutto per le sue messinscene alla Comédie-Française o all'Opéra-Comique di Parigi, dove i suoi spettacoli fanno sempre registrare il tutto esaurito.

Sono rimasta particolarmente colpita da una sua rappresentazione dell'*Avaro* di Molière, andata in scena nel novembre 2024 alla Comédie-Française, davanti a una platea gremita. Lilo Baur ha saputo mostrare la versatilità del proprio talento registico, suscitando l'entusiasmo del pubblico. Con grande maestria ha saputo unire linguaggio, movimento e comicità per dare vita a un'opera d'arte totale che va ben oltre il classico teatro di prosa. Si percepiva chiaramente anche la passione degli interpreti nel recitare, probabilmente frutto del peculiare approccio di Lilo Baur che, persino in un grande teatro come la Comédie-Française, comincia sempre le prove con sessioni di improvvisazione invece della tradizionale lettura del copione, permettendo così agli attori e alle attrici di immergersi nei rispettivi ruoli.

I   Nel proprio lavoro di regia, sia per il teatro di prosa che per il teatro musicale, e nella costruzione del suo tipico umorismo, spesso vicino allo slapstick, Lilo Baur trae ispirazione anche dal cinema: tra i suoi modelli cita Charlie Chaplin, Federico Fellini e Jacques Tati. Di certo può avvalersi anche della sua grande esperienza come attrice, maturata negli anni in cui faceva parte del gruppo teatrale Complicité, fondato a Londra nel 1983 e diventato una delle compagnie più rinomate della scena indipendente internazionale. In questo contesto, come pure grazie alla formazione con Jacques Lecoq e alla collaborazione con Peter Brook a Parigi, ha preso forma il suo approccio ai testi basato sull'improvvisazione. Il suo ampio bagaglio artistico include anche ruoli cinematografici, come l'interpretazione da protagonista in *Vollmond* (*Luna piena*, 1998) di Fredi M. Murer e un cameo nel film hollywoodiano *Bridget Jones* (2004). Non sorprende, quindi, che abbia anche trasposto il cinema per il teatro: nel 2023 ha infatti portato in scena al Théâtre de Carouge (vicino a Ginevra) un adattamento del film *Una giornata particolare* di Ettore Scola.

16   Cresciuta in un villaggio dell'Argovia, Lilo Baur frequenta dapprima la scuola magistrale a Wohlen e si trasferisce in seguito a Parigi per studiare recitazione alla scuola internazionale di teatro Jacques Lecoq, fondata negli anni Sessanta dal mimo di cui porta il nome e ancora oggi considerata uno dei migliori istituti di formazione per il teatro fisico. All'inizio voleva diventare danzatrice. Le cose sono andate diversamente, ma di questa sua prima aspirazione professionale le è rimasto un approccio registico fortemente incentrato sulla fisicità che, perfino in un teatro fortemente legato al testo parlato come quello francese, porta a volte addirittura attori e attrici abituati a interpretare ruoli seri e tragici a scoprire il loro lato comico e ad accettare di mettere in gioco il proprio corpo. Ciò è possibile soprattutto grazie alla fiducia e all'apprezzamento che la regista riserva a ogni persona coinvolta nelle sue produzioni. Tutti sono importanti, comprese le comparse e il coro, perché ognuno contribuisce a dare vita all'universo teatrale.

Claudia Rosiny

Chi ha avuto modo di assistere alla cerimonia di premiazione al Theater Casino di Zugo, tenutasi a fine ottobre 2024, non può che essere d'accordo: l'energia e la passione di Lilo Baur per il teatro sono contagiose. Tuttavia, dietro questa vitalità si cela una personalità sensibile e profonda. Come ha giustamente affermato Georges Grbic nella laudatio della giuria, Lilo Baur «non perde mai di vista […] la sua essenza»[1]. Perché, come si legge nel *Piccolo Principe*, «non si vede bene che col cuore». Le sue creazioni sono pervase da un sentimento d'amore: «Che si tratti di Marcel Aymé, Molière, Georges Feydeau, o più recentemente dell'opera *Armide* di Lully, ma anche del cinema di Ettore Scola, ciò che caratterizza il lavoro di Lilo Baur è l'esplorazione dell'amore in tutte le sue forme»[2]. Nel mondo di oggi, però, l'amore da solo non basta. Per questo, nel suo discorso di ringraziamento Lilo Baur ha fatto appello a un impegno comune per la cultura, citando un verso di una canzone del musical *Billy Elliot*: «Solidarity, solidarity, solidarity forever!»[3]

---

1   Citazione dalla laudatio di Georges Grbic in questo volume di *MIMOS*, p. 23.

2   Ibid.

3   Il video completo della cerimonia di premiazione è disponibile sul canale YouTube dei Premi svizzeri delle arti sceniche: https://www.youtube.com/watch?v=CEaAgmI8w_g.

Prefazione

Preface
A Versatile Director

Claudia Rosiny
Head of Performing Arts, Federal Office of Culture

Director and actor Lilo Baur was the winner of the Swiss Grand Award for the Performing Arts / Hans Reinhart Ring 2024, the country's highest honour for stage arts. It is awarded by the Federal Office of Culture in cooperation with the Swiss Association for Theatre Studies for outstanding and highly relevant artistic achievements. Lilo Baur is a traveller and has made an international name for herself working mainly as a theatre and opera director in what remains a male-dominated sphere.

The Federal Performing Arts Jury strives to recognise the full creative spectrum of this artistic domain not only within Switzerland but also beyond its national borders. This is how it became aware of the extraordinary career of Lilo Baur, who has most recently attracted attention first and foremost through her work with the Comédie-Française and the Opéra-Comique in Paris. Her productions there are consistently sold out.

I was personally struck by one such performance of Molière's *L'Avare* [*The Miser*] at the Comédie-Française in November 2024 – the house packed with an enthusiastic audience that was treated to a masterclass in the art of direction. She skilfully melds language, movement and comedy into a cohesive work of art that goes far beyond pure spoken theatre. It was also plain to see how much the cast were enjoying themselves, which is probably the result of Lilo Baur's typical directing style: even at a large venue like the Comédie-Française, she starts with improvisation rather than a read-through so that the actors can inhabit their roles.

Lilo Baur frequently takes inspiration for her directing work in spoken and musical theatre as well as for her characteristic, often slapstick humour from the world of film, cit-

Claudia Rosiny

ing Charlie Chaplin, Federico Fellini and Jacques Tati among her influences. She can certainly also call on her broadbased acting experience, having been a long-serving member of the Complicité ensemble, which was founded in London in 1983 and is now one of the most widely known independent companies internationally. Along with her training with Jacques Lecoq and her work with Peter Brook in Paris, this was where she honed her improvisational approach. Her diverse career has also included roles in films such as *Vollmond* [*Full Moon*, 1998] by Fredi M. Murer and a cameo in the Hollywood production *Bridget Jones: The Edge of Reason* (2004). It is hardly surprising that she premiered a play called *Une journée particulière*, based on Ettore Scola's film *A Special Day,* at the Théâtre de Carouge near Geneva in 2023.

Having grown up in a small village in the canton of Aargau, she attended teacher training college in Wohlen before moving to Paris to train as an actor at the international school founded by the mime artist Jacques Lecoq in the 1960s, which to this day ranks among the leading institutions teaching physical theatre. Lilo Baur originally wanted to become a dancer. This early aspiration is evident in her approach to directing, which focuses heavily on physical movement and often succeeds in getting actors accustomed to playing serious and tragic parts to discover their comic sensibilities and throw their whole body into a performance, even in the highly language-oriented environment of French theatre. The key lies in her trust and appreciation of everyone involved in a production. Every single person counts when it comes to realising her vision on stage, including extras and chorus singers.

Anyone lucky enough to see Lilo Baur at the awards ceremony in the Theater Casino Zug at the end of October 2024 will agree without hesitation that her energy and dedication to the theatre are infectious. That said, she is also a sensitive and profound soul. As Georges Grbic put it succinctly in the Jury's Statement, Lilo Baur "[...] never loses sight of her inner landscape"[1]. Or in the words of the *Little Prince*:

1   Quote from the Jury's Statement by Georges Grbic in this *MIMOS* edition, p.24.

    "It is only with the heart that one can see rightly." A loving sentiment runs through Lilo Baur's creations: "Be it Marcel Aymé, Molière or Feydeau, or more recently the opera *Armide* by Lully or the cinema of Ettore Scola, it is love in all its forms that Lilo Baur explores on stage and screen."[2] In today's world, however, love is not enough in itself. This is why she borrowed a rallying cry from the musical *Billy Elliot* in support of cultural engagement: "Solidarity, solidarity, solidarity forever!"[3]

2   Ibid.
3   The full video recording of the awards ceremony can be found on the Swiss Performing Arts Awards YouTube channel: https://www.youtube.com/watch?v=CEaAgmi8w_g.

Claudia Rosiny

Lilo Baur est une voyageuse au long cours, et une amoureuse
au grand cœur. Partie de son Argovie natale pour se former
à Paris, ce sera par la suite en Angleterre qu'elle sera couron-
née d'un prix d'interprétation. Elle passe alors à la mise en
scène et poursuit son périple en France dans les années
2000, où elle se distingue avec une nomination aux Molières
(2020). Elle est invitée dans plusieurs pays européens, et
récemment au Japon. Mais au-delà de ses pérégrinations,
Lilo Baur ne perd pas de vue son paysage intérieur, à l'instar
du Petit Prince : « On ne voit bien qu'avec le cœur, l'essentiel
est invisible pour les yeux ». Il est singulier de relever à quel
point ses créations sont traversées par le thème central
du sentiment amoureux. Que ce soit chez Marcel Aymé,
Molière ou Feydeau, ou récemment avec l'opéra *Armide* de
Lully ou le cinéma d'Ettore Scola, c'est bien l'amour dans
tous ses états que Lilo Baur explore sur scène. De la jalousie
à la passion, de l'amour volage au chantage politique, son
théâtre trame autour de ces intrigues affectives les images
d'un théâtre aux enjeux européens.

Laudatio der Jury

22   Lilo Baur ist eine Reisende über weite Distanzen und
eine Liebhaberin mit grossem Herzen. Sie wird im Aargau
geboren, lässt sich in Paris ausbilden und erhält schliesslich
in England einen Schauspielpreis. Danach wechselt
sie in die Regie und wandert in den 2000er-Jahren nach
Frankreich weiter, wo sie 2020 mit der Nominierung für einen
«Molière» gewürdigt wird. Sie wird in verschiedene euro-
päische Länder und kürzlich nach Japan eingeladen. Auf
ihren Reisen verliert sie aber nie ihre Seelenlandschaft aus
dem Blick, ganz wie der kleine Prinz: «Man sieht nur mit
dem Herzen gut. Das Wesentliche ist für die Augen
unsichtbar.» Es ist bemerkenswert, wie sehr Lilo Baurs
Kreationen vom zentralen Thema des Liebesgefühls geprägt
sind. Bei Marcel Aymé, Molière und Feydeau sowie kürzlich
in Lullys Oper *Armide* oder ausgehend von Ettore Scolas
Filmschaffen erforscht sie auf der Bühne die Liebe in allen ihren Zuständen. Eifersucht und Leidenschaft, flüchtige
Liebe oder politische Erpressung: Um solche Gefühls-
handlungen lässt ihr theatrales Schaffen die Bilder eines
europäischen Theaters entstehen.

Lilo Baur è una viaggiatrice di lungo corso e un'artista appas-   23
sionata dal grande cuore. Partita dall'Argovia per studiare
a Parigi, è in Gran Bretagna che viene premiato il suo talento
di attrice. In seguito, si è dedicata alla regia e negli anni
Duemila ha proseguito il suo viaggio in Francia, dove nel 2020
è stata perfino nominata al premio Molière. Viene spesso
invitata in diversi paesi europei e recentemente anche in
Giappone. Tuttavia, nonostante le sue peregrinazioni,
Lilo Baur non perde mai di vista la sua essenza. Proprio come
afferma il Piccolo Principe: «Non si vede bene che con il
cuore. L'essenziale è invisibile agli occhi». È sorprendente
notare quanto le sue creazioni siano dominate dal tema
centrale dell'amore. Che si tratti di Marcel Aymé, Molière,
Georges Feydeau, o più recentemente dell'opera *Armide* di
Jean-Baptiste Lully, ma anche del cinema di Ettore Scola,
ciò che caratterizza il lavoro di Lilo Baur è l'esplorazione dell'a-
more in tutte le sue forme. Dalla gelosia alla passione,
dall'amore volubile ai ricatti politici, la sua arte ruota attorno
a questi leitmotiv affettivi dando vita ad immagini teatrali di
respiro europeo.

The Jury's Statement

24 Lilo Baur is a long-distance traveller, a lover with a big heart. After departing her native Aargau to train in Paris, she won her first acting award in the UK. She then moved into directing, continuing her journey in France in the 2000s and earning a Molière Award nomination in 2020. She has been invited to work in several European countries and more recently Japan. Despite her peripatetic life, Lilo Baur never loses sight of her inner landscape. As the Little Prince said, "It is only with the heart that one can see rightly; what is essential is invisible to the eye." The central theme of loving sentiment runs through her creations to a striking extent. Be it Marcel Aymé, Molière or Feydeau, or more recently the opera *Armide* by Lully or the cinema of Ettore Scola, it is love in all its forms that Lilo Baur explores on stage and screen. From jealousy to passion, from fickle love to political blackmail, her theatre fashions these emotional intrigues into a truly European spectacle.

Paola Gilardi
Kopräsidentin der SGTK und verantwortliche
Herausgeberin von *MIMOS*

Der vorliegende *MIMOS*-Band ist der Regisseurin und
Schauspielerin Lilo Baur gewidmet, die vom Bundesamt für
Kultur in Kooperation mit der Schweizerischen Gesellschaft
für Theaterkultur den Schweizer Grand Prix Darstellende
Künste / Hans-Reinhart-Ring 2024 erhalten hat.

Im Kanton Aargau aufgewachsen, ist Lilo Baur eine queck-
silbrige Künstlerin, stets in Bewegung, wissensbegierig,
schwer in eine Schublade zu stecken. Wie sie dem *MIMOS*-
Mitherausgeber Andreas Klaeui im Interview anvertraut hat,
verfügte sie schon als Jugendliche über eine «ungeheure
Energie»[1] und fühlt sich auch heute noch oft «einen Tick zu
schnell»[2]. Körperliche Aktivitäten spielen eine zentrale
Rolle in ihrem Leben. Daher hegt sie zunächst den Wunsch,
Tänzerin zu werden, entscheidet sich jedoch für eine Ausbildung an der renommierten Schule für Bewegungstheater
von Jacques Lecoq in Paris. Das öffnet ihr die Türen der
Welt: Nach ersten Engagements in Frankreich und den USA
arbeitet sie vierzehn Jahre lang als Schauspielerin in London
– vorwiegend in der freien Theatergruppe Complicité von
Simon McBurney, mit der sie weltweit tourt, aber auch am
Globe Theatre und in Inszenierungen von Katie Mitchell –,
bevor sie zu Peter Brook nach Paris wechselt. Parallel zu ihren
Bühnenauftritten spielt sie auch in Filmen, darunter in
Vollmond (1998) von Fredi M. Murer. Seit Anfang der 2000er
Jahren widmet sie sich hauptsächlich der Inszenierung von
Theaterstücken und Opern, vor allem an namhaften Häusern
in Paris, aber auch in der Schweiz, wo sie zuletzt, im Herbst
2023, *Une journée particulière* nach dem gleichnamigen
Film von Ettore Scola im Théâtre de Carouge (bei Genf) für
die Bühne adaptiert hat.

25

1   Siehe Andreas Klaeuis Gespräch mit Lilo Baur in diesem *MIMOS*-Band, S. 51.

2   Ebd.

D   So vielfältig der künstlerische Werdegang von Lilo Baur
        als Schauspielerin und als Regisseurin anmuten mag, der
        körperliche Ausdruck steht immer im Mittelpunkt. Sie strebt
        danach, «Seelenregungen in Bewegungen»[3] zu transpo-
        nieren. Inspirationsquellen findet sie in der griechischen
        Antike und der japanischen Kultur, wo «Körper und Sprache,
        Tanz und Wort zusammengedacht werden»[4]. Diesen
        Ansatz nutzt sie sogar im Musiktheater, zum Beispiel bei
        Jean-Baptiste Lullys lyrischer Tragödie *Armide* aus dem
        Jahr 1686, die sie im Juni 2024 an der Opéra-Comique in
        Paris inszeniert hat. Der Dirigent Christophe Rousset lobt
        die szenische Umsetzung: «Man begreift die Verzauberung,
        man begreift den Hass, man ist ganz und gar mitgenommen
        […] von Armides Verzweiflung… Man verlässt das Theater
        – und ich selbst zuerst – überwältigt von der Kraft des auf
        die Bühne gebrachten Werks.»[5]

        Die ausserordentliche Ausdruckskraft, die Lilo Baur als
        Darstellerin entfalten konnte, beschreibt der künstlerische
        Leiter von Complicité, Simon McBurney, in seinem Bei-
        trag für *MIMOS* so: «She moves like a dancer, plays like a
        child, acts as if her life depended on it, and collaborates as
        if she were planning a revolution.»[6] Und der Intendant der
        Comédie-Française, Éric Ruf, sagt im Interview zu Lilo Baur
        als Regisseurin: «Ganz besonders gefällt mir, dass sie
        mit ihrer Arbeitsmethode die französischen Schauspie-
        lerinnen und Schauspieler dazu bringt, mit dem *ganzen* Kör-
        per zu spielen – das ist nicht selbstverständlich, gelten
        wir doch mit einer gewissen Berechtigung als ‹verkopft›.»[7]
        Die Darsteller:innen sind ebenfalls begeistert. Laurent
        Stocker, der Harpagon in ihrer Inszenierung von Molières
        L'Avare [*Der Geizige*] an der Comédie-Française verkörpert,
        betont «ihre Grosszügigkeit, ihre Intuition, ihre Fähigkeit,
        Neues zu erschaffen, indem sie sich von den Menschen

---

3   Ebd., S. 50.

4   Ebd., S. 52.

5   Siehe das Interview von David Christoffel mit Christophe Rousset in diesem
        MIMOS-Band, S. 243.

6   «Sie bewegt sich wie eine Tänzerin, spielt wie ein Kind, handelt auf der Bühne, als hinge
        ihr Leben davon ab, und arbeitet [gemeinsam mit ihren Mitstreiter:innen], als würde sie
        eine Revolution planen.» Zitat (ins Deutsche adaptiert) aus dem Text, der Simon McBurney
        exklusiv für *MIMOS* verfasst hat, S. 102.

7   Siehe das Interview von Laurent Muhleisen mit Éric Ruf in diesem *MIMOS*-Band, S. 176.

Paola Gilardi

und Situationen um sie herum inspirieren lässt.»[8] Und Anna Cervinka, die ebenfalls Ensemblemitglied an diesem Theaterhaus ist und seit 2015 mit Lilo Baur zusammenarbeitet, erläutert den Probenproprozess an einer neuen Produktion, der stets mit Improvisationen beginnt: «Ich möchte insbesondere die aussergewöhnliche Offenheit für Unvorhergesehenes erwähnen, die in einem Klima des Vertrauens entsteht: Arbeiten ohne die Erwartung eines Ergebnisses, ohne sich verurteilt zu fühlen, ohne Angst, sich zu verlieren, aber mit der Möglichkeit, in allen Richtungen suchen zu können. Wir stehen uns in der Freiheit des Spiels gegenüber, wie Kinder – mehr als der Versuch, etwas ins Leben zu rufen, kommt das Leben selbst ins Spiel.»[9]

Dieser Ansatz ermöglicht Lilo Baur und ihren Darsteller:innen, die Widersprüche wie auch die grotesken Aspekte der menschlichen Existenz zu erkunden, oft mit den Mitteln eines slapstickartigen Humors, der vom körperlichen Ausdruck ausgeht, wie Demis Quadri festhält.[10] Die Theaterkritikerin Armelle Héliot wiederum bezeichnet Lilo Baur «als eine Künstlerin, die weder ihre Emotionen scheut, noch ihre Eingebungen. Sie weiss zu lesen, aber vor allem weiss sie zu sehen. Eine Poetin.»[11] Und die Historikerin, Autorin und Künstlerin Karelle Ménine erläutert in ihrem Beitrag: «Lilo Baur greift die Fragen unserer Welt auf, um sie in Theater zu verwandeln.»[12]

Auf der Bühne vermögen Lilo Baur und ihre Weggefährt:innen gleichermassen mit Leichtigkeit ein kathartisches Lachen zu schenken wie auch gnadenlos die Schattenseiten der menschlichen Seele aufzuzeigen.

8   Siehe das Gespräch von *MIMOS*-Mitherausgeberin Anne Fournier mit Laurent Stocker, S. 197.

9   Siehe das Interview von Chantal Hurault mit Anna Cervinka in diesem *MIMOS*-Band, S. 205.

10   Siehe Demis Quadris Analyse der Inszenierung von Georges Feydeaus *La Puce à l'oreille* [*Der Floh im Ohr*], die Lilo Baur 2019 an der Comédie-Française realisiert hat, S. 211 ff.

11   Zitat aus Armelle Héliots Beitrag in diesem *MIMOS*-Band, S. 124.

12   Zitat aus dem Beitrag von Karelle Ménine für diesen *MIMOS*-Band, S. 260.

D   Im Namen des Herausgeberteams möchte ich mich an dieser Stelle bei Lilo Baur für die wertvollen Denkanstösse und die Hilfsbereitschaft im Entstehungsprozess dieses Bands von Herzen bedanken. Sehr verbunden sind wir auch allen Autor:innen, den interviewten Künstler:innen, den Übersetzer:innen und Korrektor:innen sowie den Fotograf:innen für die Bildrechte. Ein besonderer Dank gilt Claudia Rosiny, Verantwortliche Darstellende Künste beim Bundesamt für Kultur, für ihre unabdingbare materielle und moralische Unterstützung über all die Jahre. Herzlichen Dank auch an Ulrike Döring vom Verlag Peter Lang für die geschätzte Zusammenarbeit. Unserer Grafikerin Adeline Mollard und der Druckerei Gremper gebührt ebenfalls ein grosser Dank für die akkurate Arbeit mit viel Liebe zum Detail.

Und Ihnen, liebe Leserinnen und Leser, wünschen wir ein anregendes Eintauchen in Lilo Baurs Theaterwelten!

28

Paola Gilardi

Paola Gilardi
Co-présidente de la SST et éditrice responsable de *MIMOS*

Le présent ouvrage de la collection *MIMOS* est consacré
à la metteuse en scène et comédienne Lilo Baur, à qui l'Office
fédéral de la culture a décerné, en coopération avec
la Société suisse du théâtre, le Grand Prix suisse des arts
de la scène / Anneau Hans Reinhart 2024.

Toujours en mouvement, dotée d'une curiosité insatiable,
inclassable : Lilo Baur est une artiste chatoyante. Comme
elle l'a confié dans l'entretien mené par Andreas Klaeui,
co-éditeur de *MIMOS*, elle avait, adolescente déjà, «une
immense énergie»[1]. Aujourd'hui encore, elle se sent souvent
«un peu trop rapide»[2]. Elle a grandi à la campagne, dans
le canton d'Argovie, et les activités physiques jouent un
rôle central dans sa vie. C'est pourquoi elle a d'abord nourri
le souhait de devenir danseuse, mais a ensuite opté pour
la célèbre école de théâtre de mouvement de Jacques
Lecoq à Paris. Cela lui a ouvert les portes du monde. Après
les premiers engagements en France et aux États-Unis,
Lilo Baur a travaillé pendant quatorze ans comme comédienne à Londres – principalement au sein de la troupe de
théâtre indépendante Complicité de Simon McBurney, avec
laquelle elle a fait des tournées dans le monde entier, mais
aussi avec le Globe Theatre et dans des mises en scène
de Katie Mitchell – avant de rejoindre Peter Brook à Paris.

Parallèlement aux rôles interprétés sur scène, elle a également joué dans plusieurs films, notamment dans *Vollmond*
(*Pleine lune*, 1998) de Fredi M. Murer. Depuis le début des
années 2000, l'artiste se consacre essentiellement à la
mise en scène de pièces de théâtre et d'opéras, avant tout
au sein d'institutions prestigieuses à Paris, mais aussi en

1   Citation tirée de l'entretien mené par Andreas Klaeui avec Lilo Baur dans le présent
     ouvrage, p. 63.

2   Ibid.

Suisse, où en 2023 elle a adapté *Une journée particulière*, d'après le film éponyme d'Ettore Scola, au Théâtre de Carouge (près de Genève).

Aussi varié que puisse paraître le parcours artistique de Lilo Baur en tant qu'actrice et metteuse en scène, l'expression corporelle est toujours au centre de son travail. Elle cherche «la manière dont les émotions se traduisent en mouvements »[3], s'inspirant de la Grèce antique et de la culture japonaise, où «le corps et la langue, la danse et la parole [sont] vus comme une unité »[4]. Elle utilise cette approche dans ses mises en scène d'opéra également, par exemple dans son interprétation de la tragédie lyrique *Armide* de Jean-Baptiste Lully (1686), qu'elle a créée à l'Opéra-Comique de Paris en juin 2024. Le chef d'orchestre Christophe Rousset en fait ainsi l'éloge : «On comprend quand c'est une scène d'enchantement, on comprend quand c'est la scène de la haine [...], on est totalement dans le désespoir d'Armide... On sortait du spectacle – et moi-même en premier –, bouleversé par la force de l'œuvre montée sur scène. »[5]

Dans sa contribution pour *MIMOS*, le directeur artistique de Complicité, Simon McBurney, décrit ainsi l'extraordinaire force d'expression que Lilo Baur pouvait déployer sur scène en tant qu'interprète: «She moves like a dancer, plays like a child, acts as if her life depended on it, and collaborates as if she were planning a revolution. »[6] Et l'administrateur général de la Comédie-Française, Éric Ruf, dit à propos de Lilo Baur en tant que metteuse en scène: «J'aime particulièrement le fait que, avec sa méthode de travail, elle arrive à faire jouer les actrices et acteurs français – et ce n'est jamais gagné d'avance tant notre réputation de "cérébraux" est parfois justifiée – avec *tout* leur corps. »[7] Les

[3]   Ibid., p.62.

[4]   Ibid., p.64.

[5]   Citation tirée de l'entretien mené par David Christoffel avec Christophe Rousset dans le présent ouvrage, p.235.

[6]   «Elle bouge comme une danseuse, joue comme une enfant, se produit sur scène comme si sa vie en dépendait et collabore [avec les autres membres de la troupe] comme si elle préparait une révolution.» Citation (adaptée en français) du texte que Simon McBurney a rédigé en exclusivité pour *MIMOS*, p.102.

[7]   Citation tirée de l'interview menée par Laurent Muhleisen avec Éric Ruf dans le présent ouvrage, p.169.

Paola Gilardi

interprètes sont également enthousiastes. Laurent Stocker, qui incarne Harpagon dans *L'Avare* de Molière, monté par Lilo Baur à la Comédie-Française en 2022, souligne «sa générosité, son intuition, cette capacité à créer de l'inédit en s'inspirant des gens et des situations autour d'elle.»[8] Et Anna Cervinka, également membre de la troupe de cette maison parisienne et qui collabore avec Lilo Baur depuis 2015, décrit le processus des répétitions d'une nouvelle production, que la metteuse en scène commence toujours par des improvisations, en relevant en particulier «une ouverture à l'imprévu peu habituelle, dans un climat de confiance qu'elle cultive: travailler sans attente de résultat, sans se sentir jugé, sans avoir peur de se perdre et de chercher dans tous les recoins possibles. Nous sommes face à face dans la liberté du jeu, comme des enfants – plus qu'essayer de donner vie, c'est la vie qui entre en jeu.»[9]

Cette approche permet à Lilo Baur et à ses interprètes d'explorer les contradictions et les aspects grotesques de la condition humaine, souvent par le biais d'un humour burlesque naissant de l'expression corporelle, comme l'observe le chercheur Demis Quadri dans sa contribution[10]. Selon la critique de théâtre Armelle Héliot, Lilo Baur est «une artiste qui ne craint ni ses émotions, ni ses intuitions. Elle sait lire, mais surtout elle sait voir. Une poète!»[11] Et l'historienne, auteure et artiste Karelle Ménine explique dans son article: «Lilo Baur s'empare des questions de notre monde pour les offrir au théâtre.»[12]

Sur scène, Lilo Baur et ses complices ont autant le don d'offrir au public, avec légèreté, un rire cathartique que celui de mettre à nu, sans pitié, le côté obscur de l'âme humaine.

---

8   Voir l'entretien d'Anne Fournier, co-éditrice de *MIMOS,* avec Laurent Stocker dans le présent ouvrage, p. 197.

9   Citation tirée de l'entretien mené par Chantal Hurault avec Anna Cervinka dans le présent ouvrage, p. 205.

10   Voir les réflexions de Demis Quadri sur la mise en scène de *La Puce à l'oreille* de Georges Feydeau, que Lilo Baur a montée à la Comédie-Française en 2019, p. 211 et suiv.

11   Citation tirée de la contribution d'Armelle Héliot pour le présent ouvrage, p. 114.

12   Citation tirée du texte de Karelle Ménine pour le présent ouvrage, p. 264.

F   Au nom du comité de rédaction de *MIMOS*, je tiens à remercier chaleureusement Lilo Baur pour les précieuses impulsions qu'elle nous a apportées au cours de l'élaboration de cet ouvrage. Nous sommes également très reconnaissant·es aux autrices et auteurs, aux artistes interviewé·es, aux traductrices et traducteurs, aux correctrices et correcteurs, ainsi qu'aux photographes pour les droits des images. Nous remercions tout particulièrement Claudia Rosiny, responsable des Arts de la scène auprès de l'Office fédéral de la culture, pour son très généreux soutien moral et matériel tout au long de ces dernières dix années. Un grand merci également à Ulrike Döring des Éditions Peter Lang. Enfin, nous tenons à souligner le travail passionné et l'immense souci du détail de la graphiste Adeline Mollard et de l'imprimerie Gremper, sans qui cet ouvrage ne serait pas ce qu'il est.

Et à vous, chères lectrices et chers lecteurs, nous souhaitons une stimulante plongée dans l'univers théâtral de Lilo Baur !

32

Paola Gilardi

Paola Gilardi
copresidente della SSST e caporedattrice di *MIMOS*

Il presente volume di *MIMOS* è dedicato alla regista e attrice Lilo Baur, a cui l'Ufficio federale della cultura, in cooperazione con la Società Svizzera di Studi Teatrali, ha assegnato il Gran Premio svizzero delle arti sceniche / Anello Hans Reinhart 2024.

Lilo Baur ha l'argento vivo nelle vene, sempre in movimento, dotata di un'insaziabile curiosità – un'artista fuori dagli schemi. Come ha confidato nell'intervista condotta da Andreas Klaeui, co-editore di *MIMOS*, già da adolescente era «carica di energia»[1] e anche oggi ha spesso l'impressione di essere «un po' troppo rapida in tutto»[2]. Cresciuta in campagna, nel Canton Argovia, l'attività fisica gioca un ruolo centrale nella sua vita. Per questo motivo sognava di diventare danzatrice, ma preferisce optare per la celebre scuola di teatro di movimento di Jacques Lecoq a Parigi, che le apre le porte del mondo. Dopo i primi ingaggi in Francia e negli Stati Uniti, lavora per quattordici anni come attrice a Londra – principalmente in seno alla compagnia indipendente Complicité di Simon McBurney, con cui è spesso in tournée in vari continenti, ma anche presso il Globe Theatre e in produzioni di Katie Mitchell –, prima di approdare da Peter Brook a Parigi. Accanto al teatro, interpreta ruoli anche nel cinema, come in *Vollmond* (*Luna piena*, 1998) di Fredi M. Murer. A partire dai primi anni 2000 si dedica soprattutto alla regia in ambito teatrale e operistico, in particolare presso prestigiose istituzioni parigine, ma anche in Svizzera, dove nell'autunno del 2023, al Théâtre de Carouge (Ginevra), ha adattato per la scena il film *Una giornata particolare* di Ettore Scola.

33

---

1   Citazione tratta dall'intervista di Andreas Klaeui a Lilo Baur nel presente volume di *MIMOS*, p.75.

2   Ibid.

Per quanto variegata possa sembrare la carriera artistica di Lilo Baur come attrice e regista, l'espressione fisica ha un'importanza preponderante nel suo lavoro. Ambisce infatti a «tradurre le emozioni in movimento»[3], ispirandosi alla cultura dell'antica Grecia o del Giappone in cui «il corpo e il linguaggio, la danza e le parole costituiscono un tutt'uno»[4]. Adotta questo approccio anche nelle sue messinscene operistiche, ad esempio per la tragedia lirica *Armide* di Jean-Baptiste Lully (1686), presentata nel giugno del 2024 all'Opéra-Comique di Parigi. Il direttore d'orchestra Christophe Rousset elogia il concetto registico: «si capisce quando si tratta di una scena d'incantesimo o di odio [...], condividiamo la disperazione di Armide... E alla fine lasciamo il teatro – io per primo! – profondamente scossi dalla potenza dell'opera portata in scena.»[5]

Nel suo contributo per *MIMOS*, il direttore artistico di Complicité, Simon McBurney, rievoca la straordinaria forza espressiva di Lilo Baur come interprete con queste parole: «She moves like a dancer, plays like a child, acts as if her life depended on it, and collaborates as if she were planning a revolution.»[6] E l'amministratore generale della Comédie-Française, Éric Ruf, dice della regista Lilo Baur: «Mi piace in particolare il fatto che, grazie al suo metodo di lavoro, porta le attrici e gli attori francesi a recitare con *tutto* il loro corpo – cosa per nulla scontata, avendo la fama di essere piuttosto "cerebrali".»[7] Gli interpreti sono altrettanto entusiasti. Laurent Stocker – che incarna Arpagone nell'*Avaro* di Molière di cui Lilo Baur ha firmato la regia, nel 2022, alla Comédie-Française – evidenzia «la sua generosità, il suo intuito, la sua capacità di creare qualcosa di nuovo traendo spunto dalle persone e situazioni che la circondano.»[8]
E Anna Cervinka, anch'essa membro della compagnia sta-

---

3   Ivi, p. 74.

4   Ivi, p. 76.

5   Citazione tratta dall'intervista di David Christoffel a Christophe Rousset nel presente volume di *MIMOS*, p. 251.

6   «Si muove come una danzatrice, gioca come una bambina, recita come se la sua vita ne dipendesse, e collabora [con i compagni] come se stesse progettando una rivoluzione.» Adattamento italiano della citazione tratta dal testo scritto da Simon McBurney in esclusiva per *MIMOS*, p. 102.

7   Citazione tratta dall'intervista di Laurent Muhleisen a Éric Ruf nel presente volume di *MIMOS*, p. 183.

8   Citazione tratta dall'incontro di Anne Fournier, co-editrice di *MIMOS*, con Laurent Stocker, p. 197.

Paola Gilardi

bile di questo prestigioso teatro e che collabora con Lilo Baur dal 2015, illustra il processo creativo di una nuova produzione, che inizia sempre con delle improvvisazioni, ponendo l'accento sulla «straordinaria apertura all'imprevisto che nasce in un clima di fiducia – lavorare senza l'aspettativa di un risultato, senza sentirsi giudicati, senza paura di perdersi, ma con l'opportunità di cercare in tutte le direzioni. Ci confrontiamo gli uni con gli altri in una libertà ludica, come i bambini: anziché essere noi a dare vita a qualcosa, è la vita stessa che entra in gioco.»[9]

Questo approccio consente a Lilo Baur e ai suoi interpreti di esplorare le contraddizioni e anche gli aspetti più grotteschi dell'esistenza umana, ricorrendo spesso a un umorismo burlesco intimamente legato all'espressione fisica, come osserva il ricercatore Demis Quadri[10]. La critica teatrale Armelle Héliot, dal canto suo, descrive Lilo Baur come «un'artista che non teme le proprie emozioni o il proprio intuito. Sa leggere, ma soprattutto sa guardare. Una poetessa!»[11] E secondo la storica, autrice e artista Karelle Ménine «Lilo Baur affronta le questioni del nostro mondo trasformandole in teatro.»[12]

In scena, Lilo Baur e i suoi complici sono in grado di regalare, con leggerezza, risate catartiche mettendo al contempo a nudo il lato oscuro dell'animo umano.

9   Citazione tratta dall'intervista di Chantal Hurault ad Anna Cervinka nel presente volume di *MIMOS*, p. 205.

10   Si veda l'analisi di Demis Quadri del vaudeville di Georges Feydeau, *La Puce à l'oreille* [*La pulce nell'orecchio*], che Lilo Baur aveva portato in scena nel 2019 alla Comédie-Française, pp. 211 sgg.

11   Citazione tratta dal contributo di Armelle Héliot in questo volume di *MIMOS*, p. 134.

12   Citazione tratta dal testo di Karelle Ménine in questo volume di *MIMOS*, p. 260.

I   In conclusione, a nome del comitato di redazione di *MIMOS*, colgo l'occasione per ringraziare di cuore Lilo Baur per i preziosi spunti di riflessione e l'aiuto offerti durante la realizzazione di questo volume. La nostra immensa gratitudine va anche alle autrici e agli autori, alle artiste e agli artisti intervistati, alle traduttrici e ai traduttori e alle correttrici e ai correttori, nonché alle fotografe e ai fotografi per i diritti di pubblicazione delle loro immagini. Un ringraziamento speciale va a Claudia Rosiny, responsabile Arti sceniche presso l'Ufficio federale della cultura, per il suo generoso supporto morale e materiale nel corso di questi ultimi dieci anni. Ringraziamo inoltre Ulrike Döring della casa editrice Peter Lang per la preziosa collaborazione. Desideriamo anche ringraziare la nostra grafica Adeline Mollard e la tipografia Gremper per la dedizione e la grande cura dei dettagli.

E a voi, care lettrici e cari lettori, auguriamo una stimolante immersione nell'universo teatrale di Lilo Baur!

Paola Gilardi

Paola Gilardi
Co-President of SATS and Lead Editor of *MIMOS*

This edition of the *MIMOS* series is dedicated to director and actor Lilo Baur who has been honoured with the Swiss Grand Award for the Performing Arts / Hans Reinhart Ring 2024 by the Federal Office of Culture in cooperation with the Swiss Association for Theatre Studies.

Raised in the canton of Aargau, Lilo Baur is a quicksilver artist – always in motion, keen to learn and impossible to pigeonhole. As she reveals in her interview with *MIMOS* co-editor Andreas Klaeui, she already possessed "so much energy"[1] as a teenager and still feels she can often be "a touch too quick"[2] today. Moving her body has always played a pivotal role in her life, so much so that she first set her sights on a career as a dancer before ultimately opting to train at the renowned Jacques Lecoq School of Physical Theatre in Paris. It was an experience that would open doors to the whole world: after early engagements in France and the US, she spent fourteen years as an actor in London – mainly touring internationally with Simon McBurney's independent theatre group Complicité, while also performing at the Globe Theatre and in productions by Katie Mitchell – before joining Peter Brook in Paris. As well as acting on stage, she appeared in films that included Fredi M. Murer's *Vollmond*

1   See Andreas Klaeui's conversation with Lilo Baur in this *MIMOS* edition, p. 87.
2   Ibid.

E   [*Full Moon*, 1998]. Since the early 2000s, her focus has shifted to directing theatre and opera, primarily at prestigious venues in Paris but also in Switzerland where, in autumn 2023, she adapted *Une journée particulière* [*A Special Day*] from Ettore Scola's eponymous film for the Théâtre de Carouge near Geneva.

Though Lilo Baur's artistic journey as both actor and director may seem eclectic, physical expression remains the key element of her work. She strives to translate "emotions into movement",[3] drawing inspiration from ancient Greek and Japanese culture where "the body and language, dance and words are seen as interconnected".[4] This approach informs even her opera productions, as evidenced by her staging of Jean-Baptiste Lully's lyrical tragedy *Armide* (1686) at the Opéra-Comique in Paris in June 2024. Conductor Christophe Rousset praised her direction: "we get it when the scene is about enchantment, or hatred [...]; we share fully in Armide's despair... We left the show – especially me! – blown away by the power of the work on stage."[5]

38   Simon McBurney, artistic director of Complicité, encapsulates Lilo Baur's extraordinary stage presence in his contribution to *MIMOS*: "She moves like a dancer, plays like a child, acts as if her life depended on it, and collaborates as if she were planning a revolution."[6] Éric Ruf, General Administrator of the Comédie-Française, speaks in his interview about Lilo Baur's impact as a stage director: "I particularly like the fact that, with her working method, she gets French actors to use their *whole bodies* on stage – which is no mean feat, given that our reputation for being 'cerebral' actors is often justified."[7] Her performers echo this sentiment. Laurent Stocker, who portrayed Harpagon in her 2022 production of Molière's *L'Avare* [*The Miser*] at the Comédie-Française, commends "her generosity, intuition and ability to create something new by drawing

3   Ibid., p.86.

4   Ibid., p.88.

5   See the interview by David Christoffel with Christophe Rousset in this *MIMOS* edition, p.257.

6   Quote from the text Simon McBurney created exclusively for this *MIMOS* edition, p.102.

7   See the interview by Laurent Muhleisen with Éric Ruf in this *MIMOS* edition, p.190.

Paola Gilardi

inspiration from people and situations around her."[8] Anna Cervinka, also a member of the Comédie-Française ensemble, with whom Lilo Baur has worked since 2015, describes the rehearsal process for each new production, which always begins with improvisation: "What stands out is the extraordinary openness to the unexpected that arises in an atmosphere of trust – working without expectations of a specific outcome, free from judgement or fear of losing oneself, allowing exploration in every possible direction. We face each other in the freedom of play, like children. It's less about bringing something to life and more about life itself coming into play."[9]

This approach enables Lilo Baur and her performers to explore the many contradictions and grotesque aspects of human existence, often through a slapstick humour that stems from physical expression, as the performing arts scholar Demis Quadri observes.[10] Theatre critic Armelle Héliot describes Lilo Baur as "an artist who is not afraid of her emotions or intuitions. She knows how to read, but above all she knows how to see. She is, in a word, a poet."[11] And historian, author and artist Karelle Ménine declares in her article: "Lilo Baur addresses the questions of our world and turns them into theatre."[12]

On stage, Lilo Baur and her ensemble can effortlessly evoke cathartic laughter while unflinchingly exposing the darker sides of the human soul.

8   See the conversation between *MIMOS* co-editor Anne Fournier and Laurent Stocker in this *MIMOS* edition, p.197.

9   See the interview by Chantal Hurault with Anna Cervinka in this *MIMOS* edition, p.205.

10   See Demis Quadri's analysis of Georges Feydeau's *La Puce à l'oreille* [*A Flea in her Ear*] staged by Lilo Baur at the Comédie-Française in 2019, p.211 ff.

11   Quote from Armelle Héliot's article in this *MIMOS* edition, p.144.

12   Quote from the article by Karelle Ménine for this *MIMOS* edition, p.260.

E   On behalf of the editorial board of the *MIMOS* collection,
I would like to express my heartfelt thanks to Lilo Baur for
the valuable inputs she provided during the creation of
this book. Our gratitude also extends to all the contributing
authors, interviewed artists, translators and proofreaders
for their excellent work, as well as to the photographers for
the publication rights to their images. A special thanks goes
to Claudia Rosiny, Head of Performing Arts at the Federal
Office of Culture, for her generous moral and material
support over the years. Warm thanks are also due to Ulrike
Döring of Peter Lang publishers for her collaboration. Our
art director Adeline Mollard and the Gremper printing team
deserve immense thanks for their dedicated work and
attention to detail.

And to you, dear readers, we wish an inspiring journey
through Lilo Baur's theatrical worlds!

Paola Gilardi

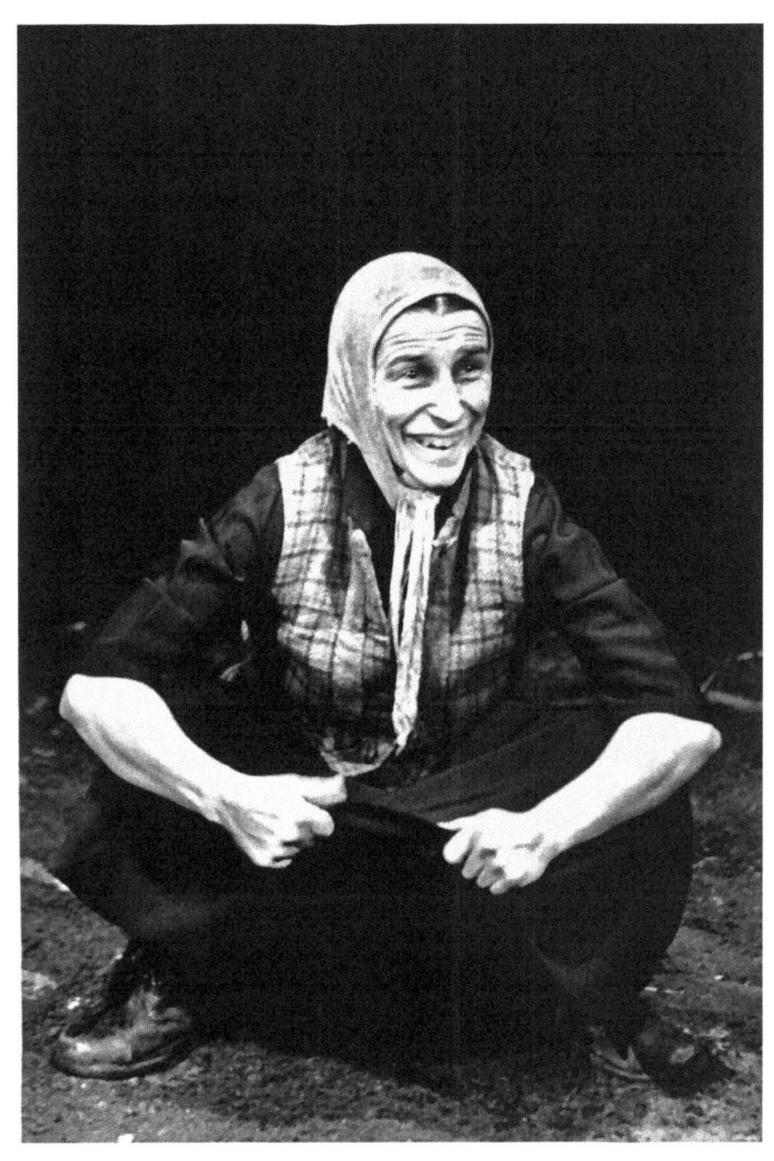

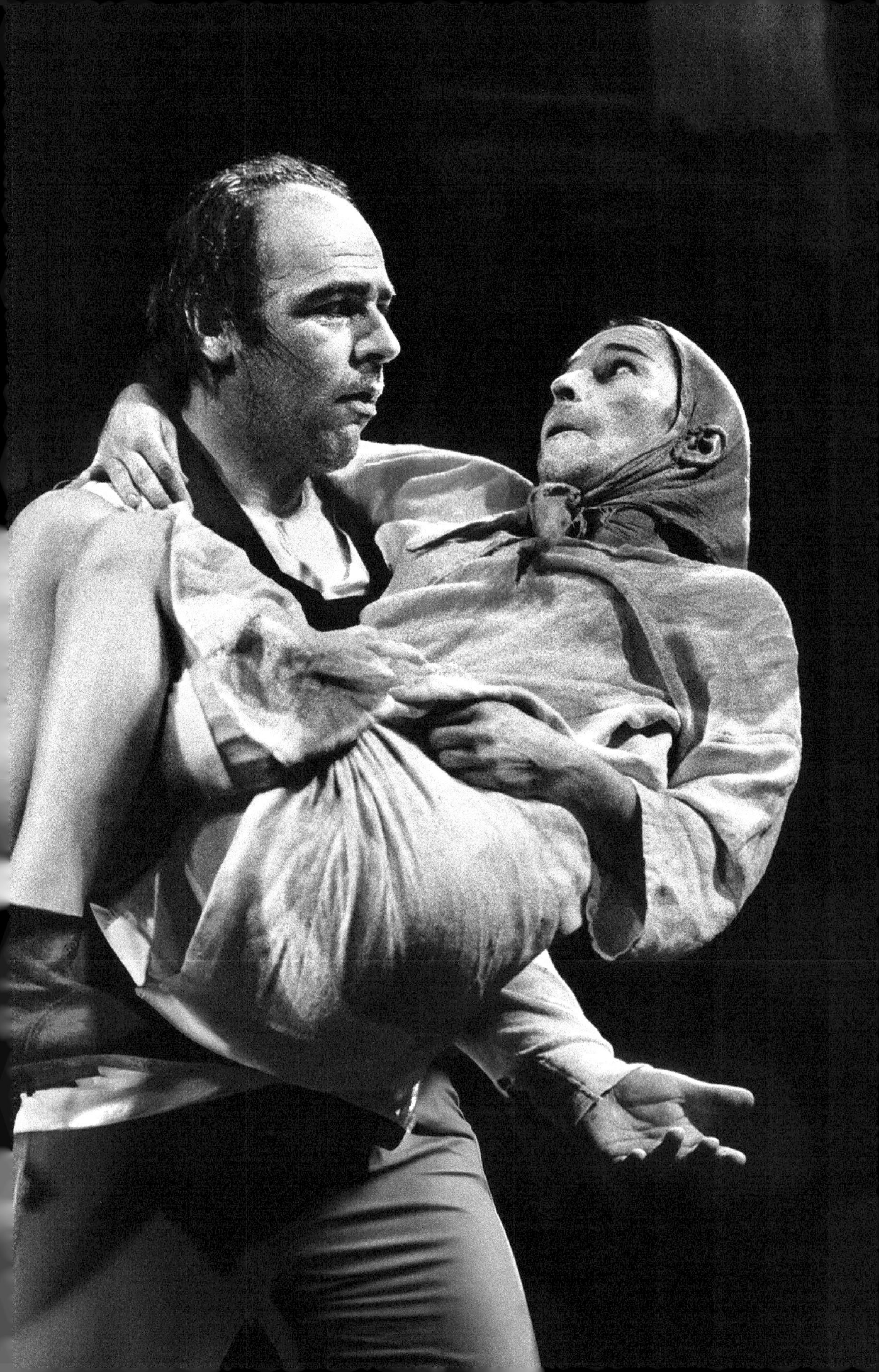

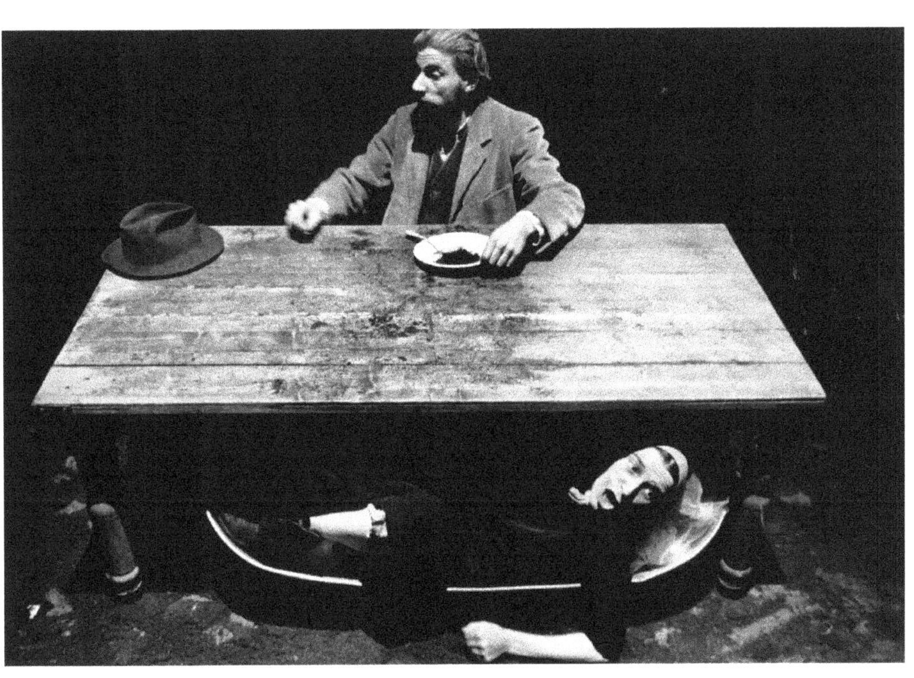

43

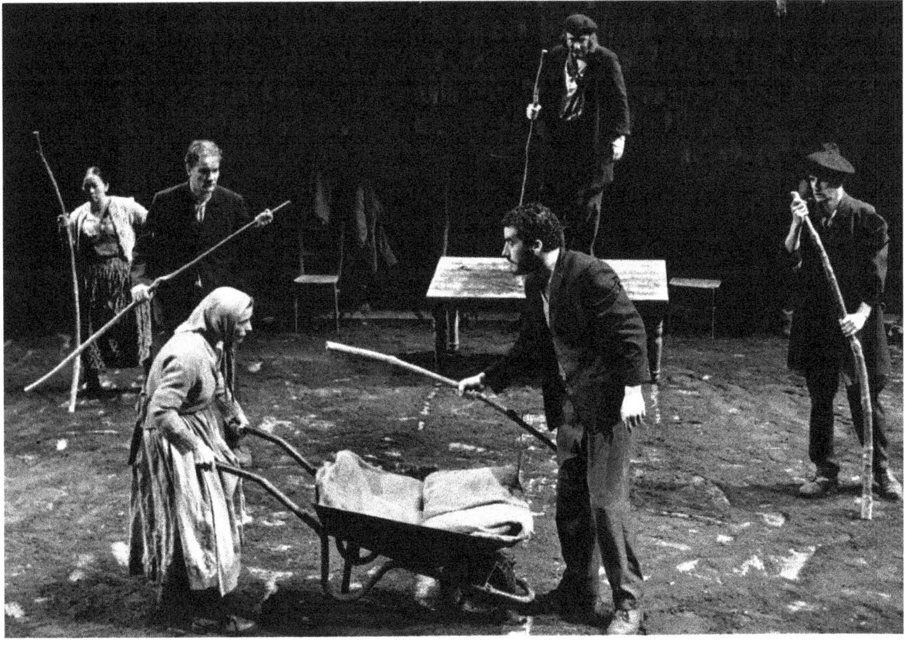

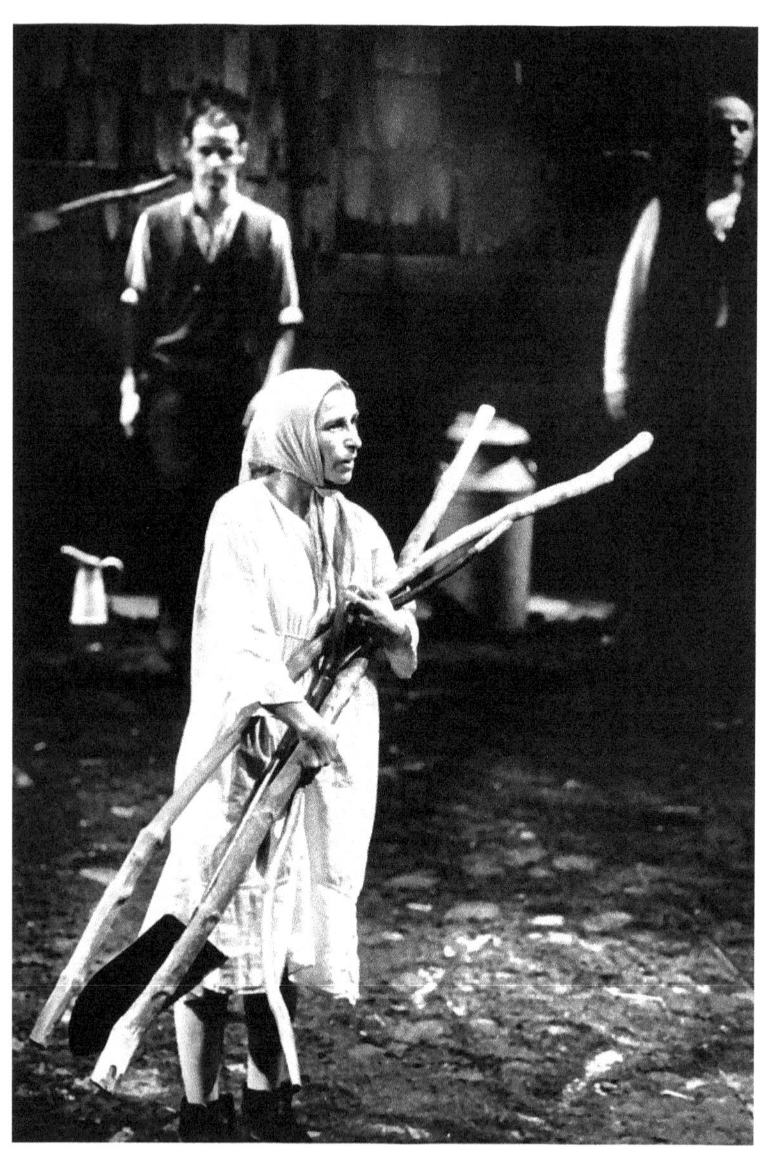

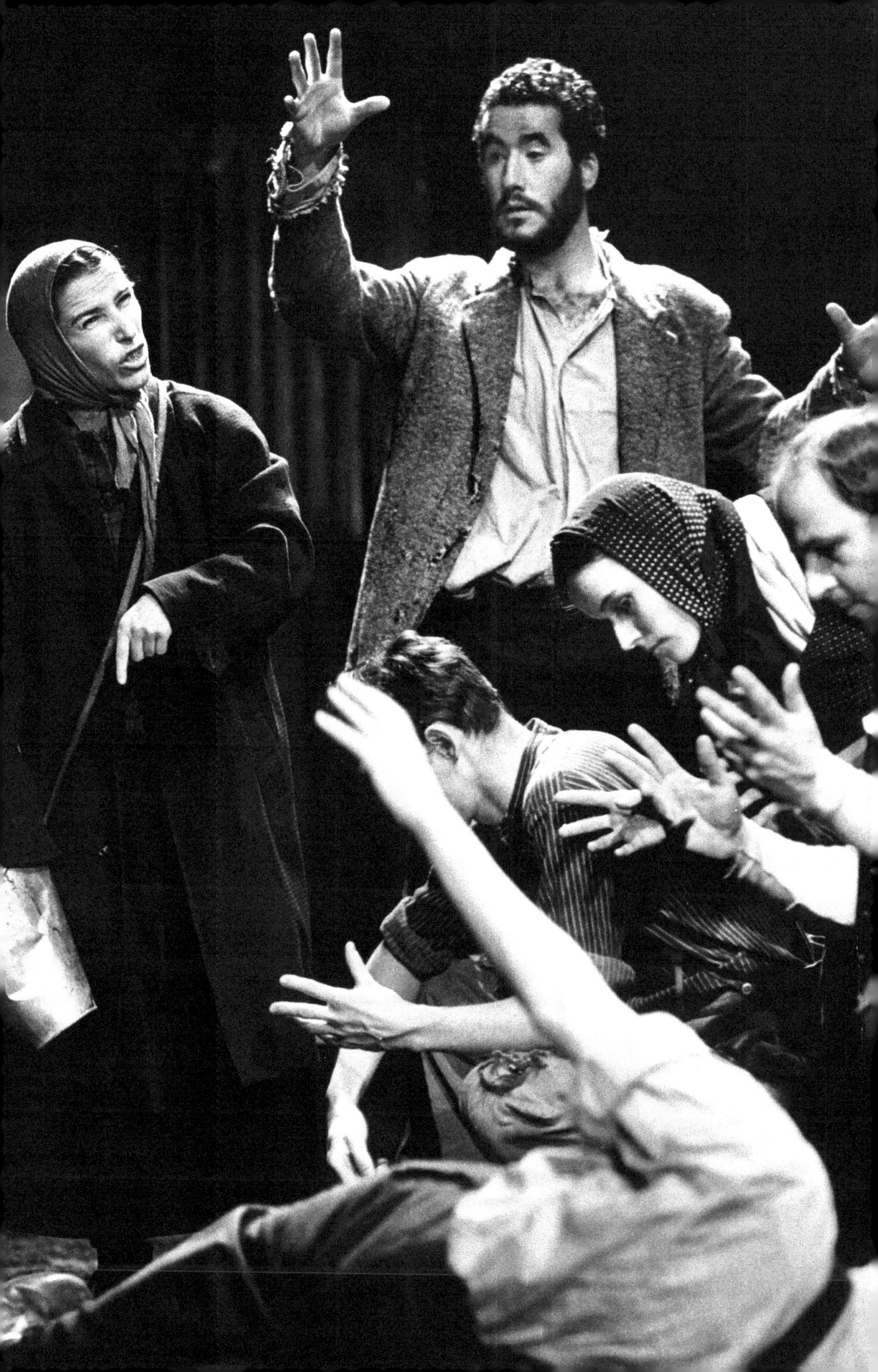

46

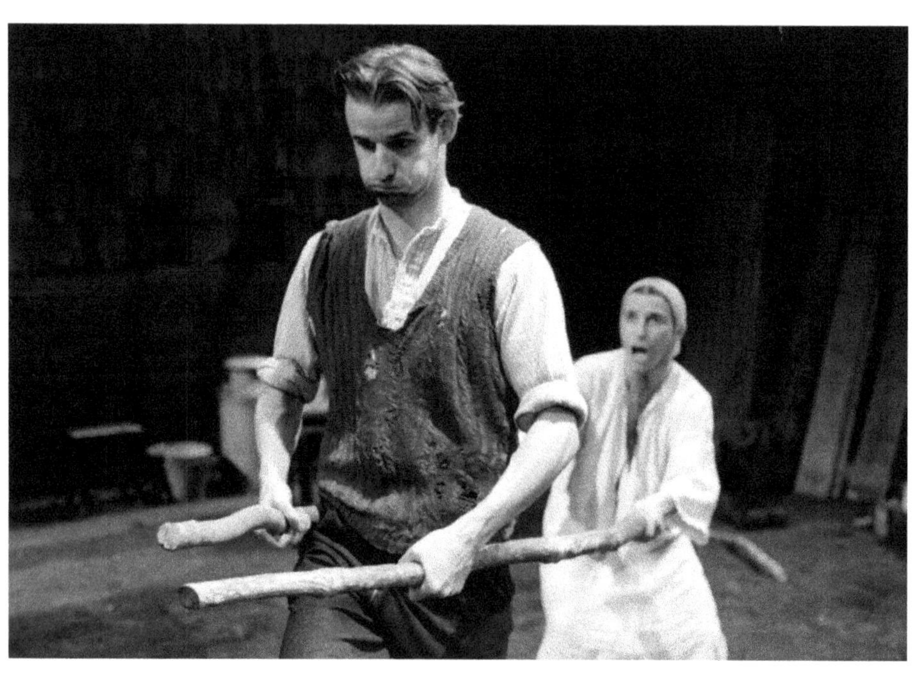

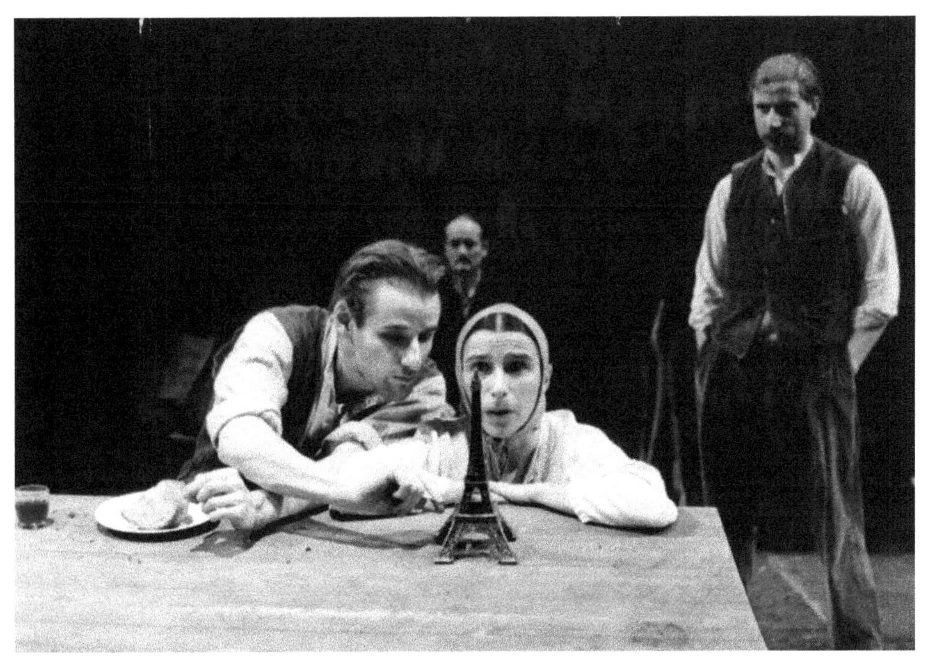

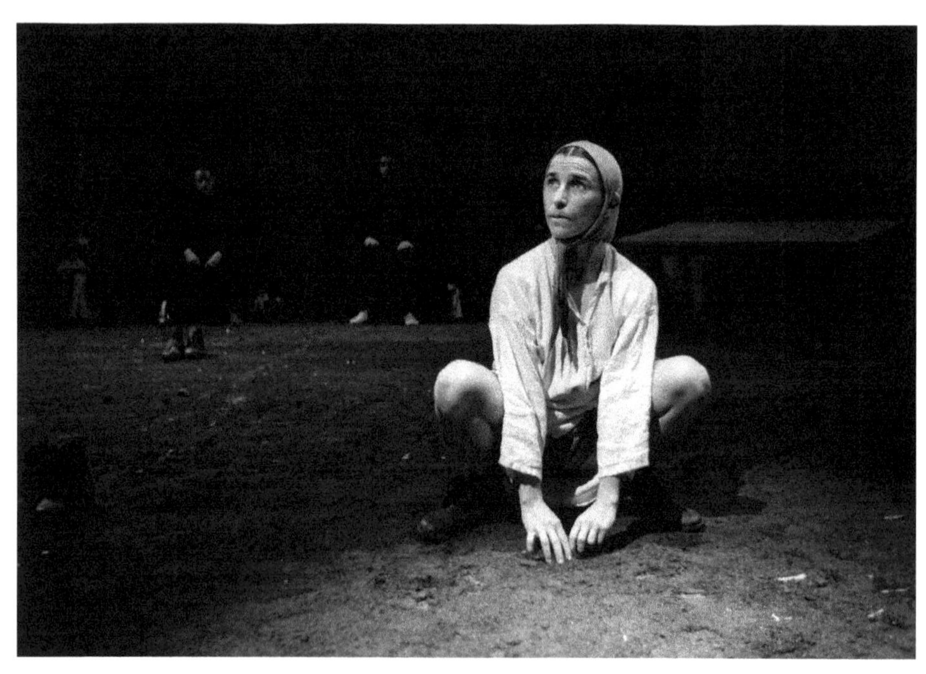

Andreas Klaeui

Der Körper als vielseitiges Theaterinstrument

Gespräch mit Lilo Baur

D   «Ich habe Freude daran, mit Menschen zusammen-
       zuarbeiten und ihnen die Lust zu vermitteln, etwas auszu-
       probieren. So dass sie mir ihr Universum zeigen.» Lilo Baur
       will inspirieren, als Regisseurin wie als Performerin. Ihre
       künstlerischen Mittel sind vielfältig, Tanz, Sprechtheater,
       Oper, Film – im Zentrum steht immer der Körper: der
       Spieler:innenkörper als physisches und ästhetisches Instru-
       ment. Ein Gespräch darüber, wie Seelenregungen in
       Bewegungen finden, wie die geeignete Energie für eine
       szenische Situation entsteht, warum sie Proben lieber mit
       einem Spiel beginnt als mit einer Lesung und dass auch
       Sport ein musisches Fach ist.[1]

50

1   Das Gespräch fand im Juli 2024 in Zürich statt. Ausführliche Informationen zum Werdegang
       von Lilo Baur finden sich im Anhang am Buchende.

Andreas Klaeui   Sie wollten Tänzerin werden, wurden Schauspielerin, inszenieren Opern und Sprechtheater. Sie arbeiteten mit Simon McBurney und Katie Mitchell, mit Peter Brook und dem Ensemble der Comédie-Française, waren in mehreren Filmen zu sehen, zum Beispiel *Vollmond* von Fredi M. Murer [2] – Sie sind schwer zu fassen, so vielseitig mutet Ihr Werdegang an. Wo verorten Sie sich selbst künstlerisch?

Lilo Baur   Das ist gar nicht einfach zu sagen. Was jedenfalls stimmt, ist dass meine künstlerische Ausdruckskraft vom Körper herkommt. Deswegen wollte ich ursprünglich Tänzerin werden. Ich bin in einem kleinen Dorf im Kanton Aargau aufgewachsen. Als ich ins nächste grössere Dorf in eine Tanzschule wollte, war die Lehrerin gerade schwanger und bedeutete mir, in sechs Monaten wiederzukommen. Ich hatte aber eine ungeheure Energie, die ich loswerden musste – das habe ich heute noch, ich bin immer ein bisschen nervös, einen Tick zu schnell. Da habe ich mir gedacht: «Gut, dann treibe ich eben Sport.» Leichtathletik, auch Basketball, obwohl ich eher klein bin. Mit 18 wurde ich Skilehrerin.

AK   Sind Sie in einer musischen Familie grossgeworden?

LB   Wir Geschwister spielten alle ein Instrument; mein Bruder wurde Pianist. Auch mein Vater hat Klavier gespielt, am liebsten Glenn Miller. Er hatte auch eine Band, die an Dorffesten auftrat, wenn das Programm vorüber war: Josef and the Bakers – mein Vater hiess Josef und war ein Fan von Josephine Baker. Das fand ich toll. Mein Vater war eher konservativ eingestellt, er war Gemeindeammann und sozial engagiert. Meine Mutter hat viel gesungen. Sie war Schneiderin, stammte aus einer grossen Familie mit elf Kindern, da war immer was los. Ich denke, das hat mich geprägt. Dieses gemeinschaftliche Zusammensein und die Körperlichkeit. Ich muss bis heute etwas Körperliches tun, um den Tag zu beginnen.

AK   Also zum Beispiel Sport treiben?

LB   Übungen, Joggen, Schwimmen, was auch immer. Ich habe viel in Japan gearbeitet. Da gibt es ältere Leute, die einzig und allein deshalb zur Physiotherapie gehen, weil sie sich allein fühlen. Ihnen fehlt nichts weiter.

---

2   *Vollmond*, Schweiz, Deutschland, Frankreich, 1998. Drehbuch und Regie: Fredi M. Murer. Mit: u.a. Lilo Baur, Hanspeter Müller-Drossart, Benedict Freitag, Mariebelle Kuhn, Sara Capretti, Max Rüdlinger, Yolande Moreau. Weitere Informationen: https://fredi-murer.ch/vollmond (abgerufen am 14. Oktober 2024).

D   Das berührt mich. Und ich finde es faszinierend, dass in der japanischen Kultur Körper und Sprache, Tanz und Wort zusammengedacht werden. Das habe ich erlebt, als ich mit Yoshi Oida und Peter Brook gearbeitet habe.[3]

AK   Wie haben Sie die Arbeit mit Yoshi Oida und Peter Brook an der Einheit von Körper und Sprache wahrgenommen?

LB   Yoshi Oida ist ein Meister, seine Arbeit liegt im Detail. Jede minuziöse Geste hat ihren Platz. Zum Beispiel eine Verlangsamung der Körperspannung ganz ähnlich wie im japanischen Nō-Theater, die die Bewegung hervorhebt wie im Zoom, jede noch so kleine Geste hat die volle Aufmerksamkeit. Peter Brook hat mir bei den Proben zu *La Tragédie d'Hamlet*[4] gesagt: «Tu es une danseuse, tu sais bouger, alors tu connais aussi le silence du mouvement.»[5] Ich fühle mich immer in Bewegung. Als Gertrude musste ich fast nur stillsitzen. Das war für mich eine eindrückliche Lehre, quasi auf neurologischer Ebene.

AK   Die tiefe Verbindung von Sprache, Musik und Bewegung hat etwas Archaisches. Ist es das, was Sie auf der Bühne suchen?

LB   Das antike Zusammenspiel von Körper und Geist war immer mein Vorbild. Aristoteles beispielsweise war sportbegeistert und selbst ein Läufer.

AK   Tatsächlich betrachteten die alten Griechen die Rezitation als ein Gesamtkunstwerk aus Wort, Klang und Bewegung, zum Beispiel bei Pindar, dessen Gedichte wir uns gesungen und getanzt vorstellen müssen. Also ganz anders, als wir es gewohnt sind und mit Klassikern in Verbindung bringen.

LB   Ja, und ich denke, das lebt weiter. Wenn Jugendliche zu ihrer Lieblingsmusik tanzen und mitsingen, die Worte kennen, auch im Rap oder Hip-Hop: Das ist eigentlich ein festlicher Akt. Das Teilen eines Erlebnisses.

3   Lilo Baur hat z.B. bei *L'Homme qui…* mit Peter Brook und Yoshi Oida gearbeitet. *L'Homme qui…* ist eine theatralische Recherche von Peter Brook, nach Oliver Sacks Bestseller *The Man Who Mistook His Wife for a Hat* [*Der Mann, der seine Frau mit einem Hut verwechselte*]. Uraufführung 1993, Théâtre des Bouffes du Nord, Paris. Mehr Informationen finden sich auf den Webseiten von Peter Brook: www.newspeterbrook.com/ und Yoshi Oida: https://www.yoshioida.com (abgerufen am 8. Oktober 2024).

4   *La Tragédie d'Hamlet* nach William Shakespeare. Uraufführung am 29. Mai 2002, Biennale Teatro, Venedig. Adaption und Regie: Peter Brook; französischer Text: Jean-Claude Carrière und Marie-Hélène Estienne; Musik: Antonin Stahly; Kostüme: Ysabel de Maisonneuve und Issey Miyake. Mit: Emile Abossolo-Mbo, Lilo Baur, Rachid Djaïdani, Sotigui Kouyaté, Bruce Myers, William Nadylam, Véronique Sacri, Antonin Stahly.

5   «Du bist eine Tänzerin, du kannst dich bewegen, also kennst du auch die Stille der Bewegung» (Zitat übersetzt von Andreas Klaeui).

Andreas Klaeui

Das muss nicht in einem Raum sein, es kann auch in der Natur stattfinden, zum Beispiel auf Rave Parties. Wieso lieben junge Leute das so sehr? Das ist doch im Grunde ein archaisches Bedürfnis.

AK	Ein Gang zurück zu den Ursprüngen des Theaters, zu den Dionysien mit Gesang, Tanz und Ekstase?

LB	Ja, das inspiriert mich.

AK	Welche Bedeutung hat die antike Kultur für Sie?

LB	Mich fasziniert, dass sie für alles Götter hatten. Für das Gute und das Böse, für Tugend und Laster. Zeus zum Beispiel war ein Vergewaltiger und käme bei #MeToo ganz schön dran. Aber die Griechen kannten keinen Fundamentalismus. Das beeindruckt mich an ihrer Kultur.

AK	Fliesst dieses Interesse in Ihre Theaterarbeit ein?

LB	Vielleicht insofern, als auch ich Fundamentalismus verabscheue, also scheue ich auch grundlegende Setzungen in meinen Inszenierungen. Ich suche immer nach etwas, was von der Spielerperson selbst ausgeht. Dass der Schauspieler oder die Schauspielerin selbst ihre Rolle findet. Da bin ich natürlich beeinflusst von meiner Arbeit mit Complicité[6] in London, wo wir viel improvisiert haben, und mit Peter Brook, der nie, aber auch gar nie gesagt hat: «So muss es sein.» Er hat nicht gezeigt, wie eine Figur oder eine bestimmte Szene aussehen sollte. Das ist eine grosse Stärke, denn sonst gäbe es nur Nachahmung. Für mich ist immer am wirkungsvollsten, wenn etwas aus dem Inneren entsteht, aus den persönlichen Fragestellungen der Darsteller:innen. Denn was ist das überhaupt, Eifersucht? Was ist Hass, was ist Liebe? Ich versuche immer am Anfang einer Probenarbeit, vier, fünf Tage lang nur zu improvisieren. Erst danach lesen wir gemeinsam den Text. Zu diesem Zeitpunkt haben die Spieler:innen schon ein klares eigenes Bild von ihrer Rolle, durch die Facetten, die sie in der Improvisation erarbeitet haben. In der Oper ist das allerdings oft nicht möglich, weil die Zeit fehlt und die Abläufe komplexer sind.

6	Für mehr Informationen verweisen wir auf die Webseite der Theatergruppe Complicité, London: https://www.complicite.org/ (abgerufen am 8. Oktober 2024). Und siehe auch den Beitrag von Simon McBurney in diesem *MIMOS*-Band, S.97–103.

Gespräch mit Lilo Baur

D

AK   Lassen Sie uns gleich auf die Unterschiede zwischen Sprech- und Musiktheater kommen, aber bleiben wir zunächst noch bei der Improvisation: Sie schälen also mit Ihren Darsteller:innen die charakterlichen Eigenschaften und Emotionen heraus, die sich dann in der dramatischen Erzählung realisieren sollen?

LB   Bei Molières *L'Avare* [*Der Geizige*] an der Comédie-Française zum Beispiel war es so.[7] Da haben wir improvisiert, und unversehens bekam der Diener La Flèche die Oberhand und hat den Protagonisten Harpagon dominiert. Aus dieser Konstellation ergab sich ein neuer Blick auf Harpagon. Er hat eigentlich Angst vor dem Diener. Das fand ich grossartig. Ich wäre niemals am Schreibtisch darauf gekommen! Die Idee entstand im Arbeitsprozess, «sur le tas», wie man im Französischen sagt. Das ist, wonach ich suche, ein Prozess, in dem alle miteinander auf ein Thema hinarbeiten. Ältere mit viel Erfahrung und junge, die neu dazustossen. Es geht nicht um Wissen oder um ein Ereignis in der Vergangenheit oder in der Zukunft, sondern darum, im gegenwärtigen Moment etwas gemeinsam zu erschaffen.

AK   Verstehe ich Sie richtig: Sie betreiben in der Improvisation so etwas wie eine psychologische «Familienaufstellung» mit den dramatischen Figuren, aus der sich dann spannungsvolle neue Zusammenhänge ergeben?

54

LB   Ja, so könnte man es sagen. Ich finde, am schwierigsten sind immer die jungen Liebespaare, die eigentlich nicht besonders spannend sind, aber helfen, die Handlung voranzutreiben. Die Rollen von Valère und Elise im *Avare*, beispielsweise, sind am Anfang entsetzlich langweilig. Wie lässt sich jedoch zeigen, dass sie sich wirklich ineinander verliebt haben und auch ohne Harpagons Erlaubnis heiraten wollen? Diese Leidenschaft haben wir beim Improvisieren gefunden.

AK   Wie bereiten Sie sich selbst auf den Probenprozess vor?

LB   Als ich zum Beispiel für Molières *L'Avare* angefragt wurde, habe ich zunächst gezögert, weil ich die alte Inszenierung von Catherine Hiegel mit Denis Podalydès in der Hauptrolle grossartig fand. Dann habe ich das Stück gelesen, und als da ständig von der «cassette», der Geldschatulle, die Rede war, tauchten in mir Bilder auf: die Schweiz nach dem Zweiten

---

7   Premiere am 1. April 2022, Salle Richelieu, Comédie-Française, Paris (mit Wiederaufnahme in der Saison 2024/2025). Weitere Informationen und Bilder: https://www.comediefrancaise.fr/fr/evenements/lavare2122 (abgerufen am 7. September 2024). Zu dieser Inszenierung siehe auch Anne Fourniers Gespräch mit Laurent Stocker (der Harpagon verkörpert) in diesem *MIMOS*-Band, S. 193–199.

Andreas Klaeui

Weltkrieg, die Schweiz als Hort der Goldreserven, von Tresorräumen, für die es zwei Schlüssel braucht. Das ist Genf, habe ich gedacht, das Stück müsste sich in Genf abspielen. In einem Haus mit Überwachungskameras am See, Harpagon müsste ein reicher Bankier sein. Plötzlich sah ich so viele Bilder vor mir, dass ich gesagt habe: «Ich mache das!»

AK   Ist dies generell Ihr Zugang zu den Stoffen, über beinahe unbewusste, bildhafte Assoziationen?

LB   Ja, ich glaube, das stimmt. Wenn ich ein Stück lese und keine Bilder sehe, geht es nicht. Jon Fosse zum Beispiel ist nichts für mich. Ich brauche Handlung und Figuren.

AK   Es muss eine Gruppendynamik entstehen?

LB: Genau. So bin ich zum Beispiel auf Anton Tschechow gekommen, dessen Humor ich sehr schätze. In Lausanne inszenierte ich 2008 seine Kurzgeschichten, die ums Fischen gehen oder in denen ein Fisch vorkommt.[8]

AK   Das mochte ich sehr, *Fish Love* ist ein poetischer und musikalischer Reigen, in dem so charmante wie absurd verlorene Figuren an einem Fluss – vielleicht dem Fluss des Lebens – grosse Fische und die Liebe angeln wollen, und die Angeln wiegen sich derweil wie Schilf im Wind.

LB   Insbesondere die Absurdität hat es mir angetan, die ich auch bei anderen russischen Autoren wiederfinde, bei Nikolai Gogol zum Beispiel. Oder in den Untersuchungen von Wsewolod E. Meyerhold: Wie kann man eine komische Reaktion körperlich wiedergeben? Daran haben wir auch mit Peter Brook viel gearbeitet. Da erkenne ich eine Verbindung zum kontrollierten Körper der Tänzer:innen.

AK   Es zeigt sich wieder, wie zentral die Arbeit mit dem Körper für Ihr Schaffen ist. Sie haben sich an der Schule für Bewegungstheater von Jacques Lecoq[9] in Paris ausbilden lassen. Wie sind Sie darauf gekommen?

8   *Fish Love*, nach Erzählungen von Anton Tschechow. Uraufführung am 10. Januar 2008, Salle Charles Apothéloz, Théâtre Vidy-Lausanne. Bühnenfassung: Hélène Patarot und Lilo Baur; Regie: Lilo Baur; Bühne: James Humphrey und Michael Levine; Kostüme: Agnès Falque; Musik: Mich Ochowiak. Mit: Isabelle Caillat, Pascal Dujour, Nikita Gouzovsky, Mich Ochowiak, Kostas Philippoglou, Claudia de Serpa Soares, Jorgos Simeonidis.

9   Weitere Informationen: https://www.ecole-jacqueslecoq.com/?lang=en (abgerufen am 12. Dezember 2024).

D   LB   Als ich erfahren habe, dass ich den Schweizer Grand Prix Darstellende Künste / Hans-Reinhart-Ring erhalte, war mein erster Gedanke: «Wie schade, dass meine Eltern das nicht mehr erleben.» Mein Vater hätte sich so darüber gefreut! Als ich mit sechzehn zu Hause verkündete, dass ich auf eine Theaterschule möchte, war seine Reaktion: «Zuerst ein Diplom.» Also habe ich das Lehrer:innenseminar besucht, um einen Beruf zu haben und bei Bedarf unterrichten zu können. Mit dem Herzen war ich nicht dabei. Trotz der musischen Fächer und trotz Sport, der für mich eigentlich auch zu den musischen Fächern zählt. Die Verbindung zu Lecoq ergab sich über den Schauspieler Mark Wetter[10]. Er hatte ebenfalls das Lehrer:innenseminar absolviert, war aber danach in Paris bei Lecoq. Ich habe ihn 1980 oder 1981 in Lenzburg spielen gesehen. Das war verrückt. Ich habe mit ihm gesprochen, er hat mir von Lecoq erzählt, und ich habe mich sofort da angemeldet.

AK   So kamen Sie nach Paris?

LB   Da musste ich zuerst mein Französisch auf Vordermann bringen. Ich besuchte eine Sprachschule, in der wir ausländischen Studierenden ein Stück von Eugène Ionesco einstudierten. Nach einem Monat kam Ionesco selbst und hat sich die Aufführung angeschaut – er hat einzig die Schüler:innen aus den USA für ihren Akzent kritisiert. Das hätte ich nie gedacht von ihm. Er schreibt so irrwitzige Stücke, und dann das. Es hat mich sehr enttäuscht. Mit Ionesco will ich nichts mehr zu tun haben.

AK   Weil er sich auf eine so formalistische Kritik beschränkte?

LB   Weil er die Menschen nicht wahrgenommen hat. Natürlich hatten die US-Amerikaner:innen einen Akzent, auch ich musste mir in England erst das Shakespeare-Englisch aneignen. Das gehört dazu, wenn man im Leben etwas erreichen will – und dann kommt so eine sture und strenge Zensur.

AK   Die allerdings auch etwas sehr Französisches an sich hat, gerade das französische Theater ist doch stark auf Sprachschönheit und geschliffene Deklamation ausgerichtet. Das finde ich wiederum interessant: Sie arbeiten oft im französischen Theater. Steht diese Sprachlastigkeit denn nicht im Widerspruch zu Ihrer Arbeitsweise, die eben sehr physisch angelegt ist?

56

---

10   Siehe dazu den Eintrag im Theaterlexikon der Schweiz:
      https://tls.theaterwissenschaft.ch/wiki/Mark_Wetter (abgerufen am 7. September 2024).

Andreas Klaeui

LB   Doch, eigentlich schon. Wir haben von den Bildern gesprochen, die ich beim Lesen eines Texts sehe. Zum Beispiel bei Gogols Stück *Die Heirat,* das ich 2010 an der Comédie-Française inszeniert habe[11]: Da gibt es eine Szene, in der alle Anwärter auf die junge Frau warten. Ich sah einen Wartesaal vor mir, in dem lange nichts passiert und eine tschechowmässige Stille herrscht. Plötzlich hört man eine Mücke sirren. Das war für mich ganz klar als Bild, das zur Inszenierung gehörte. Das sind Aspekte, die ich einem Ensemble vermitteln kann und will. Schauspieler:innen teilen mit mir ihr sprachliches Wissen vom Text und von der Poesie; ich entwickle mit ihnen die bildhafte Dimension.

AK   Ist dieses Zusammenspiel immer einfach?

LB   Es ist interessant, weil es natürlich manchmal auch Widerstände gibt. Ein grosser Schauspieler und Sozietär der Comédie-Française, Yves Gasc, hat zum Beispiel zunächst ein wenig die Nase gerümpft. Gymnastische Übungen und Improvisieren, das war nicht seine Welt. Er war damals – bei unserer Zusammenarbeit für *Le Mariage* – achtzig Jahre alt, und er hatte Schmerzen am Ischiasnerv. Da habe ich ihm vorgeschlagen: «Komm, wir machen ein paar Dinge am Boden, ein bisschen Feldenkrais.» Nach zwei Wochen kam er zu mir und meinte: «Mein Osteopath und ich müssen dir gratulieren, es geht mir viel besser!» Ich hatte den Eindruck, dass sein Spiel nachher geschmeidiger war. Für manche Schauspieler:innen ist meine Arbeitsweise fremd. Die meisten sind aber offen für Neues.

AK   Schauspieler:innen an einem Haus wie der Comédie-Française sind es gewohnt, mit den unterschiedlichsten Regisseur:innen zu arbeiten.

LB   Ja, von Anatoli Wassiljew bis Romeo Castellucci, und dann ich… Als ich zur allerersten Probe in der Comédie-Française kam, standen die Tische im Kreis bereit für eine Leseprobe. Ich sagte: «Alle Tische weg, wir machen jetzt zuerst ein Spiel!» Heute kommen die Spieler:innen meist schon im Sporttenue zur Probe.

AK   Im Musiktheater sind die Spielräume kleiner. Die Partitur gibt einen präzisen Rahmen und Ablauf vor. Wie ist da Ihre Herangehensweise?

11   *Le Mariage* [*Die Heirat*] von Nikolai Gogol. Premiere am 24. November 2010, Théâtre du Vieux-Colombier, Comédie-Française, Paris. Weitere Informationen und Bilder: https://www.comedie-francaise.fr/fr/evenements/le-mariage10-11# (abgerufen am 7. September 2024).

Gespräch mit Lilo Baur

D   **LB**   Im Grunde ähnlich. Zum Beispiel in Jean-Baptiste Lullys Oper *Armide*[12] gibt es eine wunderschöne Szene, in der Armide und Renaud sich unentwegt sagen: «Aimons-nous!» Da war die Frage: Wie lässt sich das inszenieren, ohne dass es konventionell und abgedroschen wirkt? Denn sobald der Liebesakt vollzogen wird, ist die Spannung weg. Da haben wir bei den Proben zuerst ohne Text und ohne Gesang improvisiert. Im Zentrum standen Fragen der Art: «Wie wichtig ist die andere Person für dich, wie stark liebst du diese Person, wie sehr hasst du sie?» Da sind viele Emotionen ans Licht gekommen. Im nächsten Schritt haben die Darsteller:innen die Szene nur mit Text gespielt, ohne zu singen. Das geschah in einem kleinen, intimen Rahmen. Wir haben nur zu dritt geprobt, nicht auf der Bühne vor allen. Dadurch konnte sich eine gewisse Vertrautheit einstellen und Verhaltenheit lösen. Nachher haben die Sängerin und der Sänger, Ambroisine Bré und Cyrille Dubois, mir dafür gedankt. Sie empfanden es als eine neue, bereichernde Erfahrung.

AK   Junge Sänger:innen sind mit Bestimmtheit weit offener für szenische Experimente, als dies früher der Fall war.

LB   Ja, aber ich muss ihnen die Lust geben, etwas auszuprobieren. Ich muss dafür sorgen, dass die richtige Energie für eine bestimmte Szene entsteht. In *Armide* gibt es beispielsweise den Ritter Ubalde, der mit Monstern kämpft, da bin ich selbst auf den Sänger, Lysandre Châlon, zugesprungen – ich habe natürlich vorher gefragt, ob ich es darf. Man muss immer fragen. Aber ich bin wie ein Monster auf ihn draufgesprungen und habe mich an ihn gekrallt. Dieses Element haben wir nachher in die Choreografie aufgenommen. Ich muss die Darsteller:innen spielerisch aus der Reserve locken.

AK   Sie haben gesagt, Körperkontakt bedürfe jeweils der Einwilligung – das ist ein brisantes Thema. Endlich wird Machtmissbrauch im Theater benannt und aufgearbeitet. Umgekehrt ist Theater eine sehr körperliche Kunst, ganz besonders in Ihrem Fall. Wie lassen sich Grenzüberschreitungen in Probensituationen vermeiden? Kann man einen Safe Space schaffen, oder ist das im Gegenteil gar nicht erstrebenswert?

LB   Doch, ich finde schon. Ich habe soeben mit den Studierenden der Manufacture in Lausanne an Shakespeares *Wintermärchen* gearbeitet und ihnen dabei erklärt: «Es gibt Momente, in denen es auch körperliche

---

12   Premiere am 17. Juni 2024, Opéra-Comique, Paris. Weitere Informationen und Bilder: https://www.opera-comique.com/fr/spectacles/armide-2024 (abgerufen am 7. September 2024). Zu dieser Operninszenierung verweisen wir auch auf das Gespräch von David Christoffel mit dem Dirigenten Christophe Rousset in diesem *MIMOS*-Band, S. 237–244.

Andreas Klaeui

Berührungen gibt, wo man sich anfasst und so weiter. Seid ihr damit einverstanden? Ist es möglich, dass wir die Inszenierung so zusammen entwickeln?» Das war überhaupt kein Problem. Sie kannten mich allerdings schon vom Vorjahr, es gab eine Vertrauensbasis. Aber wir haben von Anfang an festgelegt: Wenn eine Aktion für jemanden zu viel wird, äussert die Person sich.

AK   Ich kann mir allerdings durchaus vorstellen, dass gerade eine junge Schauspielerin, die noch unsicher ist und deren Karriere auf dem Spiel steht, in einer zweifelhaften Situation gleichwohl schweigt, auch wenn sie sich unwohl fühlt.

LB   Die Studierenden der Manufacture haben in diesem Kurs in Gruppen improvisiert, und da gab es schon Unterschiede. Die Ideen, auch wenn Nacktheit involviert war, kamen alle von den Studierenden. Aber es gab grosse Abweichungen, wie weit jemand gehen wollte. Da gab es schon mal jemanden, der sich nackt auszog, und andere fanden, das war jetzt nicht nötig. Ich glaube, entscheidend ist das Vertrauen. Sonst wäre das nicht möglich gewesen. Auch bei meiner Inszenierung von Lullys *Armide* an der Opéra-Comique in Paris habe ich den Sänger:innen beim Liebesakt gesagt: «Nun gut, man könnte sich auch ausziehen und zusammenrollen, aber es muss für euch stimmen, und zwar auch musikalisch, so dass ihr trotzdem singen könnt.» Am Schluss habe ich zu Ambroisine Bré, die Armide spielt, gesagt, ich sähe sie wie eine Eidechse. Das hat die Sängerin inspiriert. Ich habe ihr Bilder für ihre Rolle gegeben. Aber ich wollte sie in keiner Weise zu etwas zwingen.

AK   In Ihren Inszenierungen lässt sich wie selten im Theater beobachten, wie Affekte direkt in Haltungen übergehen. Zum Beispiel in *Armide,* wenn der Chor sich zu einem Angstklumpen zusammenballt oder angriffig in die Hocke geht. Wie bringen Sie solche explizit choreografischen Elemente ins Spiel?

LB   Schon drei, vier Monate vor Probenbeginn arbeite ich mit der Choreografin und den Tänzer:innen, und wir probieren Situationen aus. Das ist dann wie ein vorbereitetes Bett für die Sänger:innen.

AK   Sie geben den Darsteller:innen Bilder mit, aber lassen sie selbst über das Rollenprofil entscheiden. Sehen Sie Ihre Arbeit als Regisseurin vor allem darin, zu inspirieren, Assoziationen zu vermitteln und so die performerische Fantasie anzuregen?

D   LB   Zum Beispiel in meiner Inszenierung von Georges Feydeaus *La Puce à l'oreille* [*Der Floh im Ohr*] für die Comédie-Française[13] gibt es eine Szene, in der in der Weihnachtsnacht ein Arzt aus dem Bett geholt wird, der sich im Hotelzimmer zu einem galanten Rendez-vous, also einem Sexdate, getroffen hat. Da habe ich mir gedacht, dass er in dieser Situation ja wohl kaum komplett angezogen sein könnte. Also habe ich dem Schauspieler vorgeschlagen: «Weisst du, was ich lustig fände? Wenn du ein Badetuch nehmen würdest, das dir dann wegfällt. Du versteckst dich hinter dem Weihnachtsbaum, kommst aber nicht an das Tuch heran und schützt dich mit einem Weihnachtspäckchen.» Der Schauspieler war Alexandre Pavloff, der eigentlich vor allem ernsthafte und tragische Rollen spielt. Also habe ich zu ihm gesagt, ich fände das eine gute Idee, aber er müsse selbst entscheiden. Er hatte unglaublich Freude daran! Am nächsten Tag habe ich ihn im Sportstudio angetroffen. Er meinte, er müsse jetzt ein bisschen trainieren. Wenn er schon alles zeige auf der Bühne, müsse er schliesslich in Form sein! [*Lacht*].

AK   Es schält sich immer mehr heraus: Zentrale Begriffe für Ihre Arbeitsweise sind Vertrauen und Freiheit. Sie bringen die Auftretenden dazu, sich zu öffnen und Ihnen etwas anzubieten, ist es das?

60   LB   Vertrauen und Freiheit, ja. Auch Wertschätzung ist wichtig. Es sind Künstler:innen, keine Nummern. Auch Statist:innen oder Chorsänger:innen sind für mich nicht einfach Nummern. Ich habe Freude daran, mit Menschen zusammenzuarbeiten und ihnen die Lust zu vermitteln, etwas auszuprobieren. So dass sie mir ihr Universum zeigen.

13   Premiere am 21. September 2019, Salle Richelieu, Comédie-Française, Paris. Weitere Informationen und Bilder: https://www.comedie-francaise.fr/fr/evenements/la-puce-a-loreille-1920 (abgerufen am 7. September 2024).

Andreas Klaeui

Andreas Klaeui

Le corps, instrument théâtral aux multiples facettes

Entretien avec Lilo Baur

F   « J'aime travailler avec des gens et leur transmettre l'envie
     d'essayer quelque chose de nouveau. Pour qu'ils me mon-
     trent leur univers. » Lilo Baur veut inspirer, tant comme
     metteuse en scène que comme actrice. Ses langages artis-
     tiques sont variés : danse, théâtre, opéra, film – mais au
     centre se trouve toujours le corps, le corps des actrices
     et acteurs comme instrument physique et esthétique.
     L'entretien porte sur la manière dont les émotions se tra-
     duisent en mouvements, sur comment se puise l'énergie
     adéquate pour une situation scénique. Et pourquoi Lilo Baur
     préfère commencer les répétitions par du jeu plutôt que
     par une lecture, ou encore pourquoi le sport est aussi une
     discipline artistique[1].

62

1   L'entretien a eu lieu en juillet 2024 à Zurich. De plus amples informations sur le parcours
     de Lilo Baur sont disponibles dans les annexes en fin d'ouvrage.

Andreas Klaeui

Andreas Klaeui   Vous vouliez être danseuse, vous êtes devenue actrice, et vous mettez en scène des opéras et du théâtre. Vous avez travaillé avec Simon McBurney et Katie Mitchell, avec Peter Brook et la troupe de la Comédie-Française, et vous avez aussi joué dans plusieurs films, par exemple dans *Vollmond* [*Pleine Lune*] de Fredi M. Murer[2]. Votre parcours est si diversifié qu'il est difficile de vous classer. Où vous situez-vous artistiquement ?

Lilo Baur   Ce n'est pas facile à dire. Ce qui est certain, c'est que ma force d'expression artistique vient du corps. Initialement, je voulais devenir danseuse. J'ai grandi dans un petit village dans le Canton d'Argovie. Quand j'ai voulu m'inscrire à une école de danse dans le village voisin, plus grand, l'enseignante était enceinte et m'a demandé de revenir six mois après. Mais j'avais une immense énergie que je devais dépenser – ce que j'ai encore aujourd'hui, je suis toujours un peu nerveuse, un peu trop rapide. Alors, j'ai pensé : « Très bien, je vais faire du sport. » Athlétisme, basket-ball, même si je suis plutôt petite. À 18 ans, je suis devenue monitrice de ski.

AK   Avez-vous grandi dans une famille ouverte aux arts ?

LB   Nous, les enfants, avons tous joué d'un instrument de musique ; mon frère est devenu pianiste. Mon père aussi jouait du piano, il adorait Glenn Miller. Il faisait également partie d'un groupe qui se produisait lors des fêtes de village : Josef and the Baker – mon père s'appelait Josef et était un fan de Josephine Baker. Je trouvais ça génial. Il était plutôt d'opinion conservatrice, président de commune et engagé socialement. Ma mère, elle, a beaucoup chanté. Elle était couturière, issue d'une grande famille avec onze enfants. Il y avait toujours beaucoup de mouvement. Je pense que ça m'a marquée. Ce vivre ensemble communautaire et cette présence physique. Aujourd'hui encore, j'ai besoin de bouger pour débuter la journée.

AK   Comme par exemple en faisant du sport ?

LB   Des exercices, du jogging, de la natation, peu importe. J'ai beaucoup travaillé au Japon. Là-bas, il y a des personnes âgées qui vont en physiothérapie uniquement parce qu'elles se sentent seules. Elles n'ont pas d'autres

---

2   *Vollmond* [*Pleine lune*], Suisse, Allemagne, France, 1998. Scénario et réalisation: Fredi M. Murer. Avec notamment Lilo Baur, Hanspeter Müller-Drossart, Benedict Freitag, Mariebelle Kuhn, Sara Capretti, Max Rüdlinger, Yolande Moreau. Plus d'informations: https://fredi-murer.ch/vollmond (consulté le 14 octobre 2024).

F   problèmes. Cela me touche. Et je trouve fascinant que, dans la culture japonaise, le corps et la langue, la danse et la parole soient vus comme une unité.
J'ai vécu cela en travaillant avec Yoshi Oïda et Peter Brook[3].

        AK   Précisément, comment avez-vous perçu le travail avec Yoshi
        Oïda et Peter Brook sur l'unité du corps et de la langue ?

LB   Yoshi Oïda est un maître, son travail réside dans le détail. Chaque
geste minutieux a sa place. Par exemple, un ralentissement de la tension
corporelle, très similaire au théâtre Nō japonais, qui met en valeur le mouvement comme dans un zoom ; chaque petit geste reçoit toute l'attention.
Lors des répétitions de *La Tragédie d'Hamlet*[4], Peter Brook m'a dit : « Tu es
une danseuse, tu sais bouger, alors tu connais aussi le silence du mouvement. » Je me sens toujours en mouvement. En tant que Gertrude, je devais
presque toujours rester assise. Cela a été pour moi une leçon impressionnante, presque au niveau neurologique.

        AK   Le lien étroit entre langue, musique et mouvement a quelque
        chose d'archaïque. C'est ce que vous recherchez sur le plateau ?

LB   L'interaction antique entre le corps et l'esprit a toujours été mon
modèle. Aristote, par exemple, était passionné de sport et lui-même coureur.

        AK   En effet, les anciens Grecs considéraient la récitation comme
        un art total, combinant le mot, le son et le mouvement, par exemple
        chez Pindare, dont nous devons imaginer les poèmes chantés et
        dansés. Donc très différent de ce à quoi nous sommes habitués et
        de ce que nous associons aux classiques.

LB   Oui, et je pense que cela continue de vivre aussi aujourd'hui. Quand
les jeunes dansent et chantent sur leur musique préférée, qu'ils connaissent
les paroles, aussi avec du rap ou du hip-hop : c'est en réalité un acte festif.

---

3   Lilo Baur a par exemple collaboré à *L'Homme qui…* avec Peter Brook et Yoshi Oïda.
        L'Homme qui… est un travail de recherche théâtrale de Peter Brook, à partir du bestseller
        de Oliver Sack, *The Man Who Mistook His Wife for a Hat* [*L'homme qui prenait sa femme
        pour un chapeau*], publié en 1985. Création en 1993, Théâtre des Bouffes du Nord, Paris.
        De plus amples informations sont disponibles sur les sites web de Peter Brook :
        www.newspeterbrook.com/ et Yoshi Oïda : https://www.yoshioida.com
        (consulté le 8 octobre 2024).

4   *La Tragédie d'Hamlet*, d'après William Shakespeare. Création le 29 mai 2002, Biennale
        Teatro, Venise. Adaptation et mise en scène : Peter Brook ; texte français : Jean-Claude
        Carrière et Marie-Hélène Estienne ; musique : Antonin Stahly ; costumes : Ysabel de
        Maisonneuve et Issey Miyake. Avec : Emile Abossolo-Mbo, Lilo Baur, Rachid Djaïdani,
        Sotigui Kouyaté, Bruce Myers, William Nadylam, Véronique Sacri, Antonin Stahly.

Andreas Klaeui

Le partage d'une expérience. Cela n'a pas besoin d'être dans une salle, cela peut aussi se faire dans la nature, par exemple lors de *rave parties*. Pourquoi les jeunes aiment-ils tant cela ? C'est fondamentalement un besoin archaïque.

AK   Un retour aux origines du théâtre, aux Dionysiens avec chant, danse et extase ?

LB   Oui, ça me parle.

AK   Quelle importance donnez-vous à la culture antique ?

LB   Le fait qu'il y avait des dieux pour tout me fascine. Vous en trouvez pour le bien comme pour le mal, pour la vertu comme pour le vice. Zeus, par exemple, était un violeur. Il serait aujourd'hui sévèrement puni par le mouvement #MeToo. Mais les Grecs ne connaissaient pas le fondamentalisme. Cela m'impressionne dans leur culture.

AK   L'intérêt pour cette culture trouve de la place dans votre travail théâtral ?

LB   Oui, peut-être dans la mesure où, moi aussi, je déteste le fondamentalisme, donc j'évite d'imposer des présupposés rigides dans mes mises en scène. Je cherche toujours quelque chose émanant de la personne qui joue. Que l'actrice ou l'acteur trouve son rôle par soi-même. Bien sûr, je suis influencée par mon travail avec Complicité[5] à Londres, où nous avons beaucoup improvisé, et avec Peter Brook, qui ne disait jamais, mais alors jamais : « Voici comme ça doit être. » Il montrait uniquement ce à quoi un personnage ou une scène particulière devait ressembler. C'est une grande force car, sinon, il n'y aurait que de l'imitation. Pour moi, le plus efficace, c'est quand quelque chose vient de l'intérieur, émane des interrogations personnelles des interprètes : « Qu'est-ce que la jalousie ? Qu'est-ce que la haine, qu'est-ce que l'amour ? » J'essaie toujours de commencer une répétition par quatre ou cinq jours d'improvisation. Ce n'est qu'après que nous lisons le texte ensemble. À ce moment-là, les actrices et acteurs ont déjà une idée claire de leur rôle, grâce aux facettes qu'elles et ils ont découvert grâce à l'improvisation. Dans l'opéra, cependant, c'est souvent impossible, car le temps manque et les processus sont plus complexes.

---

5   Pour plus d'informations, nous renvoyons au site internet de Complicité, Londres : https://www.complicite.org/ (consulté le 8 octobre 2024), ainsi qu'à la contribution de Simon McBurney dans le présent ouvrage, pp. 97–103.

AK   On reviendra plus tard sur les différences entre le théâtre parlé et le théâtre musical, mais restons sur l'improvisation : vous disséquez donc d'abord avec vos interprètes les traits de caractère et les émotions qui doivent se retrouver dans la démarche dramatique ?

LB   Oui, cela a été le cas par exemple avec *L'Avare* de Molière à la Comédie-Française[6]. Nous avons improvisé, et tout à coup, le valet La Flèche a pris le dessus et a dominé le personnage central d'Harpagon. Cette constellation a donné une nouvelle perspective sur Harpagon : en réalité, il a peur du valet. J'ai trouvé cela fantastique. Je ne serais jamais arrivée à cette conclusion, seule, assise à mon bureau ! L'idée est née dans le processus de travail, « sur le tas », comme on dit en français. C'est ce que je recherche, un processus où tout le monde travaille ensemble sur un sujet. Les plus âgés avec beaucoup d'expérience et les jeunes qui se joignent à nous. Ce n'est pas une question de connaissance, d'événement passé ou à venir. Il faut créer quelque chose ensemble dans le moment présent.

AK   Si je vous comprends bien, vous aboutissez par le biais de l'improvisation à quelque chose comme une « constellation familiale » psychologique autour des personnages, une constellation de laquelle émergent ensuite de nouvelles connexions et tensions dramatiques ?

LB   Oui, on peut voir ça comme ça. Je trouve que l'opération la plus délicate est avec les jeunes couples amoureux, car ils ne sont pas particulièrement intéressants en eux-mêmes, mais ils permettent de faire avancer l'intrigue. Les rôles de Valère et Élise dans *L'Avare*, par exemple, sont terriblement ennuyeux au début. Comment dans ce contexte montrer qu'ils sont vraiment amoureux l'un de l'autre et qu'ils veulent se marier même sans la permission d'Harpagon ? On a trouvé leur passion grâce à l'improvisation.

AK   Comment vous préparez-vous au processus de répétitions ?

LB   Lorsqu'on m'a proposé par exemple de monter *L'Avare* de Molière, j'ai d'abord hésité, parce que j'avais trouvé extraordinaire l'ancienne mise en scène de Catherine Hiegel avec Denis Podalydès dans le rôle d'Harpagon.

---

6   Spectacle créé le 1er avril 2022, Salle Richelieu, Comédie-Française, Paris (avec une reprise durant la saison 2024/2025). Plus d'informations et images : https://www.comedie-francaise.fr/fr/evenements/lavare2122 (consulté le 7 septembre 2024). Cette mise en scène est aussi au centre de l'entretien mené par Anne Fournier avec Laurent Stocker (interprète d'Harpagon) et publié dans le présent ouvrage, pp.193–199.

Andreas Klaeui

Ensuite, j'ai lu la pièce et, comme il était constamment question de la « cassette », la cassette d'argent, des images me sont apparues : celles de la Suisse d'après la Seconde Guerre mondiale, la Suisse comme gardienne des réserves d'or, des salles de coffres forts nécessitant deux clés. J'ai pensé que c'était Genève, que la pièce devait se dérouler à Genève. Dans une maison au bord du lac, avec des caméras de surveillance ; Harpagon y serait un riche banquier. Soudain, j'ai vu tellement d'images que je me suis dit : « Je le fais ! ».

AK   Est-ce généralement ainsi que vous abordez les sujets, par des associations d'images quasi inconscientes ?

LB   Oui, je crois, c'est ça. Si je lis une pièce et que je n'ai pas d'images en tête, ça ne convient pas. C'est le cas, par exemple, avec l'écriture de Jon Fosse. J'ai besoin d'action et de personnages forts.

AK   Une sorte de dynamique de groupe doit faire son apparition ?

LB   Exactement. C'est comme ça, par exemple, que j'ai choisi Anton Tchekhov dont j'apprécie beaucoup l'humour. J'ai mis en scène à Lausanne en 2008 ses nouvelles dans lesquelles il est question de poissons ou dans lesquelles un poisson fait son apparition[7].

AK   J'ai beaucoup aimé cette production. *Fish Love* est une ronde poétique et musicale où des personnages aussi charmants qu'absurdes, perdus au bord d'une rivière – peut-être le fleuve de la vie – veulent attraper de grands poissons et l'amour, et les cannes à pêche se balancent comme des roseaux dans le vent.

LB   J'ai surtout été fascinée par l'absurdité, que je retrouve également chez d'autres auteurs russes, comme Nikolaï Gogol. Ou dans les recherches de Vsevolod E. Meyerhold : Comment peut-on exprimer physiquement une réaction comique ? Nous avons aussi beaucoup travaillé cela avec Peter Brook. J'y vois un lien avec le corps contrôlé des danseuses et danseurs.

---

7   *Fish Love*, d'après des nouvelles d'Anton Tchekhov. Création le 10 janvier 2008, Salle Charles Apothéloz, Théâtre Vidy-Lausanne. Adaptation scénique du texte : Hélène Patarot et Lilo Baur ; mise en scène : Lilo Baur ; décor : James Humphrey et Michael Levine ; costumes : Agnès Falque ; musique : Mich Ochowiak. Avec : Isabelle Caillat, Pascal Dujour, Nikita Gouzovsky, Mich Ochowiak, Kostas Philippoglou, Claudia de Serpa Soares, Jorgos Simeonidis.

Entretien avec Lilo Baur

AK   On voit là, à nouveau, combien le travail avec le corps est central dans votre création. Vous avez suivi la formation en théâtre physique proposée par l'École internationale Jacques Lecoq[8] à Paris. Pourquoi ce choix ?

LB   Lorsque j'ai appris que je recevais le Grand Prix suisse des arts de la scène / Anneau Hans Reinhart, j'ai tout de suite eu cette pensée : « Comme c'est dommage que mes parents ne puissent plus être là pour vivre ce moment avec moi. » Mon père aurait été si heureux ! Quand, à 16 ans, j'ai dit que je voulais suivre une école de théâtre, sa réaction a été : « D'abord un diplôme. » J'ai donc accompli la formation d'institutrice pour disposer d'un métier et pouvoir enseigner en cas de nécessité. Mais mon cœur était ailleurs, malgré les matières artistiques et le sport qui, à mes yeux, fait aussi partie des arts. Le lien avec Lecoq a été tissé par l'acteur Mark Wetter[9]. Il avait aussi suivi la formation d'enseignant, il était ensuite parti à Paris, chez Lecoq. Je l'ai vu jouer en 1980 ou 1981 à Lenzburg. C'était fou. J'ai discuté avec lui, il m'a parlé de Lecoq, et je me suis tout de suite inscrite.

AK   Et c'est comme ça que vous êtes arrivée à Paris ?

LB   J'ai dû d'abord améliorer mon français. J'ai suivi des cours de langue dans une école où nous, les étudiantes et étudiants étrangers, avons monté une pièce d'Eugène Ionesco. Au bout d'un mois, Ionesco est venu lui-même voir la représentation – il n'a critiqué que les étudiantes et étudiants des États-Unis pour leur accent. Je n'aurais jamais pensé cela de lui. Il écrit des pièces si loufoques, et puis ce genre d'observations. Cela m'a beaucoup déçue. Je ne voulais plus rien avoir à faire avec Ionesco.

AK   Parce qu'il s'est contenté d'une critique formelle ?

LB   Parce qu'il n'a pas senti les gens, ne les a pas pris au sérieux. Bien sûr que les Américains avaient un accent, j'ai dû moi aussi m'approprier l'anglais de Shakespeare en Angleterre. Cela fait partie de la vie, si l'on veut réussir – et puis arrive une censure aussi rigide et stricte.

---

8   Plus d'informations : https://www.ecole-jacqueslecoq.com/ (consulté le 7 septembre 2024).

9   Voir l'entrée dans le Dictionnaire du théâtre en Suisse : https://tls.theaterwissenschaft.ch/wiki/Mark_Wetter (consulté le 7 septembre 2024).

Andreas Klaeui

AK   Ce qui est pourtant un aspect très français, car le théâtre français est fortement axé sur la beauté du langage et la déclamation raffinée. Je trouve cela d'ailleurs intéressant : vous travaillez souvent sur la scène française. Cette préoccupation linguistique ne contredit-elle pas votre méthode de travail, qui est très physique ?

LB   En fait, oui. Nous avons déjà parlé des images qui me viennent à l'esprit quand je lis un texte. Avec la pièce de Gogol, par exemple, *Le Mariage*, que j'ai mis en scène en 2010 à la Comédie-Française[10], il y a une scène où tous les prétendants attendent la jeune femme. J'ai vu une salle d'attente devant moi, où il ne se passait rien pendant longtemps et où régnait un silence à la Tchekhov. Soudain, on entend un moustique bourdonner. Pour moi, c'était une image qui faisait clairement partie de la mise en scène. Ce sont des aspects que je peux et veux transmettre à une troupe. Les actrices et acteurs partagent avec moi leur connaissance linguistique du texte et de la poésie ; je développe avec eux la dimension visuelle.

AK   Est-ce que cette collaboration, cet échange est toujours aisé ?

LB   C'est intéressant, parce qu'il y a bien sûr parfois de la résistance. Un comédien très réputé et sociétaire de la Comédie-Française, Yves Gasc, a par exemple d'abord fait la grimace. Les exercices de gymnastique et l'improvisation, ce n'était pas son univers. Il avait quatre-vingts ans lors de notre collaboration pour *Le Mariage* et il souffrait de douleurs au nerf sciatique. Je lui ai dit : « Viens, faisons quelques exercices au sol, un peu de Feldenkrais. » Après deux semaines, il est venu me voir et m'a dit : « Mon ostéopathe et moi devons te féliciter, je vais beaucoup mieux ! » J'ai eu l'impression que son jeu est devenu ensuite plus fluide. Pour certains acteurs et actrices, ma méthode de travail est étrange. Mais la majorité est ouverte à la nouveauté.

AK   Les comédiennes et comédiens d'une institution comme la Comédie-Française ont l'habitude de travailler avec différent·es metteuses et metteurs en scène.

LB   Oui, d'Anatoli Wassiljew jusqu'à Romeo Castellucci, et ensuite moi… Lorsque je me suis présentée à la toute première répétition à la Comédie-Française, les tables étaient déjà disposées en cercle pour une répétition de

---

10   *Le Mariage* de Nikolaï Gogol. Spectacle créé le 24 novembre 2010, Théâtre du Vieux-Colombier, Comédie-Française, Paris. Plus d'informations et images : https://www.comedie-francaise.fr/fr/evenements/le-mariage10-11# (consulté le 7 septembre 2024).

F lecture. J'ai alors dit : « On enlève toutes les tables, place d'abord au jeu ! »
Aujourd'hui, les comédiennes et comédiens arrivent souvent déjà vêtus de
leur tenue de sport à la répétition.

       AK   Dans le théâtre musical, les marges de manœuvre sont plus
petites. La partition donne un cadre et un déroulement précis.
Quelle est donc votre approche ?

LB   Fondamentalement similaire. Par exemple, dans l'opéra *Armide*[11] de
Jean-Baptiste Lully, il y a une scène magnifique où Armide et Renaud ne
cessent de se dire : « Aimons-nous ! » On s'est alors demandé comment mettre
ce sentiment en scène sans que cela paraisse conventionnel et banal. Car dès
que l'acte d'amour est accompli, la tension disparaît. Nous avons donc improvisé lors des répétitions, d'abord sans texte et sans chant. Nous nous sommes
concentrés sur des questions telles que : « Quelle importance a l'autre personne pour toi, à quel point l'aimes-tu, à quel point la détestes-tu ? » Beaucoup
d'émotions ont émergé. Ensuite, les interprètes ont joué la scène uniquement
avec le texte, sans chanter. Cela s'est fait dans un cadre intime. Nous avons
répété à trois seulement, plutôt que sur la scène devant tout le monde. Cela
a permis d'instaurer une certaine familiarité et d'abolir la retenue. Plus tard,
la mezzo-soprano Ambroisine Bré et le ténor Cyrille Dubois m'ont remerciée.
Ils ont trouvé cela enrichissant.

       AK   Les jeunes chanteuses et chanteurs sont certainement beau-
coup plus ouverts à l'expérimentation scénique que par le passé.

LB   Oui, mais je dois leur donner envie d'essayer quelque chose. Je dois
faire en sorte que la bonne énergie soit créée pour la scène en jeu. Par
exemple, dans *Armide,* il y a le chevalier Ubalde qui combat des monstres,
alors là j'ai sauté sur le chanteur, Lysandre Châlon – bien sûr, je lui ai demandé
avant si je pouvais le faire. Il faut toujours demander. Mais j'ai sauté sur lui
comme un monstre et je me suis accrochée à lui. Nous avons ensuite intégré
cet élément dans la chorégraphie. Je dois amener les interprètes à sortir de
leur réserve de manière ludique.

       AK   Vous avez dit que le contact physique nécessite toujours
le consentement – c'est un sujet aujourd'hui brûlant. L'abus de pouvoir dans le théâtre est enfin pris en considération et traité. Mais le

---

11   Spectacle créé le 17 juin 2024, Opéra-Comique, Paris. Plus d'informations et images :
https://www.opera-comique.com/fr/spectacles/armide-2024 (consulté le 7 septembre 2024).
À propos de cette mise en scène d'opéra, nous renvoyons aussi à l'entretien mené par David
Christoffel avec le chef d'orchestre Christophe Rousset dans le présent ouvrage, pp. 229–236.

Andreas Klaeui

théâtre reste quoi qu'il en soit un art très physique, particulièrement dans votre cas. Comment éviter les dépassements des limites dans les situations de répétition ? Peut-on créer un espace sûr, ou est-ce en fait non souhaitable ?

LB   Oui, je pense que c'est possible. Je viens de travailler avec les étudiantes et étudiants de la Manufacture à Lausanne sur le *Conte d'hiver* de Shakespeare et je leur ai expliqué : « À certains moments, il y a aussi des contacts physiques, où l'on se touche et ainsi de suite. Êtes-vous d'accord avec cela ? Est-il possible que nous développions la mise en scène ensemble de cette manière ? » Cela n'a posé aucun problème. Ils me connaissaient déjà de l'année précédente, il y avait une base de confiance. Mais nous avons établi dès le début que si une action devenait trop difficile pour quelqu'un, cette personne devait le dire.

AK   Je peux tout à fait imaginer qu'une jeune actrice, encore pleine d'incertitudes et dont la carrière est en jeu, reste silencieuse dans une situation douteuse, même si elle se sent mal à l'aise.

LB   Les étudiantes et étudiants de la Manufacture ont improvisé en groupes dans ce cours, et il y avait déjà des différences. Même si la nudité était impliquée, les idées venaient toutes des étudiants. Mais il y avait de grandes variations dans les limites définies par chacun·e. Une personne s'est complètement déshabillée pendant que d'autres trouvaient que ce n'était pas nécessaire. Je crois que la confiance est essentielle. Sinon, cela n'aurait pas été possible. Même dans ma mise en scène d'*Armide* de Lully à l'Opéra-Comique de Paris, j'ai dit aux chanteurs et chanteuses lors de la scène d'amour : « Eh bien, on pourrait aussi se déshabiller et s'embrasser, mais il faut que cela vous convienne, aussi musicalement, pour que vous puissiez quand même chanter. » À la fin, j'ai dit à Ambroisine Bré, qui joue Armide, que je l'imaginais comme un lézard. Cela a inspiré la chanteuse. Je lui ai donné des images pour son rôle. Mais je ne voulais en aucun cas la forcer à quoi que ce soit.

AK   Dans vos mises en scène, on remarque, comme rarement au théâtre, les affects qui se traduisent directement en postures. Par exemple dans *Armide*, lorsque le chœur se regroupe en une masse anxieuse ou adopte une posture agressive. Comment intégrez-vous ces éléments chorégraphiques explicites ?

LB   Trois ou quatre mois avant le début des répétitions, je travaille déjà avec la chorégraphe ainsi qu'avec les danseuses et danseurs, et nous expérimentons des situations. C'est alors comme si on préparait un lit pour les chanteurs et chanteuses.

F   AK   Vous donnez des images aux interprètes, mais vous les laissez décider eux-mêmes du profil de leur rôle. Considérez-vous que votre travail de metteuse en scène consiste principalement à inspirer, à transmettre des associations et à stimuler ainsi l'imagination performative ?

LB   Dans ma mise en scène de *La Puce à l'oreille* de Georges Feydeau pour la Comédie-Française[12], par exemple, il y a une scène où, la nuit de Noël, un médecin est tiré du lit alors qu'il avait un rendez-vous galant, c'est-à-dire un rendez-vous sexuel, dans une chambre d'hôtel. Je me suis dit qu'il ne pouvait guère être complètement habillé dans cette situation. J'ai donc proposé à l'acteur : « Tu sais ce que je trouverais drôle ? Si tu prenais une serviette de bain qui tomberait ensuite. Tu te cacherais derrière le sapin de Noël, mais tu ne pourrais pas atteindre la serviette et tu te protégerais avec un paquet cadeau. » L'acteur était Alexandre Pavloff, qui joue principalement des rôles sérieux et tragiques. Alors je lui ai dit que je trouvais cette idée bonne mais qu'il devait décider lui-même. Il en a été incroyablement heureux ! Le lendemain, je l'ai rencontré à la salle de sport. Il m'a dit qu'il devait maintenant s'entraîner un peu. S'il devait tout montrer sur scène, il devait être en forme ! [*Rires*].

      AK   C'est de plus en plus évident, vous placez la confiance et la liberté comme points centraux dans votre méthode de travail. Vous amenez les interprètes à s'ouvrir et à vous proposer quelque chose, c'est ça ?

LB   Confiance et liberté, oui. L'estime est aussi importante. Ce sont des artistes, pas des numéros. Même les figurantes et figurants ou les choristes ne sont pas simplement des numéros pour moi. J'aime travailler avec les gens et leur transmettre l'envie d'essayer quelque chose de nouveau. Pour qu'ils me montrent leur univers.

12   Spectacle créé le 21 septembre 2019, Salle Richelieu, Comédie-Française, Paris. Plus d'informations et images : https://www.comedie-francaise.fr/fr/evenements/la-puce-a-loreille-1920 (consulté le 7 septembre 2024).

Andreas Klaeui

Andreas Klaeui

Il corpo come strumento teatrale versatile

Intervista a Lilo Baur

I «Amo collaborare con le persone e stimolarle a provare nuove cose. Per scoprire il loro universo.» Lilo Baur intende ispirare gli altri, sia nel ruolo di regista che in quello di attrice. I suoi mezzi espressivi spaziano dalla danza al teatro di parola, passando per l'opera lirica e il cinema – ma al centro pone sempre il corpo dell'interprete come strumento fisico ed estetico. Nell'intervista[1] condivide le proprie riflessioni su come tradurre le emozioni in movimento o creare la giusta energia per una determinata situazione scenica; spiega inoltre perché preferisce iniziare le prove con dei giochi piuttosto che con la lettura del copione e perché anche lo sport sia una disciplina artistica.

[1] L'intervista si è svolta nel luglio del 2024 a Zurigo. Una biografia dettagliata di Lilo Baur è riportata in appendice.

Andreas Klaeui

Andreas Klaeui   Sognava di essere danzatrice, è diventata attrice e ora porta in scena spettacoli teatrali e operistici. Ha collaborato con Simon McBurney e Katie Mitchell, con Peter Brook e con la compagnia della Comédie-Française, ha partecipato inoltre a vari film, tra cui *Vollmond* [*Luna piena*] di Fredi M. Murer[2]. La Sua carriera artistica è talmente variegata che è difficile trovare un comune denominatore. Dove si colloca personalmente?

Lilo Baur   Non è facile a dirsi, ma so per certo che la mia forza espressiva è legata al corpo. È per questo che inizialmente volevo diventare danzatrice. Sono cresciuta in un piccolo villaggio del Canton Argovia, in Svizzera, e quando andai nel paese vicino per iscrivermi a un corso di danza, l'insegnante era incinta e mi disse di tornare sei mesi dopo. Io però ero carica di energia e avevo bisogno di una valvola di sfogo. Ed è così ancora oggi, sono sempre piuttosto irrequieta, un po' troppo rapida in tutto. Ho quindi pensato: «Bene, allora farò dello sport.» Ho praticato l'atletica leggera e perfino la pallacanestro, benché non sia molto alta. A diciotto anni ero già istruttrice di sci.

AK   È cresciuta in una famiglia con interessi artistici?

LB   Da bambini suonavamo tutti uno strumento; mio fratello è diventato pianista. Anche mio padre suonava il piano, soprattutto Glenn Miller. Aveva un complesso musicale con il quale si esibiva nelle sagre paesane, alla fine del programma ufficiale: Josef and the Bakers – mio padre si chiamava Josef e adorava Josephine Baker. Per me era fantastico. Mio padre aveva uno spirito alquanto conservatore, era sindaco del paese e socialmente impegnato. Mia madre amava cantare. Faceva la sarta e proveniva da una famiglia numerosa di undici figli. C'era sempre un gran viavai. Penso che questa vita comunitaria e la fisicità mi abbiano marcata profondamente. Ancora oggi devo cominciare la giornata con un'attività fisica.

AK   Come ad esempio fare dello sport?

LB   Esercizi fisici, jogging, nuoto, cose di questo tipo. Ho lavorato molto in Giappone. Lì molte persone anziane vanno a fare fisioterapia non perché abbiano degli acciacchi, ma perché si sentono sole. Lo trovo commovente.

2   *Vollmond* [*Luna piena*], Svizzera, Germania, Francia, 1998. Copione e regia: Fredi M. Murer. Con, fra gli altri: Lilo Baur, Hanspeter Müller-Drossart, Benedict Freitag, Mariebelle Kuhn, Sara Capretti, Max Rüdlinger, Yolande Moreau. Ulteriori informazioni: https://fredi-murer.ch/vollmond (consultato il 14 ottobre 2024).

Della cultura giapponese mi affascina il fatto che il corpo e il linguaggio, la danza e le parole costituiscono un tutt'uno. Ho potuto sperimentarlo quando lavoravo con Yoshi Oida e Peter Brook[3].

AK   Com'è stato per Lei sperimentare con Yoshi Oida e Peter Brook tecniche teatrali incentrate sul connubio fra corpo e linguaggio?

LB   Yoshi Oida è un maestro nella cura di ogni minimo dettaglio. Anche il gesto più impercettibile ha il suo spazio, per esempio un rallentamento della tensione corporea, paragonabile al teatro Nō giapponese che enfatizza ogni movimento come in un effetto zoom. A ogni gesto, per quanto piccolo, è rivolta la massima attenzione. Quanto a Peter Brook, durante le prove di *La Tragédie d'Hamlet*[4] mi disse: «Tu es une danseuse, tu sais bouger, alors tu connais aussi le silence du mouvement.»[5] Mi percepisco sempre in movimento. Mentre nel ruolo di Gertrude dovevo stare pressoché tutto il tempo seduta. È stata una grande lezione per me, quasi a livello neurologico.

AK   C'è qualcosa di arcaico nella profonda interconnessione tra linguaggio, musica e movimento. È questa dimensione che cerca sul palco?

LB   L'antica interrelazione fra corpo e mente è sempre stata il mio modello di riferimento. Aristotele, ad esempio, era anche appassionato di sport e un corridore.

AK   In effetti, gli antichi greci consideravano il teatro come un'arte totale che univa parole, suono e movimento. Ad esempio, dobbiamo immaginare che le poesie di Pindaro venissero cantate e danzate. Un approccio molto diverso da quello a cui siamo abituati e che spesso associamo ai classici.

3   Lilo Baur ha collaborato con Peter Brook e Yoshi Oida ad esempio per *L'Homme qui…*, una ricerca teatrale di Peter Brook ispirata al bestseller del neurologo Oliver Sacks *The Man Who Mistook His Wife for a Hat* [*L'uomo che scambiò sua moglie per un cappello*]. Lo spettacolo ha debuttato nel 1993 al Théâtre des Bouffes du Nord di Parigi. Ulteriori informazioni sono disponibili sui siti web di Peter Brook: www.newspeterbrook.com/ e Yoshi Oida: https://www.yoshioida.com/ (entrambi consultati l'8 ottobre 2024).

4   *La Tragédie d'Hamlet*, ispirata all'*Amleto* di William Shakespeare, ha debuttato il 29 maggio 2002 alla Biennale Teatro di Venezia. Adattamento scenico e regia: Peter Brook; traduzione francese: Jean-Claude Carrière e Marie-Hélène Estienne; musica: Antonin Stahly; costumi: Ysabel de Maisonneuve e Issey Miyake. Con: Emile Abossolo-Mbo, Lilo Baur, Rachid Djaïdani, Sotigui Kouyaté, Bruce Myers, William Nadylam, Véronique Sacri, Antonin Stahly.

5   «Sei una danzatrice, sai come muoverti, dovresti quindi conoscere anche il silenzio del movimento.» (Citazione tradotta da Paola Gilardi).

Andreas Klaeui

LB   Sì, e credo che ciò esista ancora oggi. Quando i giovani ballano e cantano al ritmo della loro musica preferita, conoscono le parole a memoria, anche nel rap o nell'hip-hop: si tratta in realtà di un atto rituale. È la condivisione di un'esperienza. Non serve necessariamente uno spazio apposito, può avere luogo anche all'aperto, come nei *rave parties*. Perché i giovani li amano così tanto? È essenzialmente un bisogno ancestrale.

AK   Un ritorno alle origini del teatro, alle feste in onore di Dioniso costituite da canti, danze ed estasi?

LB   Sì, sono una fonte d'ispirazione per me.

AK   Che importanza ha la cultura antica per Lei?

LB   Mi affascina il fatto che i popoli antichi avessero degli dei per tutto. Per il bene e per il male, per le virtù e per i vizi. Zeus, ad esempio, era uno stupratore e sarebbe stato severamente punito dal movimento #MeToo. Ma i Greci non conoscevano il fondamentalismo. È un aspetto della loro cultura che mi colpisce.

AK   Questo interesse si ritrova anche nel Suo lavoro teatrale?

LB   Forse nella misura in cui anch'io aborrisco ogni forma di fondamentalismo ed evito quindi di impostare le mie messinscene in modo rigido. Sono sempre alla ricerca di elementi che provengano dai singoli attori e attrici. Intendo incitarli a elaborare da sé il proprio ruolo. In questo sono ovviamente stata influenzata dalla collaborazione con la compagnia Complicité[6] di Londra, dove l'improvvisazione giocava un ruolo centrale, e con Peter Brook che non ha assolutamente mai detto: «Ecco come dev'essere.» Non ha mai spiegato come dovesse essere un personaggio o una determinata scena. È un grande punto di forza per evitare la mera imitazione. Secondo me, si raggiunge la massima potenza espressiva solo quando qualcosa emerge dal profondo, dagli interrogativi personali degli interpreti. Cos'è la gelosia? Cos'è l'odio, cos'è l'amore? Cerco sempre di iniziare le prove con quattro, cinque giorni di improvvisazioni, passando solo dopo alla lettura comune del testo. A questo punto, le attrici e gli attori hanno già un'idea ben definita del proprio ruolo, grazie alle varie sfaccettature sviluppate nella

---

6   Per ulteriori informazioni si rimanda al sito web della compagnia londinese Complicité: https://www.complicite.org/ (consultato l'8 ottobre 2024). E si veda anche il contributo di Simon McBurney nel presente volume di *MIMOS*, pp. 97-103.

fase di improvvisazione. Nell'opera lirica spesso non è possibile procedere in questo modo, a causa della mancanza di tempo e perché i processi di creazione di uno spettacolo sono più complessi.

AK   Prima di passare alle differenze fra il teatro di parola e il teatro musicale, proporrei di soffermarci ancora sull'improvvisazione: il Suo approccio consiste dunque nell'elaborare insieme agli interpreti i tratti dei singoli personaggi e le emozioni che si concretizzeranno via via nel corso della narrazione scenica?

LB   Per *L'Avare* di Molière alla Comédie-Française[7], ad esempio, abbiamo lavorato in questo modo. Nella fase di improvvisazione il servo La Flèche ha preso inaspettatamente il sopravvento, dominando il protagonista Arpagone. Questa costellazione ci ha portato a vedere Arpagone con occhi diversi: in realtà ha paura del suo servitore. Mi è sembrata un'idea fantastica e non mi sarebbe mai venuta in mente seduta alla mia scrivania! È emersa durante il processo creativo, «sur le tas», come si dice in francese. Il mio obiettivo è proprio quello di sviluppare un determinato soggetto grazie al contributo di tutti – attrici e attori con molta esperienza e giovani alle prime armi. Non ha nulla a che vedere con la conoscenza o con un evento passato o futuro, ma si tratta di creare qualcosa insieme nel momento presente.

AK   Se ho capito bene, tramite l'improvvisazione allestisce una sorta di «costellazione familiare» psicologica fra i vari personaggi, da cui emergono nuove connessioni e tensioni drammatiche?

LB   Si può dire così. A mio modo di vedere i giovani amanti, che non sono particolarmente interessanti ma contribuiscono allo sviluppo della trama, pongono le maggiori difficoltà. I ruoli di Valère ed Elise nell'*Avare*, ad esempio, all'inizio sono terribilmente noiosi. Com'è possibile mostrare il loro profondo innamoramento e la ferma volontà di sposarsi anche senza il consenso di Arpagone? Il loro amore passionale è emerso grazie all'improvvisazione.

AK   Come si prepara alle prove di una nuova produzione?

---

7   Debutto il 1° aprile 2022, Salle Richelieu, Comédie-Française, Parigi (e ripreso in cartellone nella stagione 2024/2025). Ulteriori informazioni e immagini: https://www.comedie-francaise.fr/fr/evenements/lavare2122 (consultato il 7 settembre 2024). In merito a questo spettacolo, si veda anche l'incontro di Anne Fournier con Laurent Stocker, che interpreta Arpagone, nel presente volume di *MIMOS*, pp.193–199.

Andreas Klaeui

LB   Quando mi è stato chiesto di portare in scena *L'Avare* di Molière, in un primo momento ho esitato perché avevo molto apprezzato la messin-scena di Catherine Hiegel con Denis Podalydès nel ruolo del protagonista. Poi ho riletto la pièce e, ogni volta che Arpagone menzionava la «cassette», cioè lo scrigno con i suoi averi, mi sono subito venute in mente le immagini della Svizzera nel secondo dopoguerra, la Svizzera come bastione delle riserve d'oro, delle casseforti per le quali servono due chiavi. È Ginevra, ho pensato. Lo spettacolo dovrebbe essere ambientato a Ginevra, in una casa sul lago con telecamere di sorveglianza e Arpagone nei panni di un ricco banchiere. All'improvviso si sono palesate talmente tante immagini alla mia mente che ho detto: «D'accordo, lo faccio!»

AK   È questo, in generale, il Suo approccio a un nuovo soggetto, tramite libere associazioni visive, quasi inconsce?

LB   Credo sia proprio così. Se durante la lettura di una pièce non mi viene in mente nessuna immagine, so che non funzionerà. Jon Fosse, ad esempio, non fa per me. Ho bisogno di una trama e di personaggi.

AK   Deve svilupparsi una dinamica di gruppo?

LB   Esattamente. È così che mi sono imbattuta in Anton Cechov, ad esempio, di cui adoro il senso dell'umorismo. A Losanna, nel 2008, ho portato in scena i suoi racconti che parlano di pesca o che hanno un pesce come protagonista[8].

AK   Mi è piaciuto molto! *Fish Love* è un girotondo poetico-musicale, in cui personaggi tanto affascinanti quanto assurdi e sper-duti tentano di pescare grandi pesci e l'amore in riva a un fiume – forse il fiume della vita – mentre le canne da pesca oscillano al vento.

LB   Adoro l'assurdità di Cechov, che ritrovo anche in altri autori russi, come ad esempio Nikolaj Gogol'. O nella ricerca di Vsevolod E. Meyerhold su come tradurre una reazione comica tramite l'espressione corporea. Abbiamo lavorato molto su questo aspetto anche con Peter Brook. Vedo un nesso con i corpi controllati delle danzatrici e dei danzatori.

8   *Fish Love*, ispirato a racconti di Anton Cechov. Debutto il 10 gennaio 2008, Salle Charles Apothéloz, Théâtre Vidy-Lausanne. Adattamento scenico del testo: Hélène Patarot e Lilo Baur; regia: Lilo Baur; scenografia: James Humphrey e Michael Levine; costumi: Agnès Falque; musica: Mich Ochowiak. Con: Isabelle Caillat, Pascal Dujour, Nikita Gouzovsky, Mich Ochowiak, Kostas Philippoglou, Claudia de Serpa Soares, Jorgos Simeonidis.

AK	Ciò dimostra ancora una volta quanto il corpo abbia un'importanza centrale nel Suo lavoro. Si è formata nell'ambito del teatro fisico presso la Scuola internazionale di Jacques Lecoq[9] a Parigi. Come vi è approdata?

LB	Quando ho appreso che mi era stato conferito il Gran Premio svizzero delle arti sceniche / Anello Hans Reinhart, il mio primo pensiero è stato: «Peccato che i miei genitori non possano più condividere questo momento con me.» Mio padre ne sarebbe stato felicissimo! Quando a sedici anni annunciai di volere frequentare una scuola di teatro, la sua prima reazione fu: «Prima un diploma.» Mi sono quindi diplomata alla magistrale, in modo da avere una professione e potere insegnare in caso di bisogno. Ma con il cuore ero altrove, malgrado le materie artistiche e malgrado lo sport che, secondo me, rientra anch'esso fra le discipline artistiche. Sono entrata in contatto con Lecoq grazie all'attore Mark Wetter[10]. Aveva frequentato anche lui la magistrale, ma poi si era trasferito a Parigi, da Lecoq. Nel 1980 o 1981 ho assistito a uno spettacolo di Mark a Lenzburg, pazzesco! Ho discusso con lui, mi ha parlato di Lecoq e mi sono subito iscritta.

AK	È dunque così che è giunta a Parigi?

LB	Prima dovevo migliorare il mio francese. Ho frequentato un corso di lingua in cui noi studenti stranieri dovevamo portare in scena una commedia di Eugène Ionesco. Un mese dopo Ionesco stesso ha assistito alla nostra rappresentazione, limitandosi a criticare l'accento degli studenti e studentesse statunitensi. Non l'avrei mai immaginato. Scrive pièce così folli, e poi fa un'osservazione del genere. Mi ha molto delusa. Non ho mai più voluto avere a che fare con Ionesco.

AK	Perché si è limitato a una mera critica formale?

LB	Perché non ha preso in considerazione le persone. Era ovvio che gli statunitensi avessero un accento, anch'io in Inghilterra avevo dovuto imparare l'inglese di Shakespeare. Fa parte del gioco se si vuole ottenere qualcosa nella vita – e poi ci piomba addosso una censura così severa e ottusa.

9	Ulteriori informazioni: https://www.ecole-jacqueslecoq.com/?lang=en (consultato il 12 dicembre 2024).

10	Si veda la voce nel Dizionario Teatrale Svizzero: https://tls.theaterwissenschaft.ch/wiki/Mark_Wetter (consultato il 7 settembre 2024).

Andreas Klaeui

AK   Che tuttavia rispecchia un aspetto della cultura francese: il teatro francese, in particolare, è fortemente orientato alla bellezza del linguaggio e alla raffinatezza della declamazione. Trovo molto interessante che Lei lavori spesso nel teatro francese. Questa enfatizzazione del linguaggio non è in contraddizione con il Suo modo di lavorare, che è provalentemente fisico?

LB   Sì, in effetti è così. Ho già accennato alle immagini che affiorano alla mia mente durante la lettura di un copione. Nel *Matrimonio* di Gogol', che ho portato in scena nel 2010 alla Comédie-Française[11], c'è ad esempio una scena in cui i pretendenti attendono l'arrivo della ragazza. Davanti ai miei occhi è apparsa una sala d'attesa, nella quale a lungo non succede nulla e vige un silenzio chechoviano. All'improvviso si sente il ronzio di una zanzara. Per me era chiaro che questa immagine doveva essere integrata nella messinscena. Sono aspetti come questi che desidero trasmettere agli interpreti. Le attrici e gli attori condividono con me la loro conoscenza del testo e della poesia, mentre il mio ruolo consiste nell'elaborare insieme a loro la dimensione visiva.

AK   Questa collaborazione è sempre facile?

LB   È interessante, perché è ovvio che a volte incontro delle resistenze. Un grande attore e *sociétaire* della Comédie-Française, Yves Gasc, all'inizio aveva arricciato un po' il naso. Gli esercizi ginnici e l'improvvisazione non facevano parte del suo mondo. All'epoca della nostra collaborazione per *Le Mariage* aveva ottant'anni, soffriva di dolori al nervo sciatico. Allora gli proposi: «Dai, facciamo qualche esercizio al suolo, un po' di Feldenkrais.» Due settimane dopo venne da me e mi disse: «Il mio osteopata ed io dobbiamo congratularci con te, sto molto meglio!» E avevo l'impressione che in seguito anche la sua recitazione fosse divenuta più fluida. Alcuni attori e attrici trovano il mio metodo di lavoro piuttosto strano. Ma la maggior parte di loro è aperta alle novità.

AK   I membri di un'istituzione teatrale come la Comédie-Française sono abituati a lavorare con diversi registi.

81

---

11   *Le Mariage* [*Il Matrimonio*] di Nikolaj Gogol'. Debutto il 24 novembre 2010, Théâtre du Vieux Colombier, Comédie-Française, Parigi. Ulteriori informazioni e immagini: https://www.comedie-francaise.fr/fr/evenements/le-mariage10-11# (consultato il 7 settembre 2024).

I LB   Sì, da Anatoli Wassiljew a Romeo Castellucci, e poi sono arrivata io… Il mio primo giorno di prove alla Comédie-Française i tavoli erano già disposti in cerchio, pronti per la lettura del copione. Dissi: «Spostate tutti i tavoli, iniziamo con un gioco!» Oggi quasi tutti gli attori e attrici si presentano alle prove direttamente in tuta sportiva.

AK   Nel teatro musicale c'è meno libertà d'azione, in quanto la partitura definisce un quadro e una sequenza ben precisi. Qual è il suo approccio?

LB   Procedo essenzialmente nello stesso modo. Nell'*Armide*[12] di Jean-Baptiste Lully c'è una splendida scena, in cui Armide e Renaud si ripetono senza sosta: «Aimons-nous!» Ci siamo chiesti come esprimere questo sentimento evitando di scadere nella mera convenzione o nella banalità. Perché non appena l'atto d'amore è stato consumato, la tensione svanisce. Durante le prove, abbiamo dapprima improvvisato senza né testo né canto, ponendoci domande del tipo: «Quanto è importante l'altra persona per te, quanto la ami, quanto la odi?» In questa fase sono emerse molte emozioni. Nella fase successiva, gli interpreti hanno recitato la scena leggendo il testo, senza cantare. Provavamo solo noi tre, in uno spazio piccolo e intimo, non sul palco davanti a tutti gli altri. Ciò ha permesso di creare una certa familiarità e di sciogliere le inibizioni. Alla fine i cantanti, Ambroisine Bré e Cyrille Dubois, mi hanno ringraziata dicendo quanto questa nuova esperienza fosse stata arricchente per loro.

AK   I giovani cantanti sono senza dubbio molto più aperti alle sperimentazioni sceniche rispetto al passato.

LB   Sì, ma devo stimolarli a provare cose nuove. Devo fare in modo che si crei l'energia giusta per una determinata scena. Nell'*Armide*, ad esempio, a un certo punto il cavaliere Ubalde combatte contro i mostri, e io stessa mi sono scaraventata sul cantante, Lysandre Châlon – ovviamente solo dopo avergli chiesto il permesso. Bisogna sempre chiedere. Gli sono dunque balzata addosso come un mostro, aggrappandomi a lui, e in seguito abbiamo deciso di integrare questo elemento nello spettacolo. Tento di fare uscire gli interpreti dal loro guscio in modo ludico.

---

12   Debutto il 17 giugno 2024, Opéra-Comique, Parigi. Ulteriori informazioni e immagini: https://www.opera-comique.com/fr/spectacles/armide-2024 (consultato il 7 settembre 2024). In merito a questo spettacolo si veda l'intervista di David Christoffel al direttore d'orchestra Christophe Rousset nel presente volume di *MIMOS*, pp. 245–252.

AK   Ha detto che per un contatto fisico è sempre necessario chiedere il consenso. È una questione scottante. Finalmente anche in ambito teatrale si comincia a parlare dell'abuso di potere. D'altro canto, il teatro è un'arte incentrata sul corpo, in particolare nel Suo caso. Come si può evitare di oltrepassare i limiti durante le prove? È possibile creare uno spazio sicuro o, al contrario, non è affatto auspicabile?

LB   Credo di sì. Ho appena lavorato sul *Racconto d'inverno* di Shakespeare con gli studenti della Manufacture di Losanna e ho spiegato loro: «In alcuni momenti ci sarà anche un contatto fisico, le persone si toccano e così via.» Siete d'accordo? Possiamo sviluppare lo spettacolo in questo modo?» Non ci sono stati problemi. Ma devo dire che mi conoscevano dall'anno precedente, quindi avevamo già una certa confidenza. Tuttavia, abbiamo stabilito sin dall'inizio che, se per qualcuno una determinata azione fosse stata eccessiva, la persona interessata avrebbe dovuto dirlo.

AK   Posso però immaginare che soprattutto una giovane attrice, poco sicura di sé e la cui carriera non è ancora consolidata, preferisca tacere in una situazione dubbia, anche se si sente a disagio.

LB   Nel mio corso, le studentesse e gli studenti della Manufacture hanno improvvisato in gruppi. Hanno sviluppato da soli tutte le idee, anche eventuali scene di nudità. Ho potuto constatare grandi differenze nei limiti definiti da ciascuno di loro. Una persona si è spogliata completamente, mentre altre hanno ritenuto che non fosse necessario. Credo che la fiducia sia essenziale. Altrimenti tutto ciò non sarebbe stato possibile. Anche nella mia messinscena dell'*Armide* di Lully all'Opéra-Comique di Parigi, nella scena dell'atto d'amore ho detto ai due cantanti: «Potreste anche spogliarvi e rotolarvi per terra, ma solo se pensate di riuscire a sentirvi a vostro agio, anche musicalmente, se sarete in grado di continuare a cantare.» Per finire, ho detto ad Ambroisine Bré, che interpretava Armide, che la vedevo come una lucertola. Questa immagine ha ispirato la cantante per il suo ruolo. Non volevo però costringerla in nessun modo a fare nulla.

AK: Nelle Sue messinscene si può osservare – cosa rara nel teatro di parola o in produzioni operistiche – come gli affetti si traducano direttamente in movimenti. Nell'*Armide*, ad esempio, quando l'intero coro si raggomitola per la paura o si accovaccia con fare minaccioso. Come riesce a integrare nello spettacolo elementi così esplicitamente coreografici?

LB   Già due o tre mesi prima dell'inizio delle prove, comincio a elaborare alcune situazioni con la coreografa, le danzatrici e i danzatori. Ciò funge da base, come un letto preparato per i cantanti.

AK   Fornisce dunque agli interpreti delle immagini, lasciando però che siano loro stessi a decidere come impostare il proprio ruolo. Ritiene che il Suo lavoro di regista consista soprattutto nell'ispirare gli interpreti, trasmettendogli delle libere associazioni che stimolino la loro fantasia?

LB   Potrei citare ad esempio *La Puce à l'oreille* [*La pulce nell'orecchio*] di Georges Feydeau, che ho portato in scena alla Comédie-Française[13]. A un certo punto, la notte di Natale, un medico viene letteralmente tirato giù dal letto mentre si trovava in una camera d'albergo per un appuntamento galante, un *sex date*. Ho pensato che, in queste circostanze, non poteva essere completamente vestito. Ho quindi proposto all'attore: «Secondo me sarebbe divertente se prendessi un asciugamano, che poi ti scivola via. Allora ti nascondi dietro l'albero di Natale, ma non riesci ad afferrare l'asciugamano e ti copri con un pacchetto regalo.» L'attore in questione era Alexandre Pavloff, che interpreta soprattutto personaggi seri e tragici. Gli ho detto che mi sembrava una buona idea, ma che la decisione spettava a lui. Ne era entusiasta! Il giorno dopo l'ho incontrato in palestra. Mi disse che voleva allenarsi un po'. Dato che doveva mostrare tutto sul palco, voleva essere in forma! [*Ride*].

AK   Mi sembra sempre più evidente che il Suo metodo di lavoro sia fondato sulla fiducia e sulla libertà. Intende incentivare le artiste e gli artisti ad aprirsi e ad avanzare a loro volta delle proposte?

LB   Fiducia e libertà, certamente. E anche la stima è importante. Sono artiste e artisti, non numeri. Anche le comparse o i coristi non sono dei numeri per me. Amo collaborare con le persone e stimolarle a provare nuove cose. Per scoprire il loro universo.

13   Debutto il 21 settembre 2019, Salle Richelieu, Comédie-Française, Parigi. Ulteriori informazioni e immagini: https://www.comedie-francaise.fr/fr/evenements/la-puce-a-loreille-1920 (consultato il 7 settembre 2024).

Andreas Klaeui

Andreas Klaeui

The Body:
A Versatile Theatrical Instrument

In Conversation with Lilo Baur

E   "I like working with people and helping them discover the joy of trying something new…so that they show me their universe." Whether as a director or performer, Lilo Baur's aim is to inspire. Her artistic repertoire is broad, spanning dance, spoken theatre, opera and film, but at the core of it all is the body: the performer's body as a physical and aesthetic instrument. In this conversation, she shares her thoughts on how emotions translate into movement, how to create the right energy for a scene, why she prefers starting rehearsals with games rather than a script reading, and why she believes sport is a form of art.[1]

1   The conversation took place in Zurich in July 2024. Detailed information on Lilo Baur's career can be found in the appendix of this *MIMOS* edition.

Andreas Klaeui

Andreas Klaeui   You originally wanted to be a dancer, then became an actor, and now direct both opera and spoken theatre. You've worked with Simon McBurney, Katie Mitchell, Peter Brook and the Comédie-Française ensemble, and you've acted in several films, like *Vollmond* [*Full Moon*] by Fredi M. Murer.[2] With such a varied career, you're difficult to pin down. Where do you see yourself artistically?

Lilo Baur   That's not so easy to say. All I know is that my artistic expression has always been driven by the body. That's why I first wanted to be a dancer. I grew up in a small village in the Swiss canton of Aargau, and when I signed up for dancing lessons in our neighbouring town, the teacher was pregnant and told me to come back in six months. But I had so much energy that I needed an outlet – I still do. I'm always a bit restless, a touch too quick. So I thought, "Fine, I'll do sports instead." I got into athletics and even basketball, despite being somewhat short. By the time I was 18, I was a ski instructor.

AK   Did you grow up in a creative household?

LB   My siblings and I all played instruments; my brother is a pianist. My father also played the piano – mostly Glenn Miller – and he had a band that performed at village fetes when the official programme was over. They were called "Josef and the Bakers" – my father's name was Josef, and he was a huge fan of Josephine Baker. I thought that was great. He was quite conservative, served as local mayor and was very active in the community. My mother did a lot of singing. She was a seamstress and came from a large family with eleven children, so there was always something going on. That sense of togetherness and the physicality – that has stayed with me. Even today, I need to do something physical to start my day.

AK   You mean sport?

LB   Things like exercises, jogging, swimming, or whatever I feel like. I've spent a lot of time working in Japan, where you see elderly people going to physiotherapy not because they're unwell but purely because they feel

2   *Vollmond*, [*Full Moon*], Switzerland, Germany, France, 1998. Written and directed by Fredi M. Murer. With: Lilo Baur, Hanspeter Müller-Drossart, Benedict Freitag, Mariebelle Kuhn, Sara Capretti, Max Rüdlinger, Yolande Moreau, et al. For more information, see: https://fredi-murer.ch/vollmond (last accessed on 14 October 2024).

  lonely. That really moved me. And I find it fascinating how, in Japanese culture, the body and language, dance and words are seen as interconnected. I experienced that first-hand in my work with Yoshi Oida and Peter Brook.[3]

AK   What was it like to work with Yoshi Oida and Peter Brook on theatrical practices that achieve unity between body and language?

LB   Yoshi Oida is a master of precision. Every tiny gesture has its place. For instance, in his performances he tenses his body slowly, similar to what you see in Japanese Nō theatre, which highlights each movement like a close-up effect – no matter how miniature, every motion is given the greatest of attention. Peter Brook once said to me during rehearsals for *La Tragédie d'Hamlet*:[4] "Tu es une danseuse, tu sais bouger, alors tu connais aussi le silence du mouvement."[5] I always feel I'm in motion. Playing Gertrude, I had to almost always sit still – that was a profound lesson for me, almost on a neurological level.

AK   There's something very primal about the connection between language, music and movement. Is that what you're seeking on stage?

  LB   That harmony in the classical world between body and mind has always been my source of inspiration. Aristotle, for example, was passionate about sports and was a runner himself.

AK   It's true, the ancient Greeks saw the practice of recitation as a complete art form – a fusion of words, sound and movement. Pindar's poems, for instance, were meant to be sung and danced, which is very different to how we do things today and to what we associate with classical works.

LB   Yes, and I think this fusion still exists. When young people dance to their favourite music and sing along, knowing every word, even in rap

---

3   Lilo Baur worked on various occasions with Peter Brook and Yoshi Oida, including on *L'Homme qui…*, a piece of theatrical research by Peter Brook based on Oliver Sacks's bestseller *The Man Who Mistook His Wife for a Hat* (1985). Premiered in 1993 at Théâtre des Bouffes du Nord, Paris. For more information go to the websites of Peter Brook: www.newspeterbrook.com/ and Yoshi Oida: https://www.yoshioida.com/ (last accessed on 8 October 2024).

4   *La Tragédie d'Hamlet* based on William Shakespeare. Premiered on 29 Mai 2002, Biennale Teatro, Venice. Adaption and staging: Peter Brook; French text: Jean-Claude Carrière and Marie-Hélène Estienne; music: Antonin Stahly; costumes: Ysabel de Maisonneuve and Issey Miyake. With: Emile Abossolo-Mbo, Lilo Baur, Rachid Djaïdani, Sotigui Kouyaté, Bruce Myers, William Nadylam, Véronique Sacri, Antonin Stahly.

5   "You're a dancer, you know how to move, so you also understand the silence in a movement." (Quote translated by Karen Oettli-Geddes).

Andreas Klaeui

or hip-hop, it's a kind of celebration. It's about sharing an experience. It doesn't have to happen in a room; it can take place outdoors, like at a rave. Why do young people love doing that so much? It does indeed seem to be a primal human need.

AK   A return to the origins of theatre, to the Dionysian festivals with song, dance and ecstasy?

LB   Yes, that's what inspires me.

AK   What does the culture of classical antiquity mean to you?

LB   I'm fascinated by how they had gods for everything – for good and evil, for virtue and vice. Take Zeus, for example, a rapist who would certainly have been shamed by the #MeToo movement. But the Greeks didn't have fundamentalism. That's what I find striking about their culture.

AK   Do you incorporate this interest into your theatre work?

LB   Perhaps in the sense that I also despise fundamentalism, so I avoid rigid structures in my productions. I always try to find something that emerges from the actors themselves, allowing them to discover their roles on their own. Of course, I've been influenced by my time working with Complicité[6] in London, where we did a lot of improvisation, and with Peter Brook, who never, absolutely never, said: "This is how it has to be." He didn't dictate how a character or a particular scene should be played. That's a great strength, because otherwise you'd only get imitation. I find the most powerful performances come from within, from the actors' personal experiences. After all, what is jealousy? What is hatred, what is love? At the start of rehearsals, I usually spend four or five days improvising, and only then do we read the text together. By that point, the actors already have a clear, personal interpretation of their characters, based on the facets they've developed through improvisation. This approach isn't always possible in opera, though, because you don't have as much time and the sequences are more complex.

AK   Before we move on to the differences between spoken and musical theatre, let's stay with improvisation: so, you help your actors draw out the traits and emotions that will eventually be expressed in the dramatic narrative?

89

6   For more information, go to the website of the Complicité company, London: https://www.complicite.org/ (last accessed on 8 October 2024) and see the contribution by Simon McBurney in this *MIMOS* edition, pp. 97–103.

LB	That's how it worked with Molière's *L'Avare* [*The Miser*] at the Comédie-Française.[7] We were improvising, and suddenly the servant, La Flèche, began lording over the protagonist, Harpagon. This dynamic gave us a new perspective on Harpagon – he's actually afraid of his servant. I thought that was brilliant. I'd never have come up with that just sitting at my desk! It was something that came out of the process, "sur le tas", as one says in French. That's what I'm after – a process where everyone's working together towards a theme. Experienced actors alongside novices. It's got nothing to do with knowledge or some event that happened in the past or future; it's about creating something together in the present moment.

AK	Am I right in thinking that, in improvisation, you're almost creating a psychological "family constellation" with the characters, which then gives rise to new dramatic tensions?

LB	Yes, you could put it that way. For me, the hardest part is always with the young lovers, who are never particularly interesting but help drive the plot. The roles of Valère and Elise in *L'Avare,* for example, are dreadfully boring at first. But how do you show that they're genuinely in love and want to marry with or without Harpagon's approval? We discovered that passion through improvisation.

AK	How do you yourself prepare for the rehearsal process?

LB	When I was asked to direct Molière's *L'Avare*, I initially hesitated because I thought Catherine Hiegel's old production with Denis Podalydès in the leading role was brilliant. But then I read the play and kept coming across the word "cassette," his chest of valuables. Images started forming in my mind: post-World War II Switzerland, the country as a haven for gold reserves, vaults with two keys required for access. I thought, this feels like Geneva. The play should be set in Geneva. In a house covered with surveillance cameras on the shores of the lake, and Harpagon should be a wealthy banker. Suddenly, I had so many images in my head that I said, "I'm doing it!"

AK	Is this typically how you approach material, through almost unconscious, visual associations?

7	Premiered on 1 April 2022, Salle Richelieu, Comédie-Française, Paris (with a revival in the 2024/2025 season). For more information and visuals, go to: https://www.comedie-francaise.fr/en/events/lavare2121 (last accessed on 7 September 2024) and see also Anne Fournier's conversation with Laurent Stocker (who plays Harpagon) in this *MIMOS* edition, pp.193–199.

Andreas Klaeui

LB   Yes, I think that's true. If I read a play and don't see images, it's never going to work. Jon Fosse, for example, is not for me. I need action and characters.

AK   So, you need a sense of group dynamics?

LB   Exactly. That's how I discovered Anton Chekhov, whose humour I really appreciate. In 2008, I directed his short stories in Lausanne, stories that revolved around fishing or had to do with fish.[8]

AK   I liked that production very much. *Fish Love* was a poetic and musical ronde, with charming yet absurd, lost characters by a river – perhaps the river of life – trying to catch fish and love, while the fishing rods swayed like reeds in the wind.

LB   It was the absurdity that appealed to me, something I also find in other Russian authors like Nikolai Gogol. Or in Vsevolod E. Meyerhold's explorations of how to physically convey a comic reaction. Peter Brook and I worked a lot on that, too. I see a connection between that and the dancers' controlled bodies.

AK   This again makes it plain that the body stands at the core of your work. You trained at the international Jacques Lecoq's school for physical theatre[9] in Paris. How did that come about?

LB   When I found out I'd won the Swiss Grand Award for the Performing Arts / Hans Reinhart Ring, my first thought was: "What a shame my parents aren't around to see this." My father would have been so proud! When I told my family at sixteen that I wanted to go to drama school, his response was: "Get a qualification first." So, I went to teacher training college to have a profession to fall back on. But my heart wasn't in it, even though I was learning to teach creative subjects and sports – the latter being a creative field too, as I see it. I came into contact with Lecoq through the actor Mark

---

8   *Fish Love*, based on short stories by Anton Chekhov. Premiered on 10 January 2008, Salle Charles Apothéloz, Théâtre Vidy-Lausanne. Text adaptation: Lilo Baur and Hélène Patarot; directed by: Lilo Baur; set design: James Humphrey and Michael Levine; costumes: Agnès Falque; music: Mich Ochowiak. With: Isabelle Caillat, Pascal Dujour, Nikita Gouzovsky, Mich Ochowiak, Kostas Philippoglou, Claudia de Serpa Soares, Jorgos Simeonidis.

9   École internationale de théâtre Jacques Lecoq: https://www.ecole-jacqueslecoq.com/?lang=en (last accessed on 12 December 2024).

E   Wetter.[10] He'd also been to teacher training college and later studied in Paris with Lecoq. I saw Mark perform in Lenzburg in 1980 or 1981, and it was wild. I spoke to him afterwards, he told me about Lecoq, and I registered immediately.

AK   So that's how you ended up in Paris?

LB   Yes, but first, I had to improve my French. I attended a language school where, as foreign students, we rehearsed a play by Eugène Ionesco. After a month, Ionesco himself came to see the performance, and the only criticism he had was about the American students' accents. I never would have expected that from him. He writes such preposterous plays, and then to come out with that! It really disappointed me. I've had nothing to do with Ionesco since.

AK   Because his criticism focused on something so formalistic?

LB   Yes, because he didn't see the people. Of course, the Americans had an accent! When I was in England, I too had to learn Shakespearean English. That's what it takes if you want to succeed in life – and then to be met with such narrow-minded and censorious criticism!

AK   Well, there's also something very French about it. French theatre is all about the beauty of language and polished delivery. But this is where I'm curious again. You often work in French theatre: doesn't this heavy focus on language conflict with your own approach, which is more about physicality?

LB   In a way, yes. We've talked about the images I see when reading a text, but let me give you another example. In Gogol's *Marriage*, which I directed at the Comédie-Française in 2010,[11] there's a scene where all the suitors are waiting for the young woman. I imagined a waiting room, where nothing happens for a long time. A kind of Chekhovian silence. Then, suddenly, we hear a mosquito buzzing. I immediately knew that this image had to be part of the production. These are the kinds of aspects that I'm able

10   See the entry in the Swiss theatre lexicon: https://tls.theaterwissenschaft.ch/wiki/Mark_Wetter (last accessed on 7 September 2024).

11   *Le Mariage* [*Marriage*] by Nikolai Gogol. Premiered on 24 November 2010, Théâtre du Vieux-Colombier, Comédie-Française, Paris (with a revival in 2012). For more information and visuals, go to: https://www.comedie-francaise.fr/en/events/le-mariage10-11 (last accessed on 7 September 2024).

Andreas Klaeui

– and keen – to impart to an ensemble. While the actors share with me their linguistic knowledge of the text and its poetry, I'm the one who develops the visual dimension with them.

AK   Does this way of working together always run smoothly?

LB   It's interesting because there are, of course, moments of resistance. For instance, when I was working on *Le Mariage* with Yves Gasc, a great actor and *sociétaire* at the Comédie-Française, he was initially rather sceptical. Gymnastic exercises and improvisation weren't his world. Besides, he was eighty years old at the time and suffering from sciatica. Then I came up with an idea: "Let's do a few things on the floor, a bit of Feldenkrais." Two weeks later, he came up to me and said, "My osteopath and I have to congratulate you – I feel much better!" I had the feeling his acting became more fluid after that. Although some actors find my approach unusual, most are open to new things.

AK   Actors at a theatre like the Comédie-Française are used to working with all sorts of directors.

LB   Yes, from Anatoly Vassiliev to Romeo Castellucci, and then there's me... When I first walked into rehearsal at the Comédie-Française, the tables were all set up in a circle, ready for a read-through. I said, "Move the tables away; we're going to start with a game!" Nowadays, the performers often turn up to rehearsal wearing their sports kit.

AK   In musical theatre, there's less room to manoeuvre. The score provides a precise structure and sequence. How do you approach that?

LB   In essence, it's quite similar. Take, for example, Jean-Baptiste Lully's opera *Armide*.[12] There's a beautiful scene in which Armide and Renaud promise themselves to each other with constant repetitions of "Aimons-nous!". The challenge was how to stage this sense of anticipation without it coming over as dull and clichéd. Once the act of love is completed, the suspense is over. So, in rehearsals, we first improvised without text or singing, focusing on questions like: "How important is this other person to you?

---

12   Premiered on 17 June 2024, Opéra-Comique, Paris. For more information and visuals, go to: https://www.opera-comique.com/en/spectacles/armide-2024 (last accessed on 7 September 2024). We also refer to the conversation by David Christoffel with conductor Christophe Rousset in this *MIMOS* edition, pp. 253–258.

How intensely do you love or hate them?" That way, a whole spectrum of emotions came to light. In the next step, the performers played the scene only with the text, without singing. It took place in an intimate setting with just three of us rehearsing, not on stage in front of the entire cast. This created a certain confidentiality and helped dissipate any inhibitions. Afterward, the singers, Ambroisine Bré and Cyrille Dubois, thanked me, saying they felt it was a fresh, enriching experience.

> **AK**   Young singers these days are surely more open to experimental staging ideas than in the past.

LB   Yes, but I must make them want to try something new, I must ensure the scene has the right energy. For example, while rehearsing a scene in *Armide*, where the knight Ubalde fights monsters, I leapt at the singer, Lysandre Châlon, like a monster – after asking for his permission first, of course. You always have to ask. But I jumped and clung onto him, creating an element that we later worked into the choreography. I have to use play to coax performers out of their shells.

> **AK**   You mentioned that physical contact always requires consent. It's a charged topic. Abuse of power in the theatre sector is finally being named and addressed. At the same time, theatre is a deeply physical art form, especially in your practice. How can you avoid overstepping boundaries in rehearsal situations? Is it possible to create a safe space, or is that something that's not even wanted?

LB   Oh, I think it's very much possible. I've just been working with students at Lausanne's Manufacture on Shakespeare's *The Winter's Tale*, and explained to them, "There will be moments when we'll touch and physically interact. Are you okay with that? Is it alright if we develop the scene like this?" There was no issue at all. They already knew me from the previous year, so we'd already built a basis of trust. But from the start, we set a rule: if any action went too far for someone, they should speak up.

> **AK**   I can imagine, though, that a young female actor, especially if she's still finding her feet and whose career is at stake, might choose to remain silent in a difficult situation, even if she feels uncomfortable.

LB   In this course, the students at Manufacture improvised in groups, and reactions varied. The ideas, including nudity, came from the students themselves, but there were big differences in how far each person was

Andreas Klaeui

prepared to go. Some stripped bare, while others didn't see it as necessary. I think trust is key; without it, none of this would be possible. When I staged *Armide* by Lully at the Opéra-Comique in Paris, I told the singers in the love scene: "Listen, you could undress and curl up together, but only if you feel comfortable about it – and if you can manage it technically. You still need to be able to sing." In the end, I told Ambroisine Bré, who was playing Armide, that I saw her as something like a lizard. That really resonated with her. I'd give her visual ideas for the role, but I never wanted to push her into anything.

> **AK**   In your productions, there's a rare quality of seeing emotions directly expressed in physical attitudes. Take *Armide*, where the chorus huddles together in fear or crouches in confrontation. How do you introduce such explicitly choreographed elements into the performance?

LB   Three or four months before rehearsals, I start working with the choreographer and dancers, and we experiment with different situations. It's like preparing a bed for the singers.

> **AK**   You give the actors visual cues, but ultimately let them shape their roles themselves. Do you think your main role as a director is to inspire them, to convey associations that fuel their performative imagination?

LB   Well, for example, in my production of Georges Feydeau's *La Puce à l'oreille* [*A Flea in Her Ear*] for the Comédie-Française,[13] there's a scene on Christmas night when a doctor is summoned from a hotel room where he's enjoying a sexual encounter. I thought to myself, he probably wouldn't be fully dressed in this situation! So, I said to the actor: "You know what could be funny? You wrap yourself in a bath towel – and then it slips off. You hide behind the Christmas tree but can't reach the towel and end up covering yourself with a Christmas present." The actor was Alexandre Pavloff, who usually plays serious, tragic roles. Anyhow, I told him I thought it would be a great idea, but it was entirely up to him. He absolutely loved it! The next day, I ran into him at the gym. He said he had to do some weight training – if he was going to expose himself on stage like that, he needed to be in shape! [*Laughs*].

---

13   Premiered on 21 September 2019, Salle Richelieu, Comédie-Française, Paris. For more information and visuals, go to: https://www.comedie-francaise.fr/en/events/la-puce-a-loreille-1920 (last accessed on 7 September 2024).

AK   It's becoming clear that the key concepts in your approach are trust and freedom. You encourage performers to open up and share something of themselves – is that what it's about?

LB   Trust and freedom, yes. But respect is also important. They're artists, not numbers. Even the extras or chorus members aren't just numbers to me. I like working with people and helping them discover the joy of trying something new. So that they show me their universe.

Andreas Klaeui

Simon McBurney

LILO

Zusammenfassung

Ein stark physisches, satirisches und zeichenhaftes Theater
abseits des herkömmlichen Realismus prägt die Ästhetik
der 1983 in London gegründeten freien Gruppe Théâtre de
Complicité, heute Complicité. Ihr Mitgründer und künstlerischer Leiter Simon McBurney erinnert sich in seinem
persönlich eingefärbten, politischen und poetischen Beitrag
an die erste Begegnung mit Lilo Baur an der Jacques-Lecoq-
Schule in Paris und an die gemeinsame Zeit bei Complicité.
Zum Beispiel, wie ihm schlagartig klar wurde, dass
sie für die Titelrolle im vielfach ausgezeichneten Erfolgs-
stück *The Three Lives of Lucie Cabrol* (1994, nach einer
Erzählung von John Berger) prädestiniert war: «Ich hörte ihre
Schritte auf der Treppe. Der Rhythmus sprach Bände. Wie
konnte ich auf die Idee kommen, dass jemand anderes Lucie
spielen könnte?» Lilo Baur blieb vierzehn Jahre bei
Complicité: «Ein Wirbelwind im Herzen unserer Theatergruppe.»

Résumé

Un théâtre physique, satirique et allégorique, éloigné
du réalisme conventionnel, telle est l'esthétique de
la compagnie indépendante Théâtre de Complicité (aujourd'hui
Complicité), fondée en 1983 à Londres. Dans sa contribution
à la fois poétique et politique, son cofondateur et directeur
artistique, Simon McBurney, se remémore la rencontre avec
Lilo Baur à l'École Jacques Lecoq, à Paris, et leur collaboration au sein de Complicité. Il évoque, par exemple,
comment il a réalisé qu'elle était faite pour le rôle prin-
cipal de Lucie dans la pièce multiprimée *The Three Lives
of Lucie Cabrol* (1994, d'après une nouvelle de John
Berger) : « J'ai entendu ses pas dans l'escalier. Le rythme
en disait long. Comment aurais-je pu penser que quelqu'un
d'autre pourrait incarner Lucie ? » Lilo Baur a travaillé
durant quatorze ans avec Complicité : « Un tourbillon
d'énergie au cœur de notre troupe de théâtre », commente
Simon McBurney.

Riassunto

Un teatro fisico, satirico e simbolico, lontano dal realismo
convenzionale, caratterizza l'estetica della compagnia
indipendente Théâtre de Complicité (ora Complicité),
fondata a Londra nel 1983. Nel presente contributo, al contempo personale, politico e poetico, il cofondatore
e direttore artistico Simon McBurney rievoca il suo incontro
con Lilo Baur alla Scuola Jacques Lecoq di Parigi e la
lunga collaborazione in seno a Complicité. Ad esempio, come
si è reso conto che era predestinata al ruolo di protagonista
nella pluripremiata produzione *The Three Lives of Lucie
Cabrol* (del 1994 e ispirata a un racconto di John Berger):
«Udii i suoi passi sulle scale. Il ritmo parlava chiaro.
Come potevo pensare che qualcun altro potesse interpretare
Lucie?» Lilo Baur è rimasta con Complicité per quattordici
anni: «Un ciclone nel cuore del nostro gruppo teatrale»,
la definisce McBurney.

"It's what my name means."
"Lilo? Liselotte… what does that mean?"
"No, Baur…"
"Baur?"
"From the German, Bauer… peasant."
"Ah…"

I look at Lilo. It is 1992. We have already been working together in the organisation known as Complicité for four years. We know each other very well. She has never asked me for anything. The jut of her chin and her eyes are unwavering. Not for the first time, I am being challenged.

Complicité was a theatre company built on risk. We had no money, no means, no theatre, no reputation, only a raw energy and a determination to laugh in the face of the grotesque landscape of Margaret Thatcher's Britain. We had a determination to make WORK that would rip open the veneer of, what seemed to us, a society hurtling towards a landscape where the only values were those of acquiring financial wealth. At any cost. It was the era when Gordon Gecko in Wall Street announced "Greed is good", a mantra echoed by our own horrifyingly narcissistic leader. The ultimate irony: that she should be the first woman to lead the country.

So, four years before, in 1988, the only clear response to this money obsessed world we were plunged in was to stage Friedrich Dürrenmatt's *The Visit of the Old Lady*. Up to that moment we had made work that was indefinable and certainly not fitting into any category of what were considered to be, or belong in, a conventional theatre. We were more at home playing on the streets, in comedy clubs or prisons than behind the proscenium arch. Like Samuel Beckett (a huge influence) we knew that words were weapons. You needed few to open up any situation. We put the human body at the heart of our work and, as the late great John Berger put it, "smuggled the contraband" of hope, anarchy and political insurrection into anywhere we could. And we were not about to change course, even though we had chosen to attack one of the very greatest texts of the second half of the 20th century. We needed actors who could act, who could deliver the dimension of Dürrenmatt's language, albeit somewhat neutered in English, but who could also deliver performances which would be viscerally communicative, physically powerful and who could play anything in any way. We had never assembled a company like this. We needed exceptional people who were utterly unafraid, wild theatre animals. We sat in a room. Just a few of us:

"I know who we need," I said.
"Who?"
"Lilo," I said.
"Who?"
"Lilo Baur."

I was late for school. The day at the École Jacques Lecoq in Paris started for me in the afternoon. My hand was on the door and someone with very short hair exploded out, mouth open, laughing like a drain with two other students hanging off them. They danced past me unceremoniously, and hurtled into the Rue du Faubourg like meteors.

"Who's that?" I ask a fellow student as we see the same group of people later that day in the corridor of the school.
"They're first years," she sniffed.
"No, I mean, who is that?" I said "that one over there with very short hair?"
"Oh… I think she is Swiss. Dunno her name."
"Lilo…" interjects another who is passing by overhearing us.
I stare at her.

100   Jacques Lecoq was an extraordinary man, whose work and influence remains shockingly misunderstood. His school was, in name, a theatre school. With a deep study of the human body. But he was not interested in producing actors or theatre makers. He was passionate about what it is in each of us that is what was called "artist". The muscle he knew most about was the muscle of the imagination. When he was dying and I went to visit him in his chalet in the shadow of Mont Blanc to interview him, he left many pauses. After one particularly long one he suddenly looked at me and declared "Finalement, je ne suis personne. Je suis le point neutre à travers lequel vous deviez passer pour mieux vous exprimer vous-même." ("In the end, I'm nobody. I'm the neutral point through which you must pass to better express yourself.").

So when we left the school it was with no formula for acting or theatre, but with a sense of ourselves and a deep feeling of personal responsibility to our own voice. As a consequence there was no set way to become a performer, writer, actor, comedian, designer… only an urge to best express oneself in the way no one else could, to develop and shape as an artist totally inhabiting this world now, not dancing to anyone else's tune.

Simon McBurney

"She's totally unlike any actress you will have met," I said in London five years later, as we attempted to cast the Dürrenmatt's play.

> "Oh!"
> "She's funny."
> "Great!"
> "Very funny... weird, she will do anything, she can move and dance and sing and scream and invent and she is as strong as any of you guys here in this room. Oh... and she is quite short."
> "When can she come?" Was the reply.
> "I dunno," I muttered, "I have to make some phone calls."

Three weeks later Lilo is in the rehearsal room. She has come from being a dancer, performing with L'Esquisse, the radical French contemporary dance company.

And now here, in our room, she is laughing. She has found a white men's flat cap, a pair of glasses, a moustache and an immense fake belly covered by a white shirt, suspenders and men's trousers and shorts. She struts around holding her crutch, and turns to the wall, pretends to unzip and pee against the bricks. The room is howling. Within minutes of arriving it is as if she has been here for years, becoming an energetic centre of the piece, inventing, cajoling, provoking and joking.

She is here for *The Visit*, and will be here for 14 weeks.

"I might stay a little longer..." she mentions in passing to Marcello Magni (one of the founder members of Complicité) when he asks her if she will work on a new show with him once *The Visit* is finished.

She stays for 14 years.

London became her home. The company her family. Not strictly true. One of her families. Lilo has families wherever she goes. And she goes many places. Always on the move, restlessly curious, her energy never still, nothing is left unexamined, no prop not played with, no gesture not tried, no text un-excavated. As at home in English or French as her native Schwyzerdütsch, when arriving in Brazil with an adaptation of Ruzzante, within days Portuguese was pouring out of her.

In London she is in bookshops, markets, second hand clothes shops, pubs and clubs, restlessly immersing herself in 90's Britain. In the rehearsal room she is opinionated, demanding, hilarious and wild. But one thing stands out. Her ability to connect. With other people, with ideas, with forms and styles and words and gestures. She moves like a dancer, plays like a child, acts as if her life depended on it, and collaborates as if she were planning a revolution.

From the reinvented improvised 20th century version of commedia dell'arte in an utterly as anarchic contemporary version of Ruzzante, to becoming a German/Polish maid in our adaptation of Bruno Shultz' *The Street of Crocodiles*, to inhabiting Shakespeare's *The Winter's Tale* as if she had grown up speaking 16th century verse all her life, she was both chameleon and typhoon. A whirlwind energy centre at the heart of our theatre company.

It is 1992. She is looking at me now.

> "I read it."
> "But you only got it yesterday."
> She says nothing but walks out the door.
> "See you later."

I am holding in my hand John Berger's short story *The Three Lives of Lucie Cabrol,* set in the Haute-Savoie and chronicling the life of a tiny French peasant woman born in 1900 who is murdered with an axe in the latter half of the 20th century by her jealous brothers, and wondering with whom to make it. The story is unflinching in its portrayal of the life and labour of mountain peasants. No rustic charm here in its portrayal of subsistence farming on brutal 45 degrees slopes and ferocious winters.

Last night Lilo had picked up my casting list for those I thought could play the central role of Lucie Cabrol. There were several names on it.

But right now, after the door closes behind her, I could hear her steps on the stairs going down from my apartment on the 4th floor. The rhythm spoke volumes. I shook my head. Why had I even possibly thought it might be played by anyone else?

So for four years we toured this piece. Lilo was its heart. Not just because she could inhabit the role, but because it drew on who she was. Together with the Swiss actor (now director) Stefan Metz, the Austrian Hannes Flaschberger (who came from a peasant community high in the Southern

Simon McBurney

Austrian Alps) and Hélène Patarot (a Vietnamese actor raised in a peasant community in France) she knew deeply what this meant. So us three Englishmen, we drew on her, Stefan, Hannes and Hélène and their deep understanding of what it meant to labour and survive as peasants. She, and they, connected us to the root, the authenticity of this experience, in a way that transcended the idea of a show or simply theatre. Everywhere we went from Argentina, to New York, from Macedonia to London, people connected with not just the piece but with her. She carried the sense of the tragic violence of this way of life in her very being and she flung the stoic humour through the procenium arches of the theatres to have people rocking with laughter. It was deeply personal and, simultaneously, utterly political. Injustice pervades our society. Lucie Cabrol challenged people's perceptions so powerfully that the audience would weep openly; and Lilo channelled this stream as no other could have done.

The word Art finds its root in the proto-indo-European word Ar meaning "to fit together." This is what artists do. They "fit together". They pick up the pieces scattered by distracted and complex human consciousness and "fit them together" to reconnect us to the world around us.

This is what makes Lilo particular. It was always there. From her contagious laughter in Paris to the myriad of shows, workshops, creations she made with us in London and all over the world, she was always her own particular artist. She knew, as Jacques Lecoq wished to seed in all his students, "how to express herself". She has always "put together", connected, joined and re-made in a way that helps us all see the world anew. This is an activity, an artistry that has never been more urgent, necessary than in this moment, this moment we now live in; and Lilo knows this.

Armelle Héliot

Un théâtre d'intuitions et de visions

Depuis la découverte, au printemps 2008, de *Fish Love*[1] d'après Anton Tchekhov au Théâtre des Abbesses, jusqu'à la reprise, fin septembre 2024, de *L'Avare* de Molière à la Comédie-Française[2] et en attendant *La Souricière* d'Agatha Christie en juin 2025 au Théâtre du Vieux-Colombier[3], la metteuse en scène suisse est devenue une figure familière aussi en France, très aimée des comédiennes et comédiens, comme du public. La présente contribution s'appuie sur le travail de Lilo Baur, suivi à Paris par l'auteure de ces lignes, mais également sur deux longues conversations partagées avec l'artiste, tout un jour durant, le 14 août 2024, à Sète, et le 27 septembre à Paris.

La première image est celle d'une femme frêle, fichu sur les cheveux partagés au milieu par une raie nette. Liquette de paysanne, jambes nues, godillots, voix de fée. Elle vient de loin, cette image. Aux Théâtre des Bouffes du Nord à Paris, chez Peter Brook, la compagnie Complicité de Londres présente, en anglais, *The Three Lives of Lucie Cabrol*[4] d'après John Berger. On est en avril 1995. Peut-être a-t-on déjà vu Lilo Baur, mais c'est dans ce spectacle qu'elle est au cœur, et qu'elle est même au cœur de l'affiche, accroupie, bras tendu, regard vers le ciel. Il y a des cocottes dessinées qui se baladent autour d'elle. La personnalité de l'interprète est saisissante. On s'interroge sur son âge. Il y a en elle une fragilité enfantine et une maturité impressionnante. L'énergie dégagée par cette fragile silhouette ravit. À l'époque, on ne connaît pas encore très bien en France la compagnie Complicité, Simon McBurney et les artistes qui l'entourent. Ils ont pourtant fait une partie de leurs études à Paris, auprès de Jacques Lecoq.

1   *Fish Love*, d'après des fragments de nouvelles d'Anton Tchekhov. Création le 10 janvier 2008, Salle Charles Apothéloz, Théâtre Vidy-Lausanne. Adaptation scénique du texte: Hélène Patarot et Lilo Baur; mise en scène: Lilo Baur; décor: James Humphrey et Michael Levine; costumière: Agnès Falque; musique: Mich Ochowiak. Avec: Isabelle Caillat, Pascal Dujour, Nikita Gouzovsky, Mich Ochowiak, Kostas Philippoglou, Claudia de Serpa Soares, Jorgos Simeonidis.

2   Spectacle créé le 1er avril 2022, Salle Richelieu, Comédie-Française, Paris. Plus d'informations et images: https://www.comedie-francaise.fr/fr/evenements/lavare2122 (consulté le 26 octobre 2024). Au sujet de cette mise en scène, nous renvoyons aussi à l'entretien d'Anne Fournier avec Laurent Stocker dans le présent ouvrage, pp. 193–199.

3   *La Souricière* d'Agatha Christie, dans une nouvelle traduction de Serge Bagdassarian et Lilo Baur. Création prévue le 4 juin 2025, Théâtre du Vieux-Colombier, Comédie-Française, Paris. Plus d'informations: https://www.comedie-francaise.fr/fr/evenements/la-souriciere-2425# (consulté le 8 novembre 2024).

4   *The Three Lives of Lucie Cabrol*, spectacle créé par la compagnie Complicité en janvier 1994 au Dancehouse de Manchester, d'après une nouvelle tirée de *La Cocadrille* de John Berger (édition originale: *Pig Earth*, vol. I de la trilogie *Into Their Labours*, London: Writers and Readers Publishing, 1979). Adaptation du texte: Simon McBurney et Mark Wheatley; mise en scène: Simon McBurney. Parmi les nombreuses récompenses: Manchester Evening News Award for Best Actress 1994 (Lilo Baur), TMA/Martini Award for Best UK Touring Production 1994, Toronto DORA Award for Best Production of a Play 1997, Toronto DORA Award for Best Actress 1997 (Lilo Baur). Plus d'informations et images: https://www.complicite.org/work/the-three-lives-of-lucie-cabrol/ (consulté le 8 novembre 2024). Et nous renvoyons aussi au texte de Simon McBurney (en anglais), dans le présent ouvrage, pp. 97–103.

F   Les années passent. Plus de dix ans. Du 27 mars au 12 avril 2008, au Théâtre des Abbesses-Théâtre de la Ville, le public parisien est captivé par *Fish Love,* adaptation savoureuse de fragments de nouvelles d'Anton Tchekhov. Le spectacle vient du Théâtre Vidy-Lausanne. Le directeur artistique de l'époque, René Gonzalez, et son adjoint René Zahnd, avaient fait signe à Lilo Baur en 2007. La metteuse en scène a élaboré la version scénique du texte avec Hélène Patarot, une artiste née au Vietnam, comédienne chez Peter Brook comme chez Simon McBurney. Dans *Fish Love,* il est question de cours d'eau, de poissons, de paysages avec bouleaux, et d'un travail de groupe. Cinq garçons, deux filles, venus d'horizons divers. Ils parlent des langues différentes, ils ont des accents, ils partagent un langage universel, celui du théâtre. Pas d'accessoires, hormis ces tiges souples, les cannes à pêche. Et, pourtant, l'on voit tout se manifester devant soi : la steppe russe, les forêts, les torrents vifs, les lacs gelés, les cœurs et même les âmes de ces gens simples. Lilo Baur dirige les interprètes avec une fermeté délicate, une souplesse aérienne. On découvre une metteuse en scène étonnante. On ne l'oubliera plus. Elle ne déviera jamais de cette manière spirituelle et intuitive de suggérer et faire comprendre[5].

Premières mises en scène parisiennes

108

Muriel Mayette-Holtz, à l'époque administratrice générale de la Comédie-Française, a vu *Fish Love.* Elle fait appel à Lilo Baur. Elles s'accordent sur *Le Mariage,* comédie en deux actes de Nikolaï Gogol, pour le Vieux-Colombier[6]. C'est la première fois que cette pièce sera jouée par la troupe, du 24 novembre 2010 au 2 janvier 2011. Une traduction d'André Markowicz, une dizaine d'actrices et acteurs et un spectacle, qui, comme souvent chez Lilo Baur, se développe à partir d'une image qu'elle a tout de suite en tête : les prétendants comme les pauvres animaux d'un marché aux bestiaux... C'est pourtant une jeune fille qui est en quelque sorte à vendre. La méthode de Lilo Baur est déjà sûre : des improvisations dirigées, par lesquelles chaque personnalité s'investit physiquement avant même d'aborder le texte. Elle s'adresse à des interprètes rompus à l'alternance, qui passent habituellement, d'un soir à l'autre, d'une tragédie à un vaudeville, et qui aiment en découdre. Lilo Baur s'inspire de sa connaissance du cinéma muet. Elle cherche le « rire juste », celui qui vient spontanément d'une situation d'apparence ordinaire,

---

5   À propos des méthodes de travail de Lilo Baur avec les comédiennes et comédiens, nous renvoyons en particulier à l'entretien de Chantal Hurault avec Anna Cervinka dans le présent ouvrage, pp. 201–209.

6   Spectacle créé le 24 novembre 2010. Plus d'informations et images: https://www.comedie-francaise.fr/fr/evenements/le-mariage10-11# (consulté le 8 novembre 2024).

Armelle Héliot

mais qui dégénère et devient inextricable. Le décor est essentiel, conçu F
comme une « machine à jouer ». Ici, deux univers sont séparés : celui des
hommes, celui des femmes. Les premiers veulent à toute force savoir si la
promise est aussi bien que ce que leur a vanté la marieuse. On se bouscule
devant un trou de serrure… Cette première entrée de Lilo Baur au Français
est un grand succès, loué par la presse, plébiscité par le public qui aime ce
burlesque enjoué.

En 2012, elle retrouve les Bouffes du Nord pour donner forme à une fable
théâtrale, « un drame familial planétaire en trente mouvements », composé
avec esprit mais un fond certain de révolte, par Daniel Pennac. Cela s'intitule
Le 6e Continent[7]. On le sait, il s'agit de cette île immense de détritus, rebuts
plastiques entraînés en un lieu de l'océan Pacifique où les courants les ras-
semblent. Une « décharge flottante » qui devrait nous horrifier, mais que l'on
oublie. Daniel Pennac imagine une famille obsédée par la propreté, qui fait
fortune dans l'industrie du savon… Mais tout concourt à alimenter le
« monstre »… Encore une nouvelle manière, pour Lilo Baur, aussi imagina-
tive que sensible aux questions de la protection de la planète, d'exercer son
art d'éveiller les consciences tout en faisant rire. On chante, on danse, on
s'effraie et l'on devient soi-même le souverain d'un royaume inquiétant.

Il semble que ce soit Daniel Pennac qui l'ait mise sur la piste de Marcel Aymé 109
et de cette féroce pièce qu'est *La Tête des autres*[8]. Lilo Baur, élevée loin des
préventions françaises, a saisi l'œuvre dans sa puissance brillante. Elle a
compris à quel point le thème de la peine de mort nous concernait, et elle
a su, avec une intelligence visionnaire, tirer la représentation vers un monde
de film noir. Ce fut un événement à Paris, car l'auteur de *La Jument verte*[9]
était négligé[10]. Du 8 mars au 17 avril 2013, le public du Vieux-Colombier
découvre la première version de la pièce. Marcel Aymé, en effet, avait été
conduit à supprimer le sulfureux personnage d'Alessandrovici, homme d'af-
faire corrompu, collaborateur pendant la guerre. Si l'auteur situe l'action
en Poldavie, on reconnaît bien la société française. En confiant ce rôle

---

7 Cette pièce de théâtre de Daniel Pennac est parue en 2012 aux éditions Gallimard, dans
la prestigieuse collection «Blanche», et a été créée sur scène le 16 octobre de la même
année par Lilo Baur au Théâtre des Bouffes du Nord à Paris, dirigé à l'époque par Peter
Brook. Plus d'informations et bande-annonce vidéo: https://www.theatre-contemporain.
net/spectacles/Le-Sixieme-Continent/?path=spectacles/Le-Sixieme-Continent
(consulté le 8 novembre 2024).

8 Création le 3 mars 2013, Théâtre du Vieux-Colombier, Comédie-Française. Paris.
Plus d'informations et images: https://www.comedie-francaise.fr/fr/evenements/la-tete-
des-autres12-13 (consulté le 8 novembre 2024).

9 Roman publié en 1933 à Paris chez Gallimard et adapté pour le cinéma en 1959 par
Claude Autant-Lara.

10 Même si, en 1986, à la Comédie des Champs-Elysées, une mise en scène de *Clérambard*
par Jacques Rosny, avec Jean-Pierre Marielle et Danièle Lebrun, tout comme celle, plus
inattendue, de Nicolas Briançon au Théâtre Hébertot, avec Jean-Marie Bigard dans le
rôle-titre, avaient séduit.

à Serge Bagdassarian, Lilo Baur s'assure d'une incarnation magistrale, entre Méphisto et un méchant bouffon. Alessandrovici fait peur. Il est comme une apparition maléfique, dans un spectacle nourri de jazz : le malheureux condamné à mort, Valorin, joué par Laurent Lafitte, est musicien et le choix des morceaux convient parfaitement au décor rappelant le cinéma des années 1950. Dans ce spectacle, on touche au meilleur du travail de la metteuse en scène. Elle donne vie à des idées qui ne sont jamais plaquées, mais semblent sourdre de l'ouvrage lui-même. Les distributions qu'elle réunit sont excellentes et les actrices et acteurs sont galvanisés. La ravissante Florence Viala devient une vamp blonde à la *Môme Vert-de-Gris*[11] : une transformation qui enchante le public. On est au cinéma ! *La Tête des autres* sera reprise avec bonheur.

Entrée au répertoire

C'est en 2015 que Lilo Baur va signer son premier spectacle Salle Richelieu. Elle a la responsabilité de l'entrée de *La Maison de Bernarda Alba* de Federico García Lorca au répertoire de la Comédie-Française[12]. Elle en avait discuté avec Muriel Mayette-Holtz, mais c'est Éric Ruf[13], nouvel administrateur général, qui préside à cette belle création. Le brillant chemin de la vie d'artiste de Lilo Baur est passé aussi par l'Espagne. Elle est très sensible, et à la langue, et à la culture hispanique. Elle commande une traduction nouvelle à Fabrice Melquiot, qui revivifie l'œuvre sans la trahir. Une pièce de femmes pour des comédiennes toutes plus magnifiques les unes que les autres[14], dans un univers très dur de matriarcat fanatique. La scénographie d'Andrew D. Edwards est d'une beauté bouleversante. Un immense moucharabieh, qui laisse, à l'arrière, un passage donnant l'idée de l'extérieur et où passent les paysans, les autres, quand les filles de Bernarda, contraintes par leur mère à un deuil de huit ans, sont enfermées, comme il le fallait dans l'Andalousie des années 1930. Certaines observatrices et observateurs ont également vu dans le moucharabieh sombre, une mantille noire. L'image est belle. Lilo Baur, elle, pense plutôt à une toile d'araignée. Âpre, sans concession est ce spectacle. La grand-mère descend des cintres, comme une

---

11   Film de Bernard Borderie, France, 1952. Scénario : Bernard Borderie et Jacques Berland, d'après le roman *La Môme Vert-de-Gris* de Peter Cheyney (version originale anglaise : *Poison Ivy*, London : Collins, 1937).

12   Spectacle créé le 23 mai 2015, Salle Richelieu, Comédie-Française, Paris. Plus d'informations et images : https://www.comedie-francaise.fr/fr/evenements/la-maison-de-bernarda-alba14-15# (consulté le 8 novembre 2024). Au sujet de cette mise en scène, nous renvoyons aussi à l'entretien de Chantal Hurault avec Anna Cervinka dans le présent ouvrage, p. 203.

13   Voir l'entretien mené par Laurent Muhleisen dans le présent ouvrage, pp. 165–170.

14   Cécile Brune (Bernarda), Anne Kessler (Angustias), Claude Mathieu (La Servante), Coraly Zahonero (Magdalena) en 2014/15 puis en alternance avec Anna Cervinka dans les reprises dès 2015/16, (Magdalena), Florence Viala (Maria Josefa), Sylvia Bergé (Prudentia), Jennifer Decker (Martirio), Adeline D'Hermy (Adela), Elsa Lepoivre (Poncia), Claire de la Rüe du Can (Amelia).

Armelle Héliot

apparition. L'ensemble est bouleversant, illuminé par une scène fantastique : la plus jeune, l'amoureuse Adela, interprétée par la délicieuse Adeline d'Hermy, danse longuement au milieu d'un nuage de plumes blanches, duveteuses et légères. Elle porte une robe vert vif, couleur de renouveau. Ici aussi l'art de Lilo Baur se déploie, dans les moindres détails de la vie, comme dans les moments de poésie sublime. Elle se fie à ses intuitions, mais elle ne laisse rien au hasard. C'est une intellectuelle qui aime découvrir, apprendre. Pour l'univers de Bernarda, elle a contemplé les photographies de Cristina García Rodero et ses photographies de la série *España oculta*[15].

L'artiste retrouve l'Espagne en 2017, avec *Après la pluie* du Catalan contemporain Sergi Belbel[16]. En fait, on l'appelle au secours : une production prévue, une pièce d'Heinrich von Kleist, ne peut être montée, le metteur en scène étant malade. *Après la pluie* se donne au Vieux-Colombier, du 29 novembre 2017 au 7 janvier 2018. Lilo Baur conserve la traduction de Jean-Jacques Préau, qui avait marqué la création – au Théâtre de Poche-Montparnasse, par Marion Bierry – de cette pièce acide récompensée du prix Molière du meilleur spectacle comique en 1999. Ici, on n'est pas certain que le décor d'Andrew D. Edwards (forêt d'immeubles vus de haut, comme des planches pointées vers la salle) ait été bien compris. Dispositif trop conceptuel, sans doute. Lilo Baur, qui cherche toujours à attiser les sentiments des interprètes, a été jusqu'à tenter de leur faire comprendre le vertige en les entraînant en haut de la Tour Montparnasse[17]. La distribution est très bonne, mais la construction même, constituée d'un enchaînement de tableaux en une suite de monologues, n'est pas facile.

Avec Georges Feydeau, Lilo Baur va donner la véritable mesure de ses talents d'invention, de liberté, de direction du jeu. Pas évident, car *La Puce à l'oreille*[18] avait été montée en 1978 par un des grands sociétaires de la Comédie-Française, Jacques Charon, et cette production fait partie de la légende. L'administrateur général, Éric Ruf, s'enthousiasme avant même la première répétition, constatant que toute la « Ruche » adore Lilo Baur[19]. Salle comble lors des présentations internes, et énergie positive d'un feu follet partageur.

---

15   Édition originale: Cristina García Rodero, *España oculta*, Barcelona: Lunwerg, 1989.

16   Spectacle créé le 29 novembre 2017, Théâtre du Vieux-Colombier, Comédie-Française. Plus d'information et images: https://www.comedie-francaise.fr/fr/evenements/apres-la-pluie17-18 (consulté le 8 novembre 2024). À ce sujet, nous renvoyons aussi à l'entretien de Chantal Hurault avec Anna Cervinka dans le présent ouvrage, pp.203–204.

17   Voir à ce propos aussi l'entretien avec la comédienne Anna Cervinka (cf. la note 16).

18   Première de la mise en scène de Lilo Baur: 21 septembre 2019, Salle Richelieu, Comédie-Française, Paris. Plus d'informations et images: https://www.comedie-francaise.fr/fr/evenements/la-puce-a-loreille-1920 (consulté le 8 novembre 2024). Voir aussi la fine analyse de Demis Quadri dans le présent ouvrage, pp.211–219.

19   À ce sujet, nous renvoyons aussi à l'entretien de Laurent Muhleisen avec Éric Ruf dans le présent ouvrage, p.168.

Un théâtre d'intuitions et de visions

Elle ose, on l'a dit. Loin des décors capitonnés, voici un chalet dans la neige, un arbre de Noël, des costumes résolument *sixties* avec des fuseaux pour faire du ski et de jolis tailleurs pour l'Hôtel du Minet-Galant. Douze interprètes et quatre jeunes de l'Académie. Tout se joue à la seconde près. L'engagement des corps, ici, est essentiel et l'on ne compte pas les chutes, glissades, bousculades et autres galipettes, en elles-mêmes très cocasses et sources de fous rires soutenus du public qui s'amuse. C'est aussi affolant que jubilatoire, aussi exagéré que fin. Un tourbillon qui n'écrase en rien ni la langue de Feydeau, ni ses intentions corrosives. Et les clins d'œil ne manquent pas, ainsi la dépouille du fier tigre transformée en carpette : c'est le tigre du film, célébrissime en Grande-Bretagne, mais aussi dans les pays germanophones, *Dinner for one*[20]. Un film court qu'elle a montré aux comédiennes et comédiens, tout en leur rappelant les prouesses de Laurel et Hardy, et autres virtuoses du burlesque. Folie est le mot qui s'impose lorsque l'on se remémore ce spectacle !

En venir à Molière

Il était temps d'en venir à Molière et c'est *L'Avare,* spectacle qui a enthousiasmé les salles du 1er avril au 24 juillet 2022[21] et qui a été à nouveau présenté à Richelieu lors de la saison 2024/25. Si on devinait un peu la Suisse dans *La Puce à l'oreille*, on la reconnaît immédiatement dans cette transposition audacieuse de *L'Avare* ! Il fallait rompre avec la mise en scène de Catherine Hiegel, avec Denis Podalydès dans le rôle d'Harpagon. C'était en 2009 et la production a été à l'affiche jusqu'en 2013. Un très beau spectacle, avec son espace harmonieux, bel escalier, fenêtre haute, lumière diffuse, costume à dominante noire pour Harpagon, couleurs sourdes et assorties pour les autres personnages – un *Avare* digne des gravures des éditions qui suivirent septembre 1668[22].

L'Avare selon Lilo Baur se donne dans des couleurs franches : bleu du ciel, blanc des sommets des montagnes, vert gazon du golf, plage privée au bord du Lac Léman se devinant à l'avant-scène, on est dans une maison cossue et

---

20 Il s'agit d'un court métrage télévisé en noir et blanc, réalisé par l'Allemand Heinz Dunkhase sur un scénario que Peter Frankenfeld avait adapté d'un sketch créé pour le théâtre par le britannique Lauri Wylie. Produit par la chaîne de télévision allemande Norddeutscher Rundfunk en 1963, à partir de 1972, il est devenu un véritable rite télévisuel de la Saint-Sylvestre en Allemagne, Autriche et Suisse alémanique. Il est disponible aussi en ligne : https://www.youtube.com/watch?v=To8g9XxAdXs (consulté le 8 novembre 2024).

21 Spectacle créé le 1er avril 2022, Salle Richelieu, Comédie-Française, Paris. Plus d'informations et images : https://www.comedie-francaise.fr/fr/evenements/lavare2122 (consulté le 8 novembre 2024). Nous renvoyons à ce propos aussi à l'entretien d'Anne Fournier avec Laurent Stocker dans le présent ouvrage, pp.193–199.

22 *L'Avare* de Molière a été représenté pour la première fois le 9 septembre 1668 au Théâtre du Palais-Royal à Paris.

Armelle Héliot

certainement à Genève. Bleu électrique du veston d'Harpagon, jaune des cheveux, bleu plus sombre et rayures pour le blazer de sportif – beaucoup voient dans les accoutrements voyants une référence malicieuse à un certain Donald Trump. La costumière, Agnès Falque, travaille depuis très longtemps, très régulièrement avec Lilo Baur. Elle épouse ses visions et si Frosine, entremetteuse active, porte un tailleur très bien coupé, on devine Elise moins à l'aise, si son frère Cléante, lui, fait le beau. Dans le rôle-titre, Laurent Stocker donne toute la mesure de sa merveilleuse intelligence des œuvres et du jeu. Il est idéal. Et très bien entouré. Lilo Baur a de la chance. Elle peut s'appuyer sur des distributions harmonieuses et très talentueuses. Malicieuse, elle glisse des détails qu'une spectatrice ou un spectateur de la salle Richelieu ne repère pas forcément, mais qui sont là et font du sens. Ainsi la cassette, « personnage » central de cette mise en scène de *L'Avare*, n'est-elle pas innocente si l'on peut dire. C'est une boîte métallique sombre et longue. Exactement celles que l'on glisse dans les coffres-forts des banques helvétiques. Réactive, Lilo Baur sait faire feu de tout bois : pourquoi la Mariane d'Anna Cervinka, qui a échappé aux manœuvres du libidineux Harpagon, boit-elle trop, à la fin, et divague légèrement ? Parce que, lors d'une répétition, lisant des passages qu'elle n'avait pas encore appris, elle hésitait comme quelqu'un d'un peu gris. Bon public, Lilo Baur inscrit ce détail dans sa mise en scène…

Ainsi est-elle. À l'affut. Par-delà l'étendue de sa connaissance de la littérature mondiale, par-delà l'acuité de ses analyses intellectuelles, Lilo Baur demeure une femme d'intuitions, de visions. Des images lui viennent et elle les accueille, les transpose. Les interprète.

113

De grands maîtres

Il ne faut jamais oublier que Lilo Baur s'est formée comme comédienne auprès de grands maîtres : Jacques Lecoq, celui qui savait combien le corps doit être impliqué avant tout dans le jeu[23], et Philippe Gaulier, lui-même passé chez ce grand poète. Gaulier avait d'ailleurs invité Lilo Baur à travailler dans sa propre école[24]. Ce clown, auteur et pédagogue disait : « Le texte, c'est la couronne, avant il faut un corps. » Après sa formation, Lilo Baur a travaillé pendant quatorze ans avec la compagnie Complicité de Londres, avant de collaborer surtout avec Peter Brook à Paris[25].

23   Voir le site de l'École internationale Jacques Lecoq à Paris :
      https://www.ecole-jacqueslecoq.com/ (consulté le 8 novembre 2024).

24   Plus d'informations sur le site : https://www.ecolephilippegaulier.com/
      (consulté le 8 novembre 2024).

25   À propos des années de formation et de sa carrière d'actrice, nous renvoyons à l'entretien
      d'Andreas Klaeui avec Lilo Baur dans le présent ouvrage, pp. 61–72.

Adolescente, Lilo jouait au football et une expression synthétise sa pensée :
« Il faut partager le ballon ». C'est en quoi elle préfère la troupe, le groupe.
Metteuse en scène, directrice de jeu, elle n'abandonne rien de ses exigences.
Mais elle sait aussi se plier à une forme plus traditionnelle de représentation,
par-delà le propos même, toujours bouleversant.

Dans le paysage actuel du théâtre, Lilo Baur impose sa personnalité forte et
fertile. Elle excelle également à l'opéra, même si elle trouve, dans le travail
purement théâtral, une proximité avec les comédiennes et comédiens qui la
comble. On devine que, parfois, elle adorerait jouer à nouveau. Elle a le goût
de l'échange, elle aime les bonheurs de la réplique. Elle s'amuse. À l'écoute
du monde, comme Ariane Mnouchkine, elle partage avec elle une conscience
politique aigue. Le sens de la justice. Une lucidité sans ombre qui ne va pas
sans souffrance morale, sans douleurs. Comment vivre et faire de sa vie un
territoire du divertissement, quand la planète n'est que blessures ? Porter le
théâtre au plus haut. C'est sa vocation, son destin.

Outre son don pour les langues, elle possède une connaissance profonde de
la littérature internationale, et pas seulement de la littérature dramatique.
Elle est une intellectuelle, qui analyse, qui sait lire les textes en quelque sorte.
Mais elle est également une artiste qui ne craint ni ses émotions, ni ses
intuitions. Elle sait lire, mais surtout elle sait voir. Une poète !

Armelle Héliot

Armelle Héliot

Ein Theater der Intuitionen und Visionen

D   Die Schweizer Regisseurin Lilo Baur ist auch in Frankreich ein Begriff. Theaterleute wie Publikum lieben sie, seit sie 2008 mit *Fish Love*[1] nach Anton Tschechow am Théâtre des Abbesses zu entdecken war. Die Wiederaufnahme von Molières *L'Avare* [*Der Geizige*] Ende September 2024 in der Comédie-Française[2] wurde bejubelt, nun warten wir auf ihre Neuinszenierung des Kriminalstücks *La Souricière* [*Die Mausefalle*] von Agatha Christie, die im Juni 2025 im Théâtre du Vieux-Colombier[3] herauskommen soll. Der vorliegende Beitrag stützt sich auf Lilo Baurs Arbeit in Paris, die die Autorin seit vielen Jahren mitverfolgt, wie auch auf zwei ausführliche Gespräche mit der Künstlerin, die sie am 14. August 2024 einen ganzen Tag lang im südfranzösischen Sète sowie am 27. September in Paris führen konnte.

Das erste Bild ist das einer zierlichen Frau mit einem Kopftuch über dem Haar, das in der Mitte durch einen klaren Scheitel geteilt ist. Bauernhemd, unbedeckte Beine, Schnürstiefel und die Stimme einer Fee. Das Bild kommt von weither. Die Londoner Theatergruppe Complicité zeigt am Pariser Théâtre des Bouffes du Nord, damals von Peter Brook geleitet, *The Three Lives of Lucie Cabrol* [*Die Drei Leben der Lucie Cabrol*][4] nach John Berger, auf Englisch. Es ist April 1995. Vielleicht haben wir Lilo Baur vorher schon gesehen, aber in dieser Aufführung steht sie im Mittelpunkt, sogar im Mittelpunkt des Plakats, kauernd, mit gestreckten Armen, den Blick zum Himmel gerichtet. Um sie herum vier gezeichnete Hühner. Die Ausstrahlung der Schauspielerin ist atemberaubend. Man fragt sich, wie alt sie ist. Sie zeigt eine kindliche Zerbrechlichkeit wie auch eine beeindruckende Reife. Die Energie, die diese fragile Gestalt ausstrahlt, ist hinreissend. Damals war Complicité mit Simon McBurney und den Künstler:innen um ihn herum in Frankreich noch nicht sehr bekannt. Viele von ihnen hatten jedoch einen Teil ihrer Ausbildung in Paris bei Jacques Lecoq absolviert.

---

1   *Fish Love*, nach Novellen von Anton Tschechow. Premiere am 10. Januar 2008, Salle Charles Apothéloz, Théâtre Vidy-Lausanne. Bühnenfassung: Hélène Patarot und Lilo Baur; Regie: Lilo Baur; Bühne: James Humphrey und Michael Levine; Kostüme: Agnès Falque; Musik: Mich Ochowiak. Mit: Isabelle Caillat, Pascal Dujour, Nikita Gouzovsky, Mich Ochowiak, Kostas Philippoglou, Claudia de Serpa Soares, Jorgos Simeonidis.

2   Premiere am 1. April 2022, Salle Richelieu, Comédie-Française, Paris. Mehr Informationen und Bilder: https://www.comedie-francaise.fr/fr/evenements/lavare2122 (abgerufen am 26. Oktober 2024). Zu dieser Inszenierung verweisen wir auch auf das Gespräch von Anne Fournier mit dem Schauspieler Laurent Stocker im vorliegenden *MIMOS*-Band, S.193–199.

3   *La Souricière* von Agatha Christie, neu übersetzt von Serge Bagdassarian und Lilo Baur. Premiere voraussichtlich am 4. Juni 2025, Théâtre du Vieux-Colombier, Comédie-Française, Paris. Mehr Informationen: https://www.comedie-francaise.fr/fr/evenements/la-souriciere-2425# (abgerufen am 8. November 2024).

4   *The Three Lives of Lucie Cabrol*, eine Produktion von Complicité nach einer Novelle aus *Pig Earth* [*SauErde*] von John Berger (London: Writers and Readers Publishing 1979). Premiere im Januar 1994, Dancehouse, Manchester. Bühnenfassung: Simon McBurney und Mark Wheatley; Regie: Simon McBurney. Zahlreiche Auszeichnungen, darunter: Manchester Evening News Award for Best Actress 1994 (Lilo Baur), TMA/Martini Award for Best UK Touring Production 1994, Toronto DORA Award for Best Production of a Play 1997, Toronto DORA Award for Best Actress 1997 (Lilo Baur). Mehr Informationen und Bilder: https://www.complicite.org/work/the-three-lives-of-lucie-cabrol/ (abgerufen am 8. November 2024). Und wir verweisen auch auf den (englischsprachigen) Beitrag von Simon McBurney im vorliegenden *MIMOS*-Band, S.97–103.

Armelle Héliot

Mehr als zehn Jahre vergehen. 27. März bis 12. April 2008: Das Publikum im
Pariser Théâtre des Abbesses, der Nebenspielstätte des Théâtre de la Ville,
ist bezaubert von *Fish Love*, dieser köstlichen Bearbeitung von Tschechows
Novellen. Die Inszenierung kommt aus dem Théâtre Vidy-Lausanne. René
Gonzalez und René Zahnd, die das Theater damals leiteten, kamen 2007 auf
Lilo Baur zu. Die Regisseurin hat die Bühnenfassung mit Hélène Patarot
erarbeitet, einer aus Vietnam gebürtigen Künstlerin, die als Schauspielerin
bei Peter Brook und Simon McBurney gearbeitet hatte. In *Fish Love* geht es
um Wasserläufe, Fische, Landschaften mit Birken und eine kollektive Arbeit.
Fünf junge Männer und zwei junge Frauen aus verschiedenen Weltgegen-
den. Sie sprechen verschiedene Sprachen, haben einen Akzent, sie teilen
eine universale Sprache, die des Theaters. Keine Requisiten, ausser diesen
biegsamen Stangen, den Angelruten. Und trotzdem sieht man alles vor sich:
die russische Steppe, die Wälder, die munteren Bäche, die gefrorenen Seen,
die Herzen und sogar die Seelen dieser einfachen Leute. Lilo Baur führt die
Darsteller:innen mit einer zarten Festigkeit, einer luftigen Geschmeidigkeit.
Wir entdecken eine erstaunliche Regisseurin. Wir werden sie nicht mehr
vergessen. Sie wird nie von dieser seelenvollen und intuitiven Art, die Dinge
suggestiv verständlich zu machen, abweichen[5].

Erste Pariser Inszenierungen 117

Muriel Mayette-Holtz, damals Intendantin der Comédie-Française, hat *Fish
Love* gesehen. Sie geht auf Lilo Baur zu. Sie einigen sich auf *Le Mariage*
[*Die Heirat*], eine Komödie in zwei Akten von Nikolai Gogol, für das Théâtre
du Vieux-Colombier[6]. Es ist das erste Mal, dass dieses Stück in der Comé-
die-Française gespielt wird. Eine Übersetzung von André Markowicz, ein
Dutzend Schauspieler:innen und eine Inszenierung, die sich, wie oft bei
Lilo Baur, von einem Bild aus entwickelt, das sie unmittelbar im Kopf hat:
Die Heiratsanwärter wie die bedauernswerten Tiere auf einem Viehmarkt...
Es ist jedoch eine junge Frau, die hier in gewisser Weise zu Markte getra-
gen wird. Lilo Baurs Methode ist bereits gefestigt: geführte Improvisationen,
in denen sich die Figurenpersönlichkeiten körperlich ausformen, bevor es
überhaupt an die Textarbeit geht. Sie arbeitet mit Spieler:innen, die den
Wechsel gewohnt sind, für die es üblich ist, an einem Abend eine Tragödie,
am nächsten eine musikalische Komödie zu spielen, und die die Herausforderung lieben. Lilo Baur lässt sich von ihrer Stummfilm-Kenntnis inspirieren.

5   Zu den Arbeitsweisen von Lilo Baur mit den Schauspieler:innen siehe insbesondere das
    Gespräch von Chantal Hurault mit Anna Cervinka im vorliegenden *MIMOS*-Band, S. 201–209.
6   Premiere am 24. November 2010. Mehr Informationen und Bilder: https://www.comedie-
    francaise.fr/fr/evenements/le-mariage10-11# (abgerufen am 8. November 2024).

Ein Theater der Intuitionen und Visionen

D   Sie sucht das «stimmige Lachen», das Lachen, das spontan in einer Situation
entsteht, die normal scheint, aber aus dem Ruder läuft und unkontrollierbar
wird. Das Bühnenbild ist von entscheidender Bedeutung, es ist als «Spiel-
maschine» gedacht. Hier sind zwei Welten voneinander getrennt: die der
Männer und die der Frauen. Erstere wollen unbedingt wissen, ob die Braut
wirklich so gut ist, wie die Kupplerin versprochen hat. Sie drängeln sich
vor einem Schlüsselloch… Diese erste Inszenierung von Lilo Baur an der
Comédie-Française ist ein grosser Erfolg, gelobt von der Presse und gefeiert
vom Publikum, das die verspielte Burleske liebt.

2012 kehrt sie mit einer Theaterfabel an die Bouffes du Nord zurück, *Le 6ᵉ
Continent* [*Der 6. Kontinent*][7], «ein planetarisches Familiendrama in 30 Sät-
zen», das Daniel Pennac mit Witz, aber auch in einem gewissen rebellischen
Geist verfasst hat. Es spielt auf einer riesigen Insel aus Abfällen, Plastikmüll,
der sich, von den Strömungen getrieben, an einer Stelle im Pazifik ansam-
melt. Eine «schwimmende Deponie», die uns eigentlich entsetzen sollte,
die wir aber vergessen. Daniel Pennac ersinnt eine reinlichkeitsfanatische
Familie, die in der Seifenindustrie reich wird… Aber alles läuft darauf zu,
das «Monster» zu nähren… Wieder eine neue Art für Lilo Baur, ihre Kunst,
Erkenntnis zu stiften und zugleich die Menschen zum Lachen zu bringen,
mit Fantasie und Umweltbewusstsein auszuüben. Man singt, man tanzt, man
erschrickt und wird selbst zum Herrscher über ein beunruhigendes Reich.

Anscheinend war es Daniel Pennac, der sie auf die Spur von Marcel Aymé
und dessen aberwitzigem Stück *La Tête des autres* [*Der Kopf der andern*][8]
gebracht hat. Lilo Baur, die fernab der französischen Denkmuster aufgewachsen ist, erfasste das Werk in seiner strahlenden Kraft. Sie hat verstanden, wie
sehr die Thematik der Todesstrafe uns alle anging, und hat die Aufführung
mit visionärer Klugheit in eine Welt des Film Noir versetzt. Es war ein
Ereignis in Paris, denn der Autor des Romans *La Jument verte* [*Die grüne
Stute*][9] war in Vergessenheit geraten[10]. Vom 8. März bis 17. April 2013 konnte
das Publikum im Théâtre du Vieux-Colombier die ursprüngliche Fassung

7   Das Stück von Daniel Pennac ist 2012 bei Gallimard in der renommierten Sammlung
    «Blanche» erschienen und kam am 16. Oktober des gleichen Jahres in der Inszenierung
    von Lilo Baur am Théâtre des Bouffes du Nord in Paris, damals von Peter Brook geleitet,
    zur Uraufführung. Mehr Informationen und Trailer: https://www.theatre-contemporain.net/
    spectacles/Le-Sixieme-Continent/?path=spectacles/Le-Sixieme-Continent (abgerufen am
    8. November 2024).

8   Premiere am 3. März 2013, Théâtre du Vieux-Colombier, Comédie-Française, Paris.
    Mehr Informationen und Bilder: https://www.comedie-francaise.fr/fr/evenements/
    la-tete-des-autres12-13 (abgerufen am 8. November 2024).

9   Der Roman erschien 1933 in Paris bei Gallimard. Claude Autant-Lara hat ihn 1959 verfilmt.

10 Auch wenn Jacques Rosnys Inszenierung des *Clérambard* im Théâtre des Champs-Elysées
    1986 sowie, noch weniger erwartet, diejenige von Nicolas Briançon im Théâtre Hébertot
    ebenfalls ihren Reiz hatten.

Armelle Héliot

des Stücks entdecken. Tatsächlich war Marcel Aymé dazu gebracht worden, die anrüchige Figur des Alessandrovici, eines korrupten Geschäftemachers und Nazi-Kollaborateurs, wegzulassen. Der Autor siedelt die Handlung zwar im fiktiven Poldawien an, doch lässt sich die französische Gesellschaft leicht erkennen. Lilo Baur hat die Rolle des Alessandrovici dem Schauspieler Serge Bagdassarian anvertraut und sich damit einer meisterhaften Verkörperung versichert, zwischen Mephisto und einem garstigen Narren. Alessandrovici flösst Angst ein. Er ist wie eine bösartige Erscheinung in einem Stück, das von Jazz lebt: Der zum Tode verurteilte bedauernswerte Valorin, gespielt von Laurent Lafitte, ist Jazzmusiker. Die Musikauswahl passt perfekt zum Bühnenbild, das an das Kino der 50er Jahre erinnert. Diese Inszenierung gehört zu den besten Arbeiten von Lilo Baur. Sie erweckt Ideen zum Leben, die nie platt sind, sondern aus dem Werk selbst zu entspringen scheinen. Das Ensemble ist hervorragend, die Schauspieler:innen sind wie elektrisiert. Die hinreissende Florence Viala wird zu einem blonden Vamp wie im Film *La Môme Vert-de-Gris* [*Im Banne des blonden Satans*][11]: eine Verwandlung, die das Publikum verzaubert. Wir sind im Kino! *La Tête des autres* wird mit Freude wiederaufgenommen.

Im «Répertoire» der Comédie-Française

Im Jahr 2015 verantwortet Lilo Baur ihre erste Inszenierung auf der Hauptbühne der Comédie-Française, der Salle Richelieu. Sie zeichnet für die Aufnahme ins Repertoire von Federico García Lorcas Stück *La Maison de Bernarda Alba* [*Bernarda Albas Haus*][12] verantwortlich. Sie hatte schon mit Muriel Mayette-Holtz darüber gesprochen, unter dem neuen Intendanten Éric Ruf[13] realisierte sie das Projekt. Lilo Baurs künstlerischer Werdegang führte sie auch nach Spanien. Sie ist sehr empfänglich für die spanische Sprache und Kultur. Sie lässt das Stück von dem Dramatiker Fabrice Melquiot neu übersetzen, der das Werk frisch belebt, ohne es zu verraten. Ein Frauenstück

11   Film von Bernard Borderie, Frankreich, 1952. Drehbuch: Bernard Borderie und Jacques Berland nach dem Roman *Poison Ivy* [*Hiebe auf den ersten Blick*] von Peter Cheyney (London: Collins 1937).

12   Premiere am 23. Mai 2015, Salle Richelieu, Comédie-Française, Paris. Mehr Informationen und Bilder: https://www.comedie-francaise.fr/fr/evenements/la-maison-de-bernarda-alba14-15# (abgerufen am 8. November 2024). Zu dieser Inszenierung verweisen wir auch auf das Gespräch von Chantal Hurault mit Anna Cervinka im vorliegenden *MIMOS*-Band, S.203.

13   Siehe dazu das Interview von Laurent Muhleisen im vorliegenden *MIMOS*-Band, S.171–177.

Ein Theater der Intuitionen und Visionen

D   für Schauspielerinnen, von denen eine herrlicher ist als die andere[14], in einer harten Welt des fanatischen Matriarchats. Das Bühnenbild von Andrew D. Edwards ist von überwältigender Schönheit. Ein riesiges Maschrabiyya-Holzgitter, das hinten einen Durchgang lässt. Er vermittelt eine Ahnung von der Aussenwelt, wo die anderen, die Bauern, durchziehen, während Bernarda Albas Töchter eingesperrt bleiben, zu einer acht Jahre dauernden Trauer gezwungen, wie es in den 30er Jahren in Andalusien Pflicht war. Manche Beobachter:innen haben in dem düsteren Maschrabiyya auch ein schwarzes Schleiertuch gesehen, eine Mantilla. Das Bild ist schön. Lilo Baur selbst denkt eher an ein Spinnennetz. Schroff ist diese Aufführung, kompromisslos. Die Grossmutter sinkt vom Schnürboden herab wie eine Erscheinung. Das Ganze ist überwältigend und wird von einer fabelhaften Szene gekrönt: Die Jüngste, die verliebte Adela, gespielt von der reizenden Adeline d'Hermy, tanzt lange inmitten einer Wolke von flaumigen, leichten weissen Federn. Sie trägt ein Kleid von lebhaftem Grün, der Farbe des Neuanfangs. Auch hier entfaltet sich die Kunst Lilo Baurs in den kleinsten alltäglichen Details so gut wie in Momenten erhabener Poesie. Sie vertraut ihren Eingebungen, aber überlässt nichts dem Zufall. Sie ist eine entdeckungsfreudige und lernbegierige Intellektuelle. Für Bernarda Albas Welt hat sie sich mit der Fotografin Cristina García Rodero und deren Fotoserie *España oculta* [*Verborgenes Spanien*][15] auseinandergesetzt.

120

Mit *Après la pluie* [*Nach dem Regen*] des zeitgenössischen katalanischen Dramatikers Sergi Belbel[16] trifft sie auf einen weiteren spanischen Stoff. Eigentlich springt sie ein: Eine geplante Kleist-Inszenierung kann nicht stattfinden, weil der Regisseur erkrankt ist. *Après la pluie* läuft im Théâtre du Vieux-Colombier vom 29. November 2017 bis 7. Januar 2018. Lilo Baur stützt sich auf die französische Übersetzung von Jean-Jacques Préau wie schon die Uraufführungs-Regisseurin Marion Bierry im kleinen Théâtre de Poche-Montparnasse. Das bissige Stück wurde 1999 mit einem Molière-Preis für die beste Komödie ausgezeichnet. Hier sind wir nicht ganz sicher, ob das Bühnenbild von Andrew D. Edwards (ein Wald von Gebäuden in der Aufsicht, wie Balken, die in den Zuschauerraum ragen) richtig verstanden

14   Cécile Brune (Bernarda), Anne Kessler (Angustias), Claude Mathieu (La Servante), Coraly Zahonero (Magdalena) in der Spielzeit 2014/15 und alternierend mit Anna Cervinka in der Wiederaufnahme ab 2015/16, Florence Viala (Maria Josefa), Sylvia Bergé (Prudentia), Jennifer Decker (Martirio), Adeline D'Hermy (Adela), Elsa Lepoivre (Poncia), Claire de la Rüe du Can (Amelia).

15   Originalausgabe: Cristina García Rodero, *España oculta*, Barcelona: Lunwerg 1989.

16   Premiere am 29. November 2017, Théâtre du Vieux-Colombier, Comédie-Française, Paris. Mehr Informationen und Bilder: https://www.comedie-francaise.fr/fr/evenements/apres-la-pluie17-18 (abgerufen am 8. November 2024). Zu dieser Inszenierung verweisen wir auch auf das Gespräch von Chantal Hurault mit Anna Cervinka im vorliegenden *MIMOS*-Band, S. 203–204.

Armelle Héliot

wurde. Vermutlich war das Setting zu konzeptuell. Lilo Baur, die immer versucht, die Schauspieler:innen emotional anzustacheln, ging so weit, ihnen die Höhenangst zu vermitteln, indem sie sie auf das Dach der Tour Montparnasse führte[17]. Die Besetzung ist herausragend, aber die dramaturgische Konstruktion, eine Abfolge von Bildern mit einer Reihe von Monologen, ist nicht einfach.

Bei Georges Feydeau kann Lilo Baur das ganze Ausmass ihrer Erfindungsgabe, ihrer Freiheit und ihrer Spielführung zeigen. Das ist nicht selbstverständlich, denn erst 1978 hatte ein namhaftes Ensemblemitglied der Comédie-Française, der Schauspieler Jacques Charon, *La Puce à l'oreille* [*Der Floh im Ohr*][18] in einer legendären Produktion herausgebracht. Der ganze «Bau» liebt Lilo Baur, stellt der Intendant Éric Ruf, schon bevor die Proben überhaupt begonnen haben, begeistert fest[19]. Volles Haus bei den internen Vorauführungen, die positive Energie eines grosszügigen Irrwischs. Sie traut sich was, wir haben es gesagt. Fort mit den gepolsterten Kulissen, jetzt gibt's ein Chalet im Schnee, einen Weihnachtsbaum, Mode aus den Sixties mit Steghosen zum Skifahren und eleganten Kostümen im Hôtel du Minet-Galant. Zwölf Spieler:innen aus dem Ensemble und vier Mitglieder der Nachwuchs-Académie. Auf die Sekunde genau getimt. Körpereinsatz ist alles, und all die unzähligen Stürze, Rutschpartien, Schubsereien, Purzelbäume und so weiter sind so drollig, dass sie das vergnügte Publikum ständig zum Lachen bringen. Es ist ausgelassen und komisch, gleichzeitig übertrieben und präzis. Ein Wirbelsturm, der aber in keiner Weise Feydeaus Sprache überfährt, auch nicht seine satirischen Absichten. Es gibt zahlreiche ironische Anspielungen, zum Beispiel das stolze Tigerfell als Teppichvorleger: Das ist der Tiger aus *Dinner for One*[20], dem Filmsketch, der in Grossbritannien, aber auch in den deutschsprachigen Ländern Kult ist. Lilo Baur hat ihn dem Ensemble vorgeführt und den Mitspielenden auch Laurel und Hardy und andere Slapstick-Virtuosen in Erinnerung gerufen. Ein Ausdruck drängt sich auf, wenn wir diesen Abend erinnern: Wahnsinn!

17   Siehe dazu auch das Gespräch mit der Schauspielerin Anna Cervinka (cf. Fussnote 16).

18   Premiere der Inszenierung von Lilo Baur am 21. September 2019, Salle Richelieu, Comédie-Française, Paris. Mehr Informationen und Bilder: https://www.comedie-francaise.fr/fr/evenements/la-puce-a-loreille-1920 (abgerufen am 8. November 2024). Siehe auch die detaillierte Analyse von Demis Quadri im vorliegenden *MIMOS*-Band, S. 211–219.

19   Wir verweisen dazu auch auf das Gespräch von Laurent Muhleisen mit Éric Ruf im vorliegenden *MIMOS*-Band, S. 175.

20   *Dinner for One* [oder *Der 90. Geburtstag*] ist ein etwa 18-minütiger Sketch von Lauri Wylie, der in der Fassung des englischen Komikers Freddie Frinton mit seiner Partnerin May Warden bekannt geworden ist. 1961 wurde der Sketch vom NDR für das Fernsehen in Schwarzweiss produziert und lief erstmals in der Sendung *Bitte, lassen Sie sich unterhalten* mit Evelyn Künneke. Die Einleitung in der deutschen Version spricht Heinz Piper. Seit 1972 gehört die Ausstrahlung zum Fernseh-Ritual rund um Silvester in Deutschland, Österreich und der Schweiz. Die Original-Version ist online verfügbar: ARD-Mediathek (abgerufen am 8. November 2024).

Nun wurde es Zeit für Molière. Es war *L'Avare* [*Der Geizige*], der das Publikum der Salle Richelieu vom 1. April bis 22. Juli 2022[21] wie auch in der Saison 2024/25 begeistert hat. Liess sich die Schweiz in *La Puce à l'oreille* schon ein bisschen erahnen, so war sie in dieser gewagten Umsetzung des *Geizigen* sofort zu erkennen! Lilo Baur musste Catherine Hiegels Inszenierung mit Denis Podalydès als Harpagon etwas entgegensetzen. Diese lief von 2009 bis 2013. Eine sehr schöne Arbeit mit ihrem harmonischen Raum, einer prächtigen Treppe, hohen Fenstern, verschwommenem Licht, überwiegend schwarzen Kostümen für Harpagon und stumpfen, abgestimmten Farben für die anderen Figuren – eine Inszenierung, die den Stichen in den Druckausgaben nach September 1668 alle Ehre machte[22].

Bei Lilo Baur ist *Der Geizige* in klaren Farben gehalten: Blau des Himmels, Weiss der Berggipfel, Grasgrün des Golfplatzes, auf der Vorbühne lässt sich ein Privatstrand am Genfersee erahnen – wir befinden uns in einem gediegenen Haus und mit Sicherheit in Genf. Elektroblau für Harpagons Jackett, das Gelb der Haare, dunkleres Blau und Streifen für den Sportblazer – viele sehen in den auffälligen Kleidungsstücken die maliziöse Anspielung auf einen gewissen Donald Trump. Die Kostümbildnerin Agnès Falque arbeitet seit langem regelmässig mit Lilo Baur und eignet sich ihre Vorstellungen an. Frosine, die rührige Kupplerin, trägt ein perfekt geschnittenes Kostümkleid, Elise hingegen scheint sich weniger wohlzufühlen, während ihr Bruder Cléante ganz in Schönheit aufgeht. In der Titelrolle zeigt Laurent Stocker all seine Rollen- und Textintelligenz. Es ist ideal besetzt. Und bestens umgeben. Lilo Baur hat Glück. Sie kann sich auf ein harmonisches und äusserst talentiertes Ensemble verlassen. Schelmisch schmuggelt sie Details in die Aufführung, die die Zuschauer:innen nicht unbedingt bemerken, die aber da sind und Sinn ergeben. So erweist sich die Geldschatulle, die «Hauptfigur» dieser Inszenierung, als alles andere als unschuldig, wenn man so will. Es ist eine dunkle, längliche Metallbox. Genau die Art von Kassette, wie man sie in die Safes der Schweizer Banken schiebt. Lilo Baur reagiert schnell und lässt nichts anbrennen: Warum trinkt die Mariane von Anna Cervinka, nachdem sie den Nachstellungen des Lustmolchs Harpagon entkommen ist, zu viel

---

21   Premiere am 1. April 2022, Salle Richelieu, Comédie-Française, Paris. Mehr Informationen und Bilder: https://www.comedie-francaise.fr/fr/evenements/lavare2122 (abgerufen am 8. November 2024). Siehe auch das Gespräch von Anne Fournier mit Laurent Stocker im vorliegenden *MIMOS*-Band, S. 193–199.

22   Molières *L'Avare* kam am 9. September 1668 im Théâtre du Palais-Royal in Paris zur Uraufführung.

Armelle Héliot

und schwankt? Weil die Schauspielerin während einer Probe den Text las, den sie noch nicht auswendig konnte, und dabei anstiess wie jemand, der ein wenig angetrunken ist. Als gute Beobachterin hat Lilo Baur das sofort in die Inszenierung eingebaut…

So ist sie. Auf der Lauer. Über ihre weitreichende Kenntnis der Weltliteratur hinaus, jenseits ihrer scharfen intellektuellen Analysen, bleibt Lilo Baur eine Frau der Intuitionen und Visionen. In ihr entstehen Bilder, sie nimmt sie auf und setzt sie um. Sie interpretiert sie.

Grosse Meister

Man darf nicht vergessen, dass Lilo Baur ihre Schauspielausbildung bei grossen Meistern absolviert hat: Jacques Lecoq, der genau wusste, wie sehr der Körper vor allem anderen in das Spiel einzubeziehen ist[23], und Philippe Gaulier, der seinerseits bei diesem grossen Poeten gelernt hat. Gaulier hat Lilo Baur übrigens auch eingeladen, an seiner Schule zu unterrichten[24]. Dieser Clown, Dichter und Pädagoge sagte: «Der Text ist die Krone, darunter braucht es einen Körper.» Nach ihrer Ausbildung war Lilo Baur während vierzehn Jahren als Schauspielerin bei Complicité in London engagiert, danach hat sie namentlich mit Peter Brook in Paris[25] gearbeitet.

Als Heranwachsende spielte Lilo Baur Fussball. Eine Redewendung fasst ihr Denken zusammen: «Man muss den Ball teilen.» Deswegen bevorzugt sie die Truppe, die Gruppe. Als Regisseurin, als Spielleiterin, hat sie diesen Anspruch keineswegs aufgegeben. Aber sie ist auch in der Lage, sich einer traditionelleren Form der Repräsentation zu fügen, unabhängig vom eigentlichen Stoff, der immer bewegend ist.

Lilo Baur behauptet sich in der gegenwärtigen Theaterlandschaft mit ihrer starken, kreativen Persönlichkeit. Sie brilliert ebenso in der Oper, auch wenn sie vor allem im Schauspiel eine Nähe zu den Darsteller:innen findet, die sie erfüllt. Man ahnt, dass sie manchmal liebend gern wieder selbst spielen würde. Sie liebt den Austausch, den Dialog, das Glück von Rede und Gegenrede. Sie amüsiert sich. Sie hört auf die Welt, wie Ariane Mnouchkine, mit der sie das geschärfte politische Bewusstsein teilt. Den Gerechtigkeitssinn.

23   Mehr Informationen auf der Webseite der École internationale Jacques Lecoq: https://www.ecole-jacqueslecoq.com/ (abgerufen am 8. November 2024).

24   Mehr Informationen: https://www.ecolephilippegaulier.com/ (abgerufen am 8. November 2024).

25   Zu Lilo Baurs Ausbildung und Werdegang als Künstlerin verweisen wir auf das Gespräch von Andreas Klaeui mit Lilo Baur im vorliegenden *MIMOS*-Band, S. 49–60.

D   Eine schattenlose Klarheit, die es ohne seelisches Leiden und ohne Schmerzen nicht gibt. Wie soll man leben und sein Leben geniessen, wenn der Planet
nichts ist als Verwundung? Das Theater auf die höchste Höhe bringen. Das
ist ihre Berufung, ihr Schicksal.

Neben ihrer Sprachbegabung verfügt sie über profunde Kenntnisse der
Weltliteratur, und nicht nur der Dramatik. Sie ist eine Intellektuelle, die
analysiert, die Texte auf eine bestimmte Weise zu lesen versteht. Aber sie
ist auch eine Künstlerin, die weder ihre Emotionen scheut noch ihre Eingebungen. Sie weiss zu lesen, aber vor allem weiss sie zu sehen. Eine Poetin!

Armelle Héliot

Armelle Héliot

Un teatro di intuizione e visione

La regista svizzera Lilo Baur è ormai una figura di spicco anche in Francia, molto amata dalle attrici e dagli attori, come pure dal pubblico che l'aveva scoperta grazie a *Fish Love*[1], un adattamento scenico di racconti di Anton Cechov presentato nel 2008 al Théâtre des Abbesses di Parigi. La sua messinscena dell'*Avaro* di Molière ha riscontrato un enorme successo alla Comédie-Française[2], tanto da essere ripresa nell'autunno del 2024. E ora c'è grande attesa per *La Souricière* [*Trappola per topi*] di Agatha Christie, il cui debutto è previsto nel giugno del 2025 al Théâtre du Vieux-Colombier[3]. Il presente contributo si basa sulle numerose rappresentazioni a cui l'autrice ha avuto modo di assistere a Parigi, e su due lunghe conversazioni con l'artista svoltesi nell'arco di due giornate, il 14 agosto 2024 a Sète e il 27 settembre a Parigi.

La prima immagine che affiora alla mente è quella di una donna minuta, con un fazzoletto in testa e i capelli divisi da una riga netta centrale. Abito da contadina, gambe nude, zoccoli ai piedi e voce da fata. Questo ricordo viene da lontano. Al Théâtre des Bouffes du Nord di Parigi, allora diretto da Peter Brook, la compagnia Complicité di Londra presenta, in inglese, *The Three Lives of Lucie Cabrol* [*Le tre vite di Lucie Cabrol*][4], basato sull'omonima novella di John Berger. Siamo nell'aprile del 1995. Forse avevamo già visto Lilo Baur in precedenza, ma di questo spettacolo è il cuore pulsante, ed è anche al centro della locandina, accovacciata, con le braccia tese e lo sguardo rivolto al cielo. È attorniata da alcune galline disegnate. L'aura dell'interprete è sbalorditiva. Ci si chiede che età abbia. Dimostra al contempo una fragilità infantile e una maturità impressionante. L'energia che emana da questa esile figura è elettrizzante. All'epoca, la compagnia Complicité, Simon McBurney e la sua cerchia di artiste e artisti non erano ancora molto conosciuti in Francia, benché avessero svolto una parte della loro formazione presso la scuola di Jacques Lecoq a Parigi.

1   *Fish Love*, ispirato a racconti di Anton Chechov. Debutto il 10 gennaio 2008, Salle Charles Apothéloz, Théâtre Vidy-Lausanne. Adattamento scenico del testo: Hélène Patarot e Lilo Baur; regia: Lilo Baur; scenografia: James Humphrey e Michael Levine; costumi: Agnès Falque; musica: Mich Ochowiak. Con: Isabelle Caillat, Pascal Dujour, Nikita Gouzovsky, Mich Ochowiak, Kostas Philippoglou, Claudia de Serpa Soares, Jorgos Simeonidis.

2   Debutto il 1° aprile 2022, Salle Richelieu, Comédie-Française, Parigi. Ulteriori informazioni e immagini: https://www.comedie-francaise.fr/fr/evenements/lavare2122 (consultato il 26 ottobre 2024). E si veda anche l'incontro di Anne Fournier con l'attore Laurent Stocker nel presente volume di *MIMOS*, pp. 193–199.

3   *La Souricière* [*Trappola per topi*] di Agatha Christie, in una nuova traduzione francese di Serge Bagdassarian e Lilo Baur. Il debutto è previsto il 4 giugno 2025 al Théâtre du Vieux-Colombier, Comédie-Française, Parigi. Maggiori informazioni: https://www.comedie-francaise.fr/fr/evenements/la-souriciere-2425# (consultato l'8 novembre 2024).

4   *The Three Lives of Lucie Cabrol* [*Le tre vite di Lucie Cabrol*], creazione della compagnia Complicité il cui debutto ha avuto luogo nel gennaio del 1994 al Dancehouse di Manchester, ispirata alla novella omonima di John Berger (edizione originale inglese: *Pig Earth*, vol. I della trilogia *Into Their Labours*, Londra: Writers and Readers Publishing, 1979). Adattamento scenico del testo: Simon McBurney e Mark Wheatley; regia: Simon McBurney. Fra i numerosi riconoscimenti ottenuti citiamo: Manchester Evening News Award for Best Actress 1994 (Lilo Baur), TMA/Martini Award for Best UK Touring Production 1994, Toronto DORA Award for Best Production of a Play 1997, Toronto DORA Award for Best Actress 1997 (Lilo Baur). Ulteriori informazioni e immagini: https://www.complicite.org/work/the-three-lives-of-lucie-cabrol/ (consultato l'8 novembre 2024). E si veda anche il contributo di Simon McBurney (in inglese), nel presente volume di *MIMOS*, pp. 97–103.

Armelle Héliot

Passano più di dieci anni. Dal 27 marzo al 12 aprile 2008, al Théâtre des Abbesses, la sala secondaria del Théâtre de la Ville, il pubblico parigino è estasiato da *Fish Love*, un delizioso adattamento composto da frammenti di racconti di Anton Cechov. Si tratta di una produzione del Théâtre Vidy-Lausanne. Il direttore artistico di quel tempo, René Gonzalez, e il suo vice, René Zahnd, avevano contattato Lilo Baur nel 2007. La regista ha elaborato la versione scenica del testo con Hélène Patarot, un'artista nata in Vietnam che aveva lavorato come attrice con Peter Brook e Simon McBurney. *Fish Love* narra di corsi d'acqua, pesci, paesaggi adornati da betulle e di un lavoro collettivo – cinque giovani donne e uomini provenienti da contesti diversi, che parlano lingue diverse, hanno accenti diversi, ma condividono un linguaggio universale, quello del teatro. Non ci sono oggetti di scena, a parte alcune verghe flessibili che fungono da canne da pesca. Eppure, tutto si delinea chiaramente davanti ai nostri occhi: la steppa russa, le foreste, i vividi ruscelli, i laghi ghiacciati, i cuori e persino le anime di questa gente umile. Lilo Baur dirige gli interpreti con delicata fermezza, con eterea duttilità. Scopriamo una regista sorprendente, che non dimenticheremo. Non si discosterà mai dalla sua maniera spiritosa e intuitiva di spiegare il proprio concetto registico e fornire suggerimenti[5].

Prime regie parigine

Muriel Mayette-Holtz, che in quegli anni era amministratrice generale della Comédie-Française, ha visto *Fish Love* e si rivolge a Lilo Baur. Concordano di portare in scena *Le Mariage* [*Il Matrimonio*], una commedia in due atti di Nikolaj Gogol', al Théâtre du Vieux-Colombier[6]. Le attrici e gli attori si cimentano per la prima volta con questa pièce, che resterà in cartellone dal 24 novembre 2010 al 2 gennaio 2011. Nella versione francese di André Markowicz e con una decina di interpreti, lo spettacolo si sviluppa, come tutte le messinscene di Lilo Baur, a partire da un'immagine che si palesa alla sua mente: i pretendenti nelle sembianze di poveri animali in un mercato di bestiame… Benché, a dire il vero, sia una giovane donna ad essere messa in vendita. Il metodo di Lilo Baur è ormai collaudato: grazie a delle improvvisazioni guidate, ogni personaggio prende forma fisicamente ancora prima di iniziare a lavorare sul testo. Si rivolge a interpreti abituati ad alternare i ruoli, passando di sera in sera dalla tragedia al vaudeville, e che amano le sfide. Lilo Baur trae spunto dalla sua conoscenza del cinema muto. Cerca la

---

5   In merito ai metodi di lavoro di Lilo Baur con gli interpreti si veda in particolare l'intervista di Chantal Hurault all'attrice Anna Cervinka nel presente volume di *MIMOS*, pp.201–209.

6   Debutto il 24 novembre 2010. Ulteriori informazioni e immagini: https://www.comedie-francaise.fr/fr/evenements/le-mariage10-11# (consultato l'8 novembre 2024).

«risata giusta», che nasce in modo spontaneo in una situazione all'apparenza normale ma che degenera diventando inestricabile. La scenografia, concepita come una «macchina teatrale», gioca un ruolo essenziale. Separa in modo netto i due universi: quello degli uomini da una parte, e quello delle donne dall'altro. I primi vogliono sapere ad ogni costo se la promessa sposa è così superlativa come decantata dall'intermediaria. Si accalcano davanti al buco della serratura… Questa prima regia di Lilo Baur alla Comédie-Française ottiene ampi consensi, elogiata dalla critica e osannata dal pubblico che ama questo tipo di spettacoli burleschi e giocosi.

Nel 2012, Lilo Baur torna al Théâtre des Bouffes du Nord per dare forma a una favola teatrale, «un dramma famigliare globale in trenta movimenti», scritto con arguzia ma anche con un deciso piglio di rivolta da Daniel Pennac. Porta il titolo *Le 6ᵉ Continent* [*Il sesto continente*][7]. Si tratta, come sappiamo, dell'immensa isola di detriti e rifiuti di plastica che, spinti dalle correnti, si accumulano in un determinato punto dell'Oceano Pacifico. Una «discarica galleggiante» che dovrebbe inorridirci, mentre invece ce ne dimentichiamo del tutto. Daniel Pennac immagina una famiglia ossessionata dall'igiene che fa fortuna nell'industria del sapone, ma anch'essa contribuisce ad alimentare il «mostro»… Per la regista Lilo Baur, tanto fantasiosa quanto sensibile ai temi della protezione del pianeta, è una nuova occasione per mettere in pratica la propria arte di fare ridere scuotendo al contempo le coscienze. Si canta, si balla e si prova sgomento divenendo i sovrani di un regno inquietante.

Pare sia stato proprio Daniel Pennac ad averla indirizzata verso Marcel Aymé e la sua feroce satira *La Tête des autres* [*La testa degli altri*][8]. Lilo Baur, cresciuta lontano dai pregiudizi francesi, ha saputo cogliere la folgorante potenza della pièce. Ha compreso quanto la tematica della pena di morte importasse a tutti noi, riuscendo, con intelligenza visionaria, a trasporre la sua messinscena in un'atmosfera da film noir. A Parigi fu un vero e proprio avvenimento, tenendo conto che l'autore di *La Jument verte* [*La giumenta*

---

7   L'edizione originale francese della pièce di Daniel Pennac è stata pubblicata nel 2012 nella prestigiosa collezione «Blanche» della casa editrice parigina Gallimard e ha debuttato in scena, per la regia di Lilo Baur, il 16 ottobre dello stesso anno al Théâtre des Bouffes du Nord di Parigi, diretto all'epoca da Peter Brook. Ulteriori informazioni e video trailer: https://www.theatre-contemporain.net/spectacles/Le-Sixieme-Continent/?path=spectacles/Le-Sixieme-Continent (consultato l'8 novembre 2024).

8   Debutto il 3 marzo 2013, Théâtre du Vieux-Colombier, Comédie-Française. Parigi. Ulteriori informazioni e immagini: https://www.comedie-francaise.fr/fr/evenements/la-tete-des-autres12-13 (consultato l'8 novembre 2024).

Armelle Héliot

verde][9] era ormai caduto nell'oblio[10]. Dall'8 marzo al 17 aprile 2013, il pubblico del Vieux-Colombier ha avuto l'occasione di scoprire la prima versione del testo di Marcel Aymé, il quale, in seguito, era stato costretto ad eliminare il sulfureo personaggio di Alessandrovici, uomo d'affari corrotto e collaborazionista durante la guerra. L'autore ambienta la trama in Poldavia, ma è facile riconoscervi la società francese. Affidando questo ruolo a Serge Bagdassarian, Lilo Baur si assicura un'interpretazione magistrale, a metà tra Mefisto e un perfido buffone. Alessandrovici mette tutti in soggezione. È un'apparizione malefica in uno spettacolo nutrito dalla musica jazz: lo sfortunato condannato a morte, Valorin, incarnato da Laurent Lafitte, è un musicista e la scelta dei brani è in perfetta sintonia con l'assetto scenografico ispirato al cinema degli anni Cinquanta. Lo spettacolo è fra i migliori lavori della regista, la quale riesce nell'intento di dare vita a idee mai banali e che sembrano emergere dall'opera stessa. Il cast è eccellente e le attrici e gli attori sono letteralmente galvanizzati. L'ammaliante Florence Viala veste i panni di una bionda vamp alla *Môme Vert-de-Gris* [*La ragazza dai capelli di rame*][11]: una trasformazione che incanta il pubblico. Siamo al cinema! *La Tête des autres* verrà ripreso più volte in cartellone.

Un'aggiunta al repertorio

Nel 2015 Lilo Baur firma la sua prima regia alla Salle Richelieu, l'ampia sala principale della Comédie-Française. Le spetta la responsabilità d'inserire *La Maison de Bernarda Alba* [*La casa di Bernarda Alba*] di Federico García Lorca nel repertorio della Comédie-Française[12]. Ne aveva parlato con Muriel Mayette-Holtz, ma sarà il nuovo amministratore generale, Éric Ruf[13], a presiedere a questo debutto. Il brillante percorso artistico di Lilo Baur l'ha portata anche in Spagna. Ha una grande sensibilità per la lingua e la cultura ispanica. Commissiona una nuova traduzione francese a Fabrice Melquiot, che ravviva il testo senza tradirlo. Si tratta di una pièce di sole donne per

9   Romanzo pubblicato nel 1933 presso le edizioni Gallimard di Parigi e adattato per il cinema nel 1959 da Claude Autant-Lara.

10   Benché nel 1986, alla Comédie des Champs-Elysées, la versione di *Clérambard* portata in scena da Jacques Rosny, con Jean-Pierre Marielle e Danièle Lebrun, come pure la messinscena, più inaspettata, di Nicolas Briançon al Théâtre Hébertot, con Jean-Marie Bigard nel ruolo del protagonista, avessero conquistato il pubblico.

11   Film di Bernard Borderie, Francia, 1952. Sceneggiatura: Bernard Borderie e Jacques Berland, ispirata al romanzo *La Môme Vert-de-Gris* di Peter Cheyney (versione originale inglese: *Poison Ivy*, Londra: Collins, 1937).

12   Debutto il 23 maggio 2015, Salle Richelieu, Comédie-Française, Parigi. Ulteriori informazioni e immagini: https://www.comedie-francaise.fr/fr/evenements/la-maison-de-bernarda-alba14-15# (consultato l'8 novembre 2024). In merito a questa messinscena si veda anche l'intervista di Chantal Hurault all'attrice Anna Cervinka nel presente volume di *MIMOS*, p.203.

13   Si veda anche l'intervista di Laurent Muhleisen a Éric Ruf nel presente volume di *MIMOS*, pp.179–184.

un cast di attrici una più sublime dell'altra[14], ambientata nel duro mondo di un matriarcato fanatico. La scenografia di Andrew D. Edwards è di una bellezza stupefacente: un'immensa musciarabia, con uno spazio sul retro che dà l'idea di un esterno dove passano dei contadini – gli altri – mentre le figlie di Bernarda, costrette dalla madre a un lutto di otto anni, devono starsene rinchiuse in casa, com'era usanza in Andalusia ancora negli anni Trenta. Alcuni osservatori e osservatrici hanno visto nella musciarabia scura anche una mantilla nera. È una bella immagine. Lilo Baur aveva piuttosto in mente una ragnatela. È uno spettacolo duro, senza compromessi. A un certo punto la nonna viene calata dalla graticcia come un'apparizione. Il tutto è sconvolgente e illuminato da una scena da favola: la più giovane, l'innamorata Adela interpretata dalla deliziosa Adeline d'Hermy, danza a lungo avvolta da una nuvola di piume bianche, soffici e leggere. Indossa un abito verde brillante, colore del rinnovamento. Anche in questa messinscena l'arte di Lilo Baur si palesa nei minimi dettagli della vita, come nei momenti di sublime poesia. Si fida del suo intuito, senza però lasciare nulla al caso. È un'intellettuale che ama scoprire e apprendere cose nuove. Per l'universo di Bernarda si è ispirata alle fotografie della serie *España oculta*[15] di Cristina García Rodero.

L'artista ritroverà la Spagna nel 2017, con *Après la pluie* [*Dopo la pioggia*] del drammaturgo catalano contemporaneo Sergi Belbel[16]. A dire il vero si tratta di una richiesta d'aiuto, dato che una produzione in programma, una pièce di Heinrich von Kleist, non può essere realizzata perché il regista è malato. *Après la pluie* viene presentato al Vieux-Colombier dal 29 novembre 2017 al 7 gennaio 2018. Lilo Baur mantiene la traduzione di Jean-Jacques Préau, che aveva contrassegnato il debutto di questa pièce acre – al Théâtre de Poche-Montparnasse e per la regia di Marion Bierry – premiato nel 1999 con un Molière come miglior spettacolo comico. Nel caso della messinscena di Lilo Baur, non siamo sicuri che l'idea scenografica di Andrew D. Edwards (una foresta di palazzi visti dall'alto che assomigliavano a tavole puntate verso la platea) fosse stata recepita. Un dispositivo senza dubbio troppo concettuale. Alla regista svizzera preme riuscire a risvegliare emozioni nei propri interpreti, e li ha portati addirittura in cima alla Torre di Montparnasse

14   Cécile Brune (Bernarda), Anne Kessler (Angustias), Claude Mathieu (La Servante), Coraly Zahonero (Magdalena) nella stagione 2014/15 e in alternanza con Anna Cervinka nelle riprese a partire dal 2015/16, Florence Viala (Maria Josefa), Sylvia Bergé (Prudentia), Jennifer Decker (Martirio), Adeline D'Hermy (Adela), Elsa Lepoivre (Poncia), Claire de la Rüe du Can (Amelia).

15   Edizione originale: Cristina García Rodero, *España oculta*, Barcellona: Lunwerg, 1989.

16   Debutto il 29 novembre 2017, Théâtre du Vieux-Colombier, Comédie-Française, Parigi. Ulteriori informazioni e immagini: https://www.comedie-francaise.fr/fr/evenements/apres-la-pluie17-18 (consultato l'8 novembre 2024). A tale proposito, si veda anche l'intervista di Chantal Hurault all'attrice Anna Cervinka nel presente volume di *MIMOS*, pp. 203–204.

Armelle Héliot

per fargli provare il senso della vertigine[17]. Il cast è d'eccezione, ma la struttura drammaturgica, composta da un susseguirsi di quadri accompagnati da una serie di monologhi, non è delle più facili.

Con Georges Feydeau, Lilo Baur avrà modo di dimostrare ampiamente il proprio talento inventivo, di direzione attoriale, e il suo grande senso di libertà. Cosa non ovvia, tenendo conto che *La Puce à l'oreille* [*La pulce nell'orecchio*][18] era stata portata in scena con successo nel 1978 da uno dei più celebri membri (*sociétaire*) della Comédie-Française, Jacques Charon, e questa produzione è entrata nella leggenda. L'amministratore generale, Éric Ruf, si entusiasma prima ancora dell'inizio delle prove, constatando che tutta la «Ruche» [«L'Alveare», come viene definita la compagnia della Comédie-Française, n.d.t.] adora Lilo Baur[19]. Sala gremita durante le presentazioni interne, e l'energia contagiosa di un generoso folletto. È audace, come detto. Al posto di mobili imbottiti ottocenteschi, ecco apparire uno chalet in mezzo alla neve, con tanto di albero di Natale, tute da sci con fuseaux e tailleur decisamente anni Sessanta per l'Hôtel du Minet-Galant. Dodici interpreti e quattro nuove leve dell'Accademia. L'azione scenica è cronometrata al secondo. Il coinvolgimento fisico gioca un ruolo determinante, non si contano infatti le cadute, le scivolate, le risse, le capriole e via dicendo – tutte trovate di per sé estremamente divertenti e fonte di risate a raffica da parte del pubblico. Lo spettacolo è tanto frenetico quanto esilarante, tanto esagerato quanto raffinato. È un turbine che non sminuisce in alcun modo né il testo di Feydeau né le sue intenzioni corrosive. E non mancano le allusioni, come la pelle della fiera tigre tramutata in tappeto: è la tigre dello sketch, famoso in Gran Bretagna ma soprattutto nei paesi di lingua tedesca, *Dinner for One*[20]. Lilo Baur ha mostrato questo cortometraggio agli interpreti, ricordando loro anche le prodezze di Stanlio e Ollio e di altri virtuosi dello slapstick. Follia è la parola che s'impone alla mente ricordando questo spettacolo!

18 Debutto della messinscena di Lilo Baur: 21 settembre 2019, Salle Richelieu, Comédie-Française, Parigi. Ulteriori informazioni e immagini: https://www.comedie-francaise.fr/fr/evenements/la-puce-a-loreille-1920 (consultato l'8 novembre 2024). E si veda anche la dettagliata analisi di Demis Quadri nel presente volume di *MIMOS*, pp. 211–219.

19 A tale proposito si rimanda all'intervista di Laurent Muhleisen a Éric Ruf nel presente volume di *MIMOS*, pp. 182–183.

20 Si tratta di un cortometraggio televisivo in bianco e nero diretto dal tedesco Heinz Dunkhase e basato sulla sceneggiatura che Peter Frankenfeld ha trasposto da uno sketch creato per il palcoscenico dall'attore britannico Lauri Wylie. Prodotto dall'emittente televisivo tedesco Norddeutscher Rundfunk nel 1963, dal 1972 in poi è diventato un vero e proprio rito della notte di Capodanno in Germania, Austria e nella Svizzera tedesca. Il video è disponibile anche online: ARD-Mediathek (consultato l'8 novembre 2024).

Per Lilo Baur era giunto il momento di affrontare Molière. La sua messinscena dell'*Avare* ha entusiasmato il pubblico dal 1° aprile al 24 luglio 2022[21] ed è stata ripresa alla Salle Richelieu nella stagione 2024/25. Se l'ambientazione de *La Puce à l'oreille* lasciava intravvedere vagamente la Svizzera, essa è subito riconoscibile in questa intrepida trasposizione dell'*Avare*! Era necessario distanziarsi dalla regia di Catherine Hiegel, con Denis Podalydès nel ruolo di Arpagone, che debuttò nel 2009 e rimase in cartellone fino al 2013. Uno spettacolo magnifico, con il suo spazio armonioso, la bella scala, l'alta finestra, la luce diffusa, il costume prevalentemente nero di Arpagone, gli abiti dai colori tenui e ben abbinati degli altri personaggi – un *Avare* degno delle incisioni che adornano le edizioni della pièce di Molière pubblicate poco dopo il settembre 1668[22].

Nell'interpretazione di Lilo Baur, *l'Avare* si presenta invece in colori sgargianti: il blu del cielo, il bianco delle cime innevate, il verde del campo da golf, la spiaggia privata in riva al Lago Lemano che s'intravvede nel proscenio. Siamo in una villa sfarzosa e senz'ombra di dubbio a Ginevra. Il blu elettrico della giacca di Arpagone, il giallo dei suoi capelli, il blazer sportivo blu scuro a righe – in molti hanno visto in questo abbigliamento appariscente un'allusione maliziosa a un certo Donald Trump. La costumista, Agnès Falque, collabora regolarmente e da molto tempo con Lilo Baur. Per questa messinscena aderisce pienamente alla visione della regista. Frosine, l'intraprendente intermediaria, indossa un tailleur di ottima fattura, Elise sembra invece essere meno a suo agio, mentre il fratello Cléante ostenta la propria eleganza. Nel ruolo del protagonista, Laurent Stocker dà prova della sua straordinaria intelligenza drammaturgica e attoriale. È ideale per incarnare questo personaggio. Ed è in ottima compagnia. Lilo Baur è fortunata. Può contare su un cast armonioso e di grande talento. Con malizia, inserisce nello spettacolo dei dettagli che forse non tutti gli spettatori e spettatrici della Salle Richelieu sono riusciti a cogliere, ma la cui presenza è significativa. Lo scrigno, ad esempio, «personaggio» centrale di questa messinscena dell'*Avare,* non è per nulla innocente, se così si può dire. È una cassetta di metallo, lunga e di colore scuro. Proprio come quelle che vengono custodite nelle casseforti delle banche svizzere. Lilo Baur è estremamente ricettiva e sa sfruttare al meglio ogni stimolo: perché Mariane, interpretata da Anna

---

21   Debutto il 1° aprile 2022, Salle Richelieu, Comédie-Française, Parigi. Ulteriori informazioni e immagini: https://www.comedie-francaise.fr/fr/evenements/lavare2122 (consultato l'8 novembre 2024). Su questo spettacolo si veda anche l'incontro di Anne Fournier con l'attore Laurent Stocker nel presente volume di *MIMOS*, pp. 193–199.

22   *L'Avare* di Molière è stato rappresentato per la prima volta il 9 settembre del 1668 al Théâtre du Palais-Royal di Parigi.

Armelle Héliot

Cervinka, alla fine, dopo essere riuscita a sfuggire alle insidie del libidinoso Arpagone, alza il gomito e vaneggia leggermente? Perché, durante le prove, mentre leggeva alcune battute che non aveva ancora imparato a memoria, titubava come una persona un po' brilla. Da acuta osservatrice, Lilo Baur non esita a inserire questo dettaglio nello spettacolo…

È fatta così, costantemente alla ricerca. Al di là della sua ampia conoscenza della letteratura mondiale e oltre all'acume delle sue analisi intellettuali, Lilo Baur rimane una donna intuitiva e visionaria. Accoglie le immagini che le affiorano alla mente, le traspone e le interpreta.

Grandi maestri

Non va dimenticato che Lilo Baur si è formata come attrice presso grandi maestri: Jacques Lecoq, che sapeva molto bene quanto nella recitazione il corpo debba essere coinvolto prima di ogni altra cosa[23], e Philippe Gaulier, che a sua volta ha imparato dal grande poeta Lecoq. Fra l'altro, Gaulier aveva anche invitato Lilo Baur a lavorare nella propria scuola[24]. Questo clown, autore e pedagogo soleva dire: «Il testo è la corona, innanzitutto ci vuole un corpo.» Dopo la sua formazione, Lilo Baur ha fatto parte per quattordici anni della compagnia Complicité di Londra, prima di collaborare soprattutto con Peter Brook a Parigi[25].

Da adolescente, Lilo Baur giocava a calcio e la seguente regola potrebbe sintetizzare il suo pensiero: «Bisogna passarsi la palla». Per questo motivo preferisce la compagnia, il gruppo. Come regista e direttrice delle proprie produzioni, non lascia nulla al caso. Ma sa anche adeguarsi a una forma di spettacolo più tradizionale, a prescindere dal soggetto stesso, che è sempre profondamente toccante.

Nel paesaggio teatrale odierno, Lilo Baur è riuscita a imporre la propria personalità forte e feconda. Eccelle anche in ambito operistico, benché trovi più appagante la vicinanza con gli attori che caratterizza il lavoro puramente teatrale. Si può intuire che talvolta le piacerebbe calcare di nuovo la scena. Ama il dialogo, lo scambio di idee, il piacere della botta e risposta. Si diverte. Ascolta il mondo che la circonda, come Ariane Mnouchkine, con la quale

23 Per maggiori informazioni si veda il sito dell'École internationale Jacques Lecoq di Parigi: https://www.ecole-jacqueslecoq.com/ (consultato l'8 novembre 2024).

24 Si veda il sito della scuola di Philippe Gaulier: https://www.ecolephilippegaulier.com/ (consultato l'8 novembre 2024).

25 Riguardo agli anni della formazione e alla sua carriera di attrice, si veda l'intervista di Andreas Klaeui a Lilo Baur nel presente volume di *MIMOS*, pp.73–84.

Un teatro di intuizione e visione

condivide anche un'acuta consapevolezza politica. Uno spiccato senso della giustizia. Una lucidità senza ombre che non può essere scevra da sofferenza interiore e dolore. Come si può vivere e dedicare la propria vita al divertimento quando il pianeta è martoriato? Portando il teatro ai massimi livelli. Questa è la sua vocazione, il suo destino.

Oltre al suo talento per le lingue, Lilo Baur ha una profonda conoscenza della letteratura internazionale, e non solo di quella teatrale. È un'intellettuale che analizza, che sa interpretare i testi in un certo modo. Ma è anche un'artista che non teme le proprie emozioni o il proprio intuito. Sa leggere, ma soprattutto sa guardare. Una poetessa!

Armelle Héliot

Armelle Héliot

A Theatre of Intuition and Vision

From her 2008 production of the Chekhov-based play *Fish Love*[1] at the Théâtre des Abbesses to the 2024 revival of Molière's *L'Avare* at the Comédie-Française,[2] and with Agatha Christie's *La Souricière* [*The Mousetrap*] coming up in June 2025 at the Théâtre du Vieux-Colombier,[3] the Swiss director has become a familiar figure in French theatre – and the darling of actors and audiences alike. The following is a look back at Lilo Baur's work to date, which the author of this article has closely followed in Paris, partly based on two full days' conversation with Baur on 14 August 2024 in Sète and 27 September in Paris.

The first thing we see is a frail woman wearing a headscarf over her hair, which is neatly parted down the middle, a peasant blouse, bare legs, and clodhoppers. She has the voice of a fairy. This image is long ago and far away now. That was back in April 1995, at Peter Brook's Théâtre des Bouffes du Nord in Paris, where the London-based company Complicité were present-ing *The Three Lives of Lucie Cabrol*,[4] an adaptation of a John Berger novel, in the original English version. Some of us might have seen Baur before that, but she was at the very heart of this play – and even of the theatrical poster, which shows her sitting on her haunches, her arms extended downward to touch the earth in front of her with her fingertips and her gaze cast heav-enward, with painted chickens strutting round her. Such a striking stage presence – you couldn't help wondering about her age, given the odd blend of childlike fragility and remarkable maturity. This fragile character exuded a captivating energy. At the time, Complicité, Simon McBurney and his company, were not yet well known in France, even though they'd trained in Paris with Jacques Lecoq.

1   *Fish Love*, based on short stories by Anton Chekhov. Premiered on 10 January 2008, Salle Charles Apothéloz, Théâtre Vidy-Lausanne. Text adaptation: Lilo Baur and Hélène Patarot; directed by: Lilo Baur; set design: James Humphrey and Michael Levine; costumes: Agnès Falque; music: Mich Ochowiak. With: Isabelle Caillat, Pascal Dujour, Nikita Gouzovsky, Mich Ochowiak, Kostas Philippoglou, Claudia de Serpa Soares, Jorgos Simeonidis.

2   Premiered on 1 April 2022, Salle Richelieu, Comédie-Française, Paris. For more information and visuals, go to: https://www.comedie-francaise.fr/en/events/lavare2121# (last accessed on 26 October 2024). For more details on this subject, we refer to Anne Fournier's interview with Laurent Stocker in this *MIMOS* edition, pp.193–199.

3   *La Souricière* [*The Mousetrap*] by Agatha Christie, in a new translation by Serge Bagdassarian and Lilo Baur. The premiere is scheduled on 4 June 2025, Théâtre du Vieux-Colombier, Comédie-Française, Paris. For more information, go to: https://www.comedie-francaise.fr/en/events/la-souriciere-2425# (last accessed on 8 November 2024).

4   *The Three Lives of Lucie Cabrol*, based on a short story from John Berger's *Pig Earth* (the first part of his trilogy *Into Their Labours*, London: Writers and Readers Publishing, 1979). This production by Complicité premiered on January 1994 at the Manchester Dancehouse. Text adaptation: Simon McBurney and Mark Wheatley; directed by: Simon McBurney. Winner of several awards, including Manchester Evening News Award for Best Actress 1994 (Lilo Baur), TMA/Martini Award for Best UK Touring Production 1994, Toronto DORA Award for Best Production of a Play 1997, Toronto DORA Award for Best Actress 1997 (Lilo Baur). For more information and visuals, go to: https://www.complicite.org/work/the-three-lives-of-lucie-cabrol/ (last accessed on 8 November 2024). For more details on this subject, we refer to Simon McBurney's contribution in this *MIMOS* edition, pp.97–103.

Years went by – more than ten years. Then, from 27 March to 12 April 2008, at the Théâtre des Abbesses-Théâtre de la Ville, Parisian audiences were thrilled with *Fish Love*, a delightful adaptation of fragments of Anton Chekhov's short stories. The show had actually premiered at the Théâtre Vidy-Lausanne, whose artistic director, René Gonzalez, and his assistant, René Zahnd, had tapped Lilo Baur for the project in 2007. She had developed the stories for the stage with Hélène Patarot, a Vietnamese-born actress who'd already worked with both Brook and McBurney. *Fish Love* is about rivers, fish, birch forests… and teamwork: five young men and two young women with various backgrounds, who speak different languages and have different accents, but share a universal language: that of theatre. Aside from their flexible fishing rods, there are no props. And yet everything materialises in the mind's eye of the audience: the Russian steppe, woods, fast-flowing streams and frozen lakes, the hearts and even souls of these simple folk. Baur directed the actors with gentle firmness and a flexible, feather-light touch. The public had discovered – and would not subsequently forget – an astounding new director. Nor would she ever subsequently deviate from her intuitive and suggestive approach to communicating her directorial vision.[5]

138 First Paris productions

Muriel Mayette-Holtz, the General Administrator of the Comédie-Française at the time, saw *Fish Love* and reached out to the Swiss director. They agreed to stage *Le Mariage* [*Marriage*], a two-act comedy by Nikolai Gogol, at the Vieux-Colombier.[6] It was the first time the troupe had ever done the play, which then ran from 24 November 2010 to 2 January 2011. The translation was by André Markowicz. It had a cast of about ten and, as so often with Baur, the production was developed out of an image that had immediately come to her like an epiphany: in this case, of suitors like poor beasts to be sold at a cattle market. And yet it was a young girl who was, in a sense, up for sale in this play. Baur's method was already a given: directed improv, to get each of the actors to physically inhabit their characters before even beginning to work with the script. This approach is designed for actors who are accustomed to alternating between roles, switching from tragedy to vaudeville from one night to the next, and who relish the challenge. Baur draws inspiration from her knowledge of silent films. She goes for the "right

5   On Lilo Baur's working methods with actors, we refer to Chantal Hurault's interview with Anna Cervinka in this *MIMOS* edition, pp. 201–209.

6   Premiered on 24 November 2010. For more information and visuals, go to: https://www.comedie-francaise.fr/en/events/le-mariage10-11# (last accessed on 8 November 2024).

Armelle Héliot

kind of laughs", laughter spontaneously induced by a seemingly ordinary situation that degenerates into inextricable havoc. The stage set is essential to this end. Designed to serve as an "acting machine", it was split into two separate worlds in this production: that of the men and that of the women. The men are dying to ascertain whether the bride is as good a "catch" as the matchmaker has made her out to be. Baur's first production at the Comédie-Française was a sensation, acclaimed by the press and by audiences partial to this brand of jovial burlesque.

In 2012, Baur returned to the Bouffes du Nord to stage a theatrical fable, "a global family drama in thirty movements", written with wit and an unmistakable undercurrent of revolt, by Daniel Pennac. It was called *Le 6ᵉ Continent* [*The Sixth Continent*],[7] aka the "Great Pacific Garbage Patch", a gigantic floating island of plastic trash carried by the ocean currents to a spot in the North Pacific. This "floating rubbish tip" should horrify us, but we generally forget all about it. Daniel Pennac imagines a family obsessed with cleanliness who make a killing in the soap industry. But everything, including the waste from the family's soap factories, conspires to feed the "monster"… The play serves as yet another avenue for Lilo Baur, who is very much alive to the environmental threats to our planet, to pursue her art of pricking the collective conscience – even whilst making us laugh. The protagonists sing and dance, panic and end up reigning over a profoundly unsettling kingdom.

Pennac was also apparently the one who recommended Marcel Aymé's caustic play *La Tête des autres* [*Other People's Heads*][8] to her. Although raised in a world far from French preconceptions, the Swiss director grasped the work in all its brilliant power. She understood how much the issue of capital punishment concerns all of us, and with visionary insight, she put the play in a world of *film noir*. This new production was also noteworthy because Marcel Aymé, the author of the 1933 novel *La Jument verte* [*The Green Mare*][9], had previously been largely overlooked.[10] From 8 March to 17 April 2013, audiences at the Vieux-Colombier discovered the original version of the play, before Aymé was prevailed upon to remove the sinister character

7 This play by Daniel Pennac was published in 2012 by Gallimard in its prestigious "Blanche" series, and was premiered on 16 October of that year by Lilo Baur at the Théâtre des Bouffes du Nord in Paris, under the artistic direction of Peter Brook. More information and the trailer are available online: https://www.theatre-contemporain.net/spectacles/Le-Sixieme-Continent/?path=spectacles/Le-Sixieme-Continent (last accessed on 8 November 2024).

8 Premiered on 3 March 2013, Théâtre du Vieux-Colombier, Comédie-Française, Paris. For more information and visuals, go to: https://www.comedie-francaise.fr/en/events/la-tete-des-autres12-13 (last accessed on 8 November 2024).

9 The novel was published by Gallimard in Paris in 1933 and adapted for the screen by Claude Autant-Lara in 1959.

10 Even though Jacques Rosny's 1986 stage adaptation of Aymé's novel *Clérambard* (starring Jean-Pierre Marielle and Danièle Lebrun) at the Comédie des Champs-Elysées was well received by the audience, as was Nicolas Briançon's more unexpected production at the Théâtre Hébertot with Jean-Marie Bigard in the title role.

of Alessandrovici, a corrupt businessman and collaborator during the war. Although the playwright set the action in the imaginary country of Poldavia, this is recognisably French society. By casting Serge Bagdassarian to play the maleficent mafioso, Baur could be sure to obtain a masterful portrayal, somewhere between Mephisto and a villainous buffoon. Alessandrovici was indeed a frightening figure, like an evil apparition. And jazz music loomed large in the production: the unjustly condemned Valorin, played by Laurent Lafitte, happens to be a musician, and the tunes picked for the incidental music were perfectly suited to the 1950s noirish set. *La Tête des autres* was one of the director's most accomplished productions. The ideas brought to life on stage never came across as tacked on, but seemed to emerge out of the work itself. The casting was superb, and the actors were galvanised by her direction. Furthermore, the audience was enchanted with the ravishing Florence Viala's transformation into a blonde vamp in the style of the "gun moll" *Môme Vert-de-Gris*.[11] It felt just like the movies! *La Tête des autres* was enthusiastically revived several times.

An addition to the repertoire

Lilo Baur staged her first play at the Salle Richelieu – the main stage at the Comédie-Française – in 2015. Thanks to her production of *La Maison de Bernarda Alba* [*The House of Bernarda Alba*], Federico García Lorca's play was added to the Comédie-Française repertoire.[12] She had discussed the project with Muriel Mayette-Holtz, but it was Éric Ruf,[13] the company's new General Administrator, who presided over this fine production. Lilo Baur's brilliant artistic career has taken her to Spain as well, and she is quite partial to the Spanish language and culture. She commissioned Fabrice Melquiot to undertake a new translation, which breathed new life into the play without distorting the original. This women's drama is set in a harsh world of fanatical matriarchy, and each of the actresses in the all-female cast was more superb than the next.[14] Andrew D. Edwards' set design was also stunning, with a huge mashrabiya for the backdrop to suggest the outside world in

---

11   Movie by Bernard Borderie, France, 1952. Script by Bernard Borderie and Jacques Berland, based on Peter Cheyney's novel *Poison Ivy* (London: Collins, 1937).

12   Premiered on 23 May 2015, Salle Richelieu, Comédie-Française, Paris. For more information and visuals, go to: https://www.comedie-francaise.fr/en/events/la-maison-de-bernarda-alba14-15 (last accessed on 8 November 2024). For more details on this production, we refer to Chantal Hurault's interview with Anna Cervinka in this *MIMOS* edition, p.203.

13   See Laurent Muhleisen's interview with Éric Ruf in this *MIMOS* edition, pp.185–191.

14   Cécile Brune (Bernarda), Anne Kessler (Angustias), Claude Mathieu (La Servante), Coraly Zahonero (Magdalena) in the 2014/15 season and alternating with Anna Cervinka in the revivals from 2015/16, Florence Viala (Maria Josefa), Sylvia Bergé (Prudentia), Jennifer Decker (Martirio), Adeline D'Hermy (Adela), Elsa Lepoivre (Poncia), Claire de la Rüe du Can (Amelia).

Armelle Héliot

which peasants, other people, go by, while Bernarda keeps her five daughters locked up inside – for an eight-year period of mourning, in keeping with the customs of 1930s Andalusia. Some observers saw the dark mashrabiya as a black mantilla, which is indeed a beautiful image. Lilo Baur, on the other hand, had in mind a spider's web. The production was austere and uncompromising. The grandmother descended from the fly loft like an apparition. The overall effect of the staging was profoundly unsettling, though brightened up by the fabulous scene in which the youngest daughter, the amorous Adela, played by the lovely Adeline d'Hermy, danced for a long time in a cloud of light, fluffy white feathers. She wore a bright green dress, the colour of renewal: Lilo Baur's artistry can be found in the most minute details as well as in moments of sublime poetry. She trusts her intuition, but leaves nothing to chance. She is an intellectual who loves to discover and learn new things. To create Bernarda's world, she studied Cristina García Rodero's photographs of rural Spain in the series *España oculta* [*Hidden Spain*].[15]

Baur put on another Spanish play in 2017, namely *Après la pluie* [*After the Rain*] by the contemporary Catalan playwright Sergi Belbel.[16] Actually, it served as a stopgap when the director of a scheduled play by Heinrich von Kleist fell ill. *Après la pluie* was performed at the Vieux-Colombier from 29 November 2017 to 7 January 2018. Baur stuck to Jean-Jacques Préau's translation, the one used for the first run of this acerbic play, which was staged by Marion Bierry at the Théâtre de Poche-Montparnasse and won the Molière for best comedy in 1999. Andrew D. Edwards' set design for Baur's production, comprising a forest of buildings viewed from above, like planks pointing towards the auditorium, may not have been fully understood. Probably too conceptual (literally over people's heads). Baur, who's always trying to stir up strong feelings in her actors, went so far as to drag them to the top of the Tour Montparnasse to show them what fear of heights actually feels like.[17] The cast were very good, but the structure of the play itself, divided up into a series of monologues, makes it difficult to pull off.

A Georges Feydeau production then brought out the full range of Baur's artistic inventiveness and free spirit as well as her gift for stage direction. That was not a foregone conclusion: *La Puce à l'oreille* [*A Flea in Her Ear*][18]

---

15   Cristina García Rodero, *España oculta*, Barcelona: Lunwerg, 1989.

16   Premiered on 29 November 2017, Théâtre du Vieux-Colombier, Comédie-Française. For more information and visuals, go to: https://www.comedie-francaise.fr/en/events/apres-la-pluie17-18 (last accessed on 8 November 2024). And see also Chantal Hurault's interview with Anna Cervinka in this *MIMOS* edition, pp. 203–204.

17   On this subject, we refer to Chantal Hurault's interview with Anna Cervinka (see footnote 16 above).

18   Premiered on 21 September 2019, Salle Richelieu, Comédie-Française, Paris. For more information and visuals, go to: https://www.comedie-francaise.fr/en/events/la-puce-a-loreille-1920# (last accessed on 8 November 2024). We also refer to Demis Quadri's article in this *MIMOS* edition, pp. 211–219.

had been staged back in 1978 by Jacques Charon, one of the great *sociétaires* of the Comédie-Française, and that legendary production was, naturally, a hard act to follow. But General Administrator Éric Ruf was gung-ho even before the first rehearsal, observing that the whole "hive" adored Lilo Baur.[19] Her in-house presentations of the work in progress played to a full house, and her positive energy was, as always, infectious. She's audacious, as we've noted: To hell with padded sets! She opted instead for a chalet in the snow and a Christmas tree, as well as decidedly sixties-era costumes of ski pants for the slopes and ladies' suits for the Hôtel du Minet-Galant. The cast comprised a dozen actors and four young trainees from the Académie. Everything was timed to the split second. It was an exercise in physical comedy, involving countless slips and pratfalls, tumbles and somersaults, jostling and mêlées, all of which was comical and a source of uncontrollable giggles and sustained laughter on the part of the much-amused audience. It was as appalling as it was exhilarating, as overdone as it was refined. The hurly-burly did not drown out Feydeau's dialogues or undermine his corrosive intentions. And there was no dearth of allusions either, such as the proud tiger's skin turned into a rug: that was the tiger from *Dinner for One*,[20] a famous television comedy sketch in the various German-speaking countries. She showed it to the actors and reminded them of the comic feats of Laurel and Hardy and other virtuosos of slapstick. Madness is the word that springs to mind when recalling this production by Lilo Baur!

Taking on Molière

The time had come to take on Molière. *L'Avare* [*The Miser*] brought the house down from 1 April to 24 July 2022[21] and was revived at the Salle Richelieu for the 2024/25 season. While you might have guessed that *La Puce à l'oreille* was set in Switzerland, you couldn't miss it in this audacious transposition of *L'Avare*. It was time to break with Catherine Hiegel's rendition starring Denis Podalydès as Harpagon. That was in 2009, and the play ran on till 2013. It was a beautiful production, with its harmonious playing space, beautiful staircase, high window, diffuse lighting, a mostly

19 On this subject, see also Laurent Muhleisen's interview with Éric Ruf in this *MIMOS* edition, pp.188–189.

20 *Dinner for One* was a short comedy sketch filmed in black and white for television by German director Heinz Dunkhase, based on Peter Frankenfeld's adaptation of the British actor Lauri Wylie's play. Produced by the West German television channel NDR in 1963, it became a veritable New Year's Eve TV ritual in Germany, Austria and German-speaking Switzerland from 1972 on. The original version with Freddie Frinton and May Warden is available online: ARD-Mediathek (last accessed on 8 November 2024).

21 Premiered on 1 April 2022, Salle Richelieu, Comédie-Française, Paris. For more information and visuals, go to: https://www.comedie-francaise.fr/en/events/lavare2121 (last accessed on 8 November 2024). We also refer to Anne Fournier's interview with Laurent Stocker in this *MIMOS* edition, pp.193–199.

Armelle Héliot

black costume for Harpagon, muted and harmonious colours for the other characters – a *L'Avare* worthy of the prints featured in editions of the play published after September 1668.[22]

Lilo Baur's *L'Avare* is played amid strong colours: the blue of the sky, the white of the mountain peaks, the green of the golf course, with a private beach on the shores of Lake Geneva to be imagined in the foreground – this is a grand house, most definitely in Geneva. Harpagon's electric blue jacket and yellow hair, the sportsman's darker blue striped blazer – many see the garish attire as a mischievous allusion to a certain Donald Trump. Costume designer Agnès Falque, who has been working for Lilo Baur for many years, embraces the director's visions. While Frosine, the enterprising matchmaker, wears a very well-cut suit, Elise seems less comfortable in her attire beside her preening brother Cléante. Laurent Stocker, in the title role, displays the full measure of his marvellous grasp of Molière's works and how to play the role. He's an ideal Harpagon. And he's very well supported. Lilo Baur is fortunate to have such a harmonious and very talented cast she can rely on. She mischievously slips in some details that members of the audience in the Salle Richelieu might not spot, but which are there all the same and make sense. The money box, for example, a key "character" in this production of *L'Avare,* is not exactly "innocent". It's a long, dark metal strongbox – just the kind you'll find in the safe of a Swiss bank. Baur is remarkably resourceful and knows how to turn even accidents to good account: For instance, why does Anna Cervinka's Mariane, who has successfully eluded the libidinous Harpagon's machinations, drink so much at the end of the play that she seems to be slightly rambling? Because during one rehearsal, whilst reading some lines she hadn't yet learnt, she faltered as if a bit tipsy. So Baur took up this detail and worked it into the performance.

That's how she is: ever on the lookout. Beyond the breadth of her knowledge of world literature and the acuity of her intellectual analyses, Lilo Baur remains a woman of intuitions and visions. Images come to her and she takes them in, interprets them and transposes them for the stage.

Past masters of theatre

Don't forget that Baur learned the ropes as an actress from past masters of the theatre: the actor and coach Jacques Lecoq, who grasped the primacy

---

22   Molière's *L'Avare* was first performed on 9 September 1668 at the Palais-Royal in Paris.

of physical movement in acting,[23] and Philippe Gaulier, who studied under Lecoq himself and had even invited Baur to teach at his own school.[24] This clown, playwright and teacher used to say: "The text is the crown, before that you need a body." After her training, Baur worked for fourteen years with London's Complicité company and went on to work chiefly with Peter Brook in Paris.[25]

Lilo played football as a teenager, and one rule sums up her way of thinking: "You have to share the ball." This is why she prefers working with a group, with the troupe. As a director of plays and actors, she is demanding and uncompromising. But she is also capable of adapting to a more traditional form of theatre, whatever the subject matter, the result is always deeply moving.

Baur brings her strong, creative personality to bear on the present-day theatre scene. She also excels in directing operas, although she finds working closely with actors in purely theatrical productions more satisfying. You can tell that sometimes she has a hankering to tread the boards herself again. She delights in dialogue, in the pleasures of the well-wrought script. And she has a good time while she's at it. She is attuned to what's going on in the world, like Ariane Mnouchkine, and shares her keen political awareness, her sense of justice. Her clear-sightedness is not without moral suffering or anguish. How can one live and spend one's life in the realm of entertainment when the planet is hurting all over? To elevate theatre to the highest possible level is her vocation, her destiny.

In addition to her gift for languages, Lilo Baur has an in-depth knowledge of international literature, and not just dramatic literature. She is an intellectual who analyses, who knows how to read closely. But she is also an artist who is not afraid of her emotions or intuitions. She knows how to read, but above all she knows how to see. She is, in a word, a poet!

23   More information is available on the website of Jacques Lecoq's school in Paris: https://www.ecole-jacqueslecoq.com/?lang=en (last accessed on 8 November 2024).

24   For more information, go to: https://www.ecolephilippegaulier.com/ (last accessed on 8 November 2024).

25   On Lilo Baur's training as an actor and her career, we refer to Andreas Klaeui's interview with the artist in this *MIMOS* edition, pp. 85–96.

Armelle Héliot

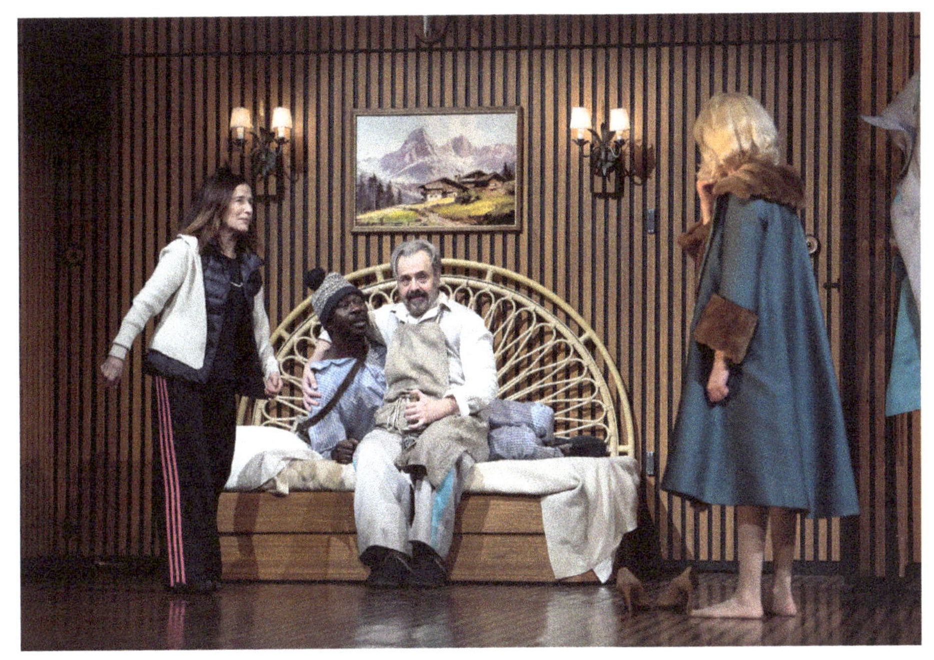

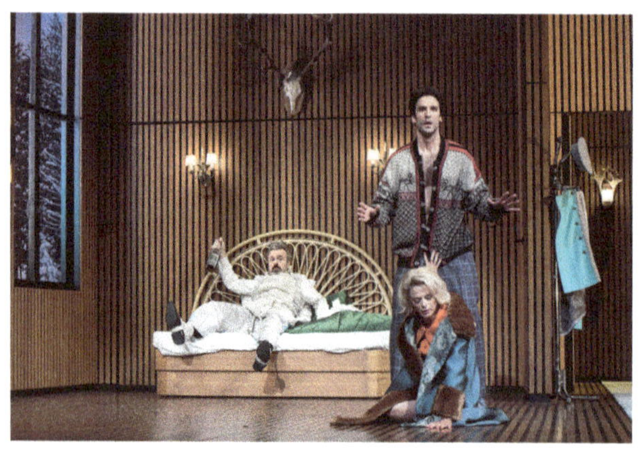

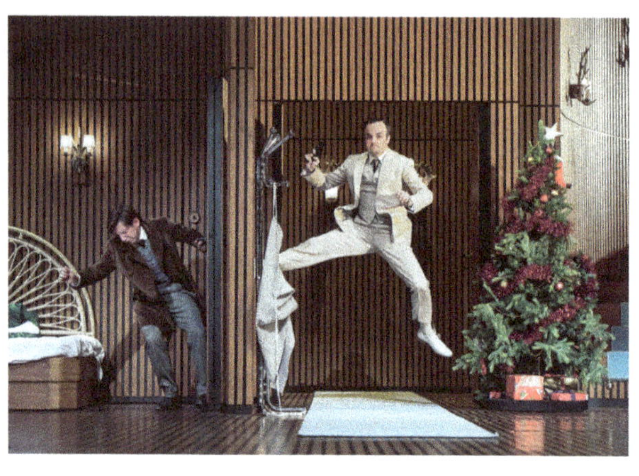

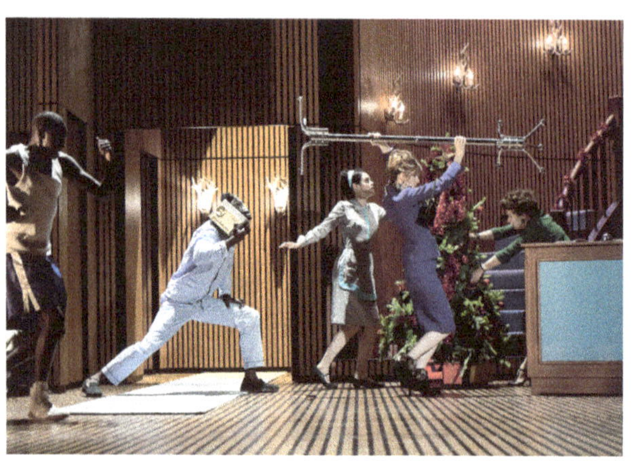

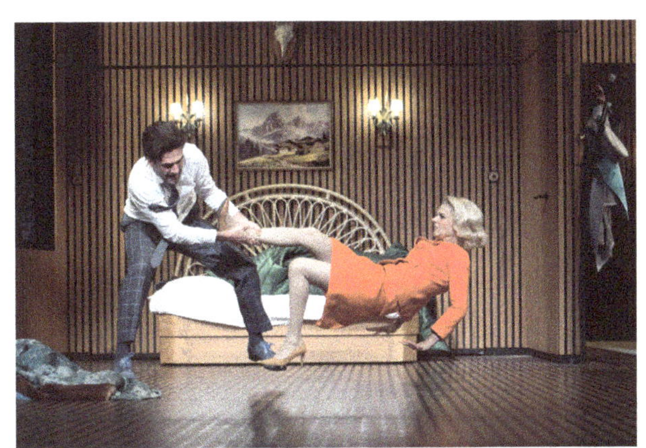

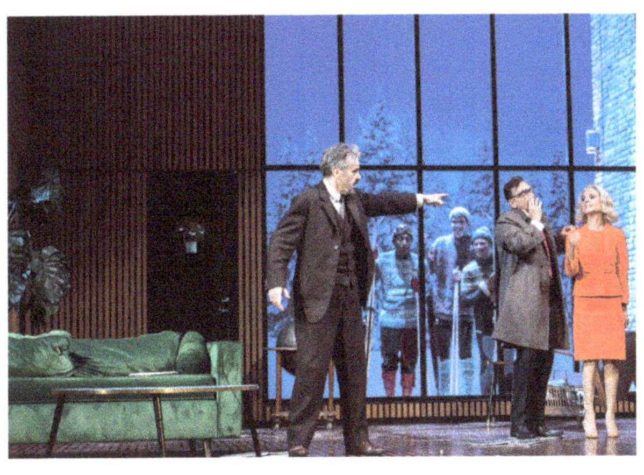

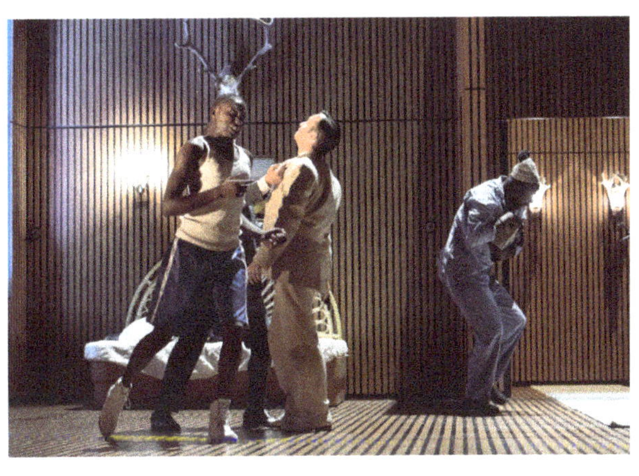

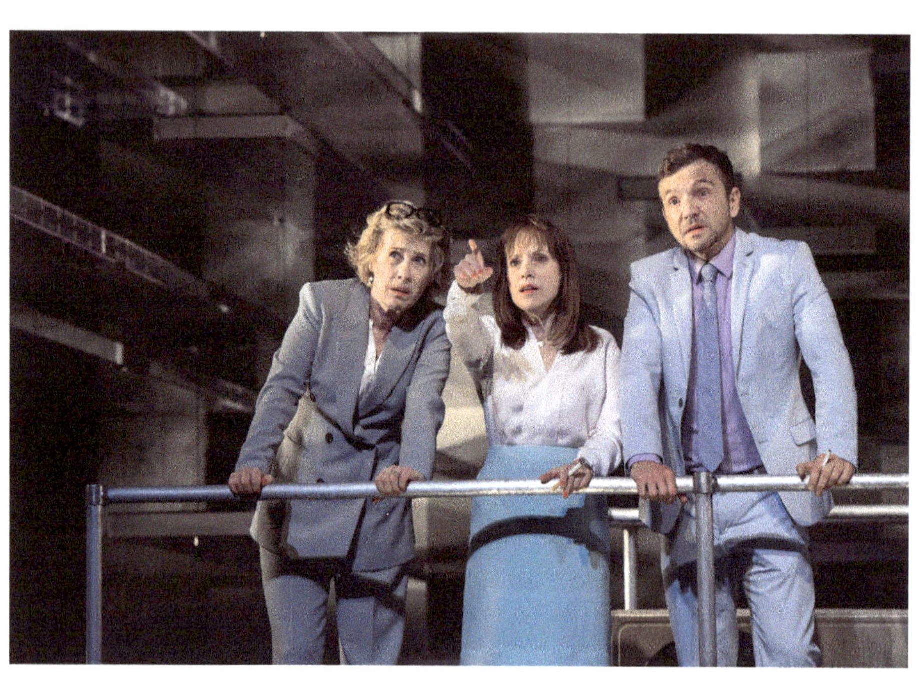

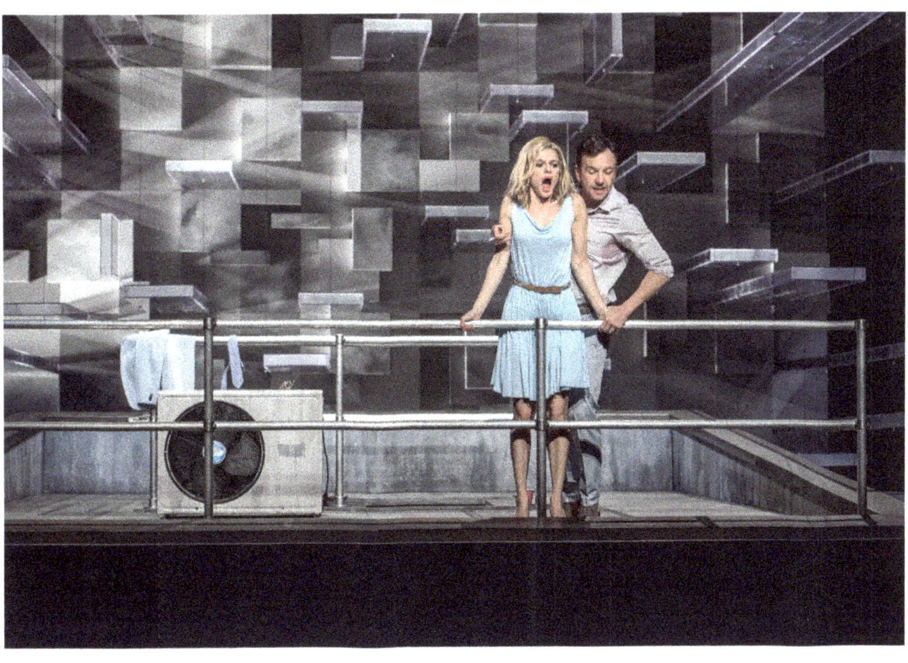

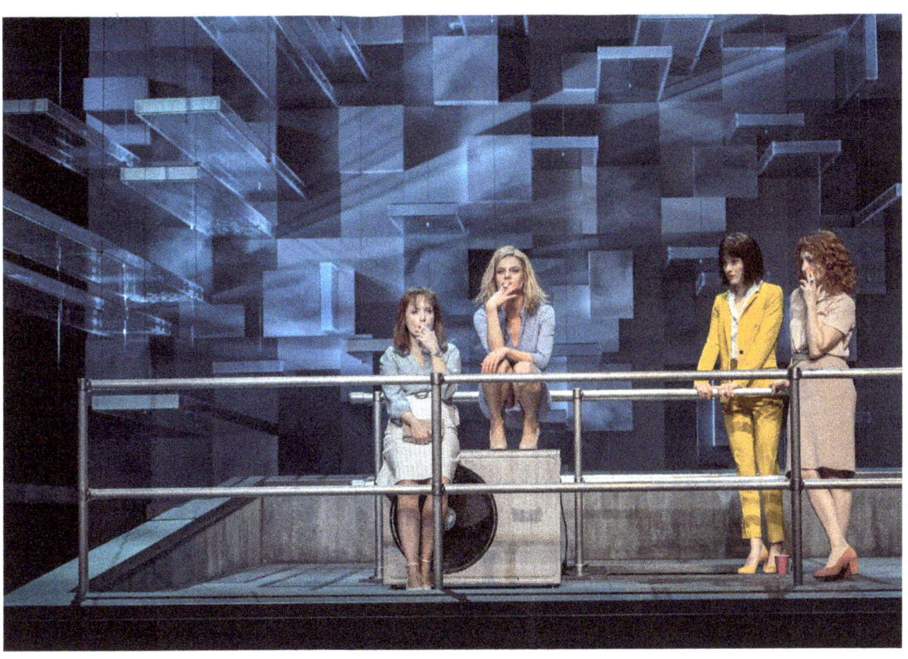

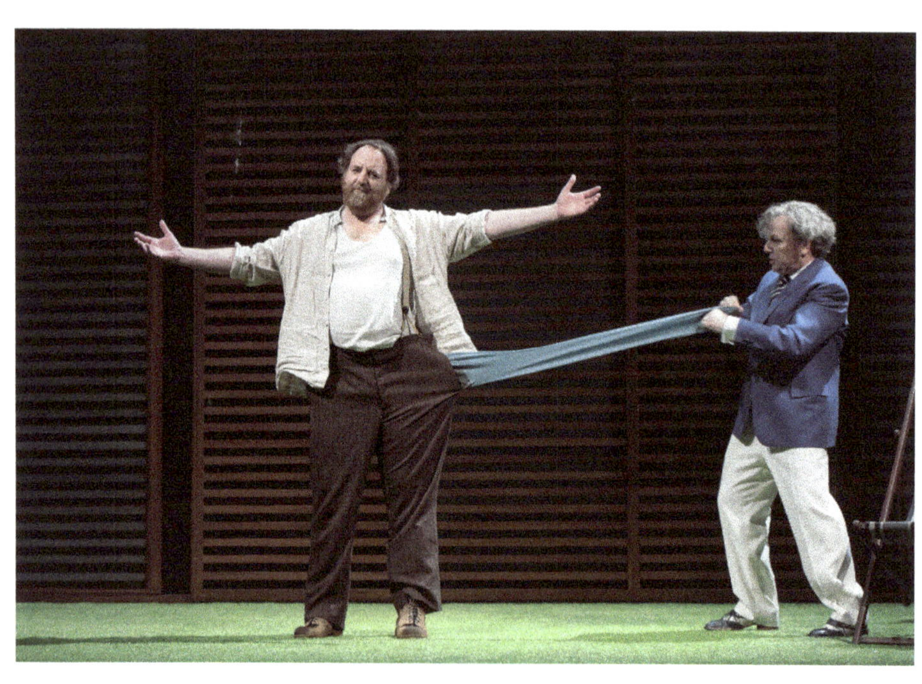

150

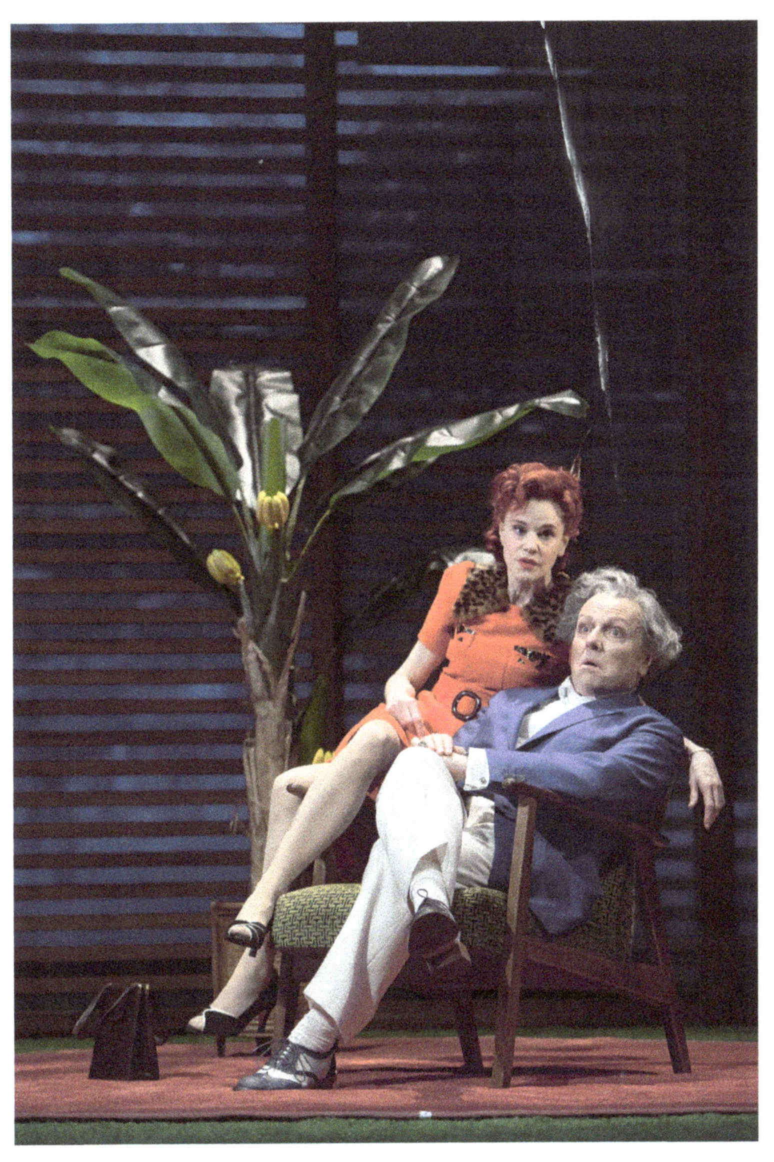

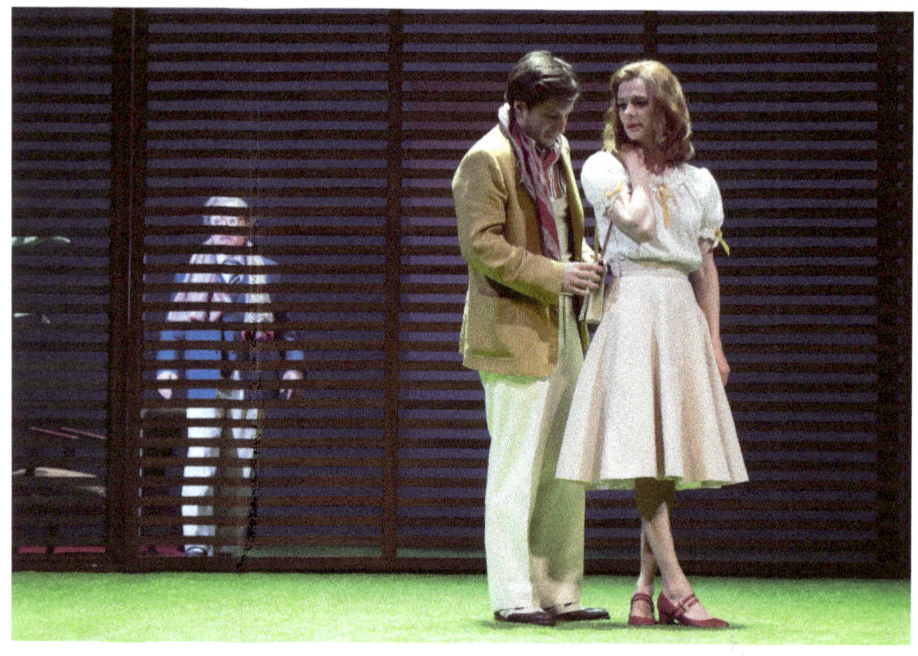

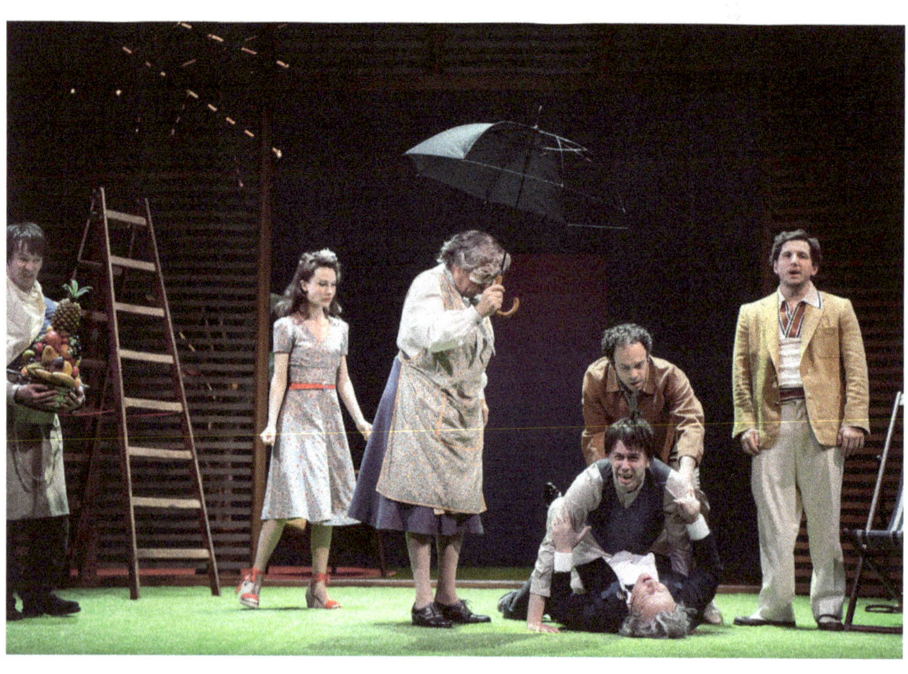

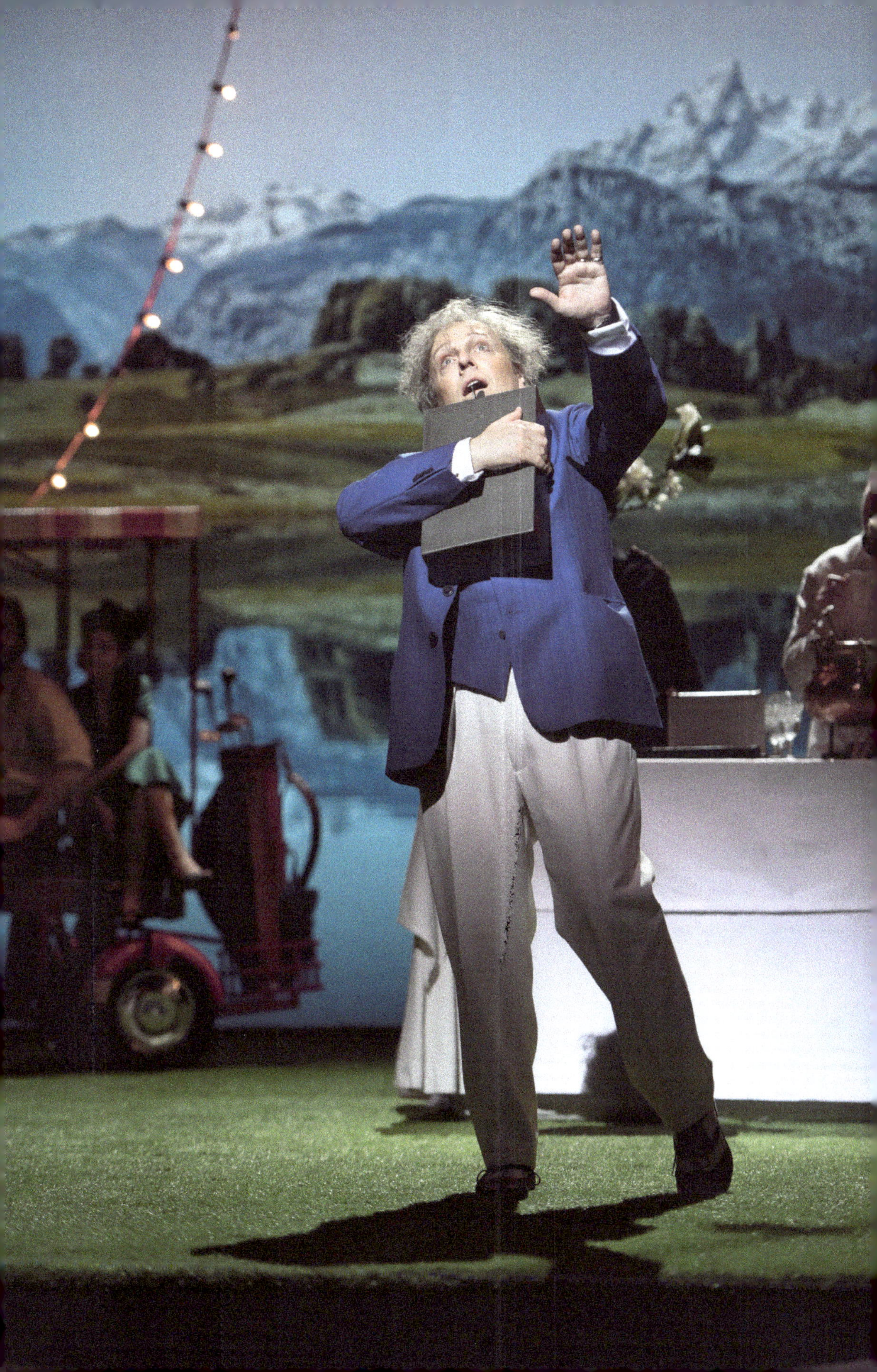

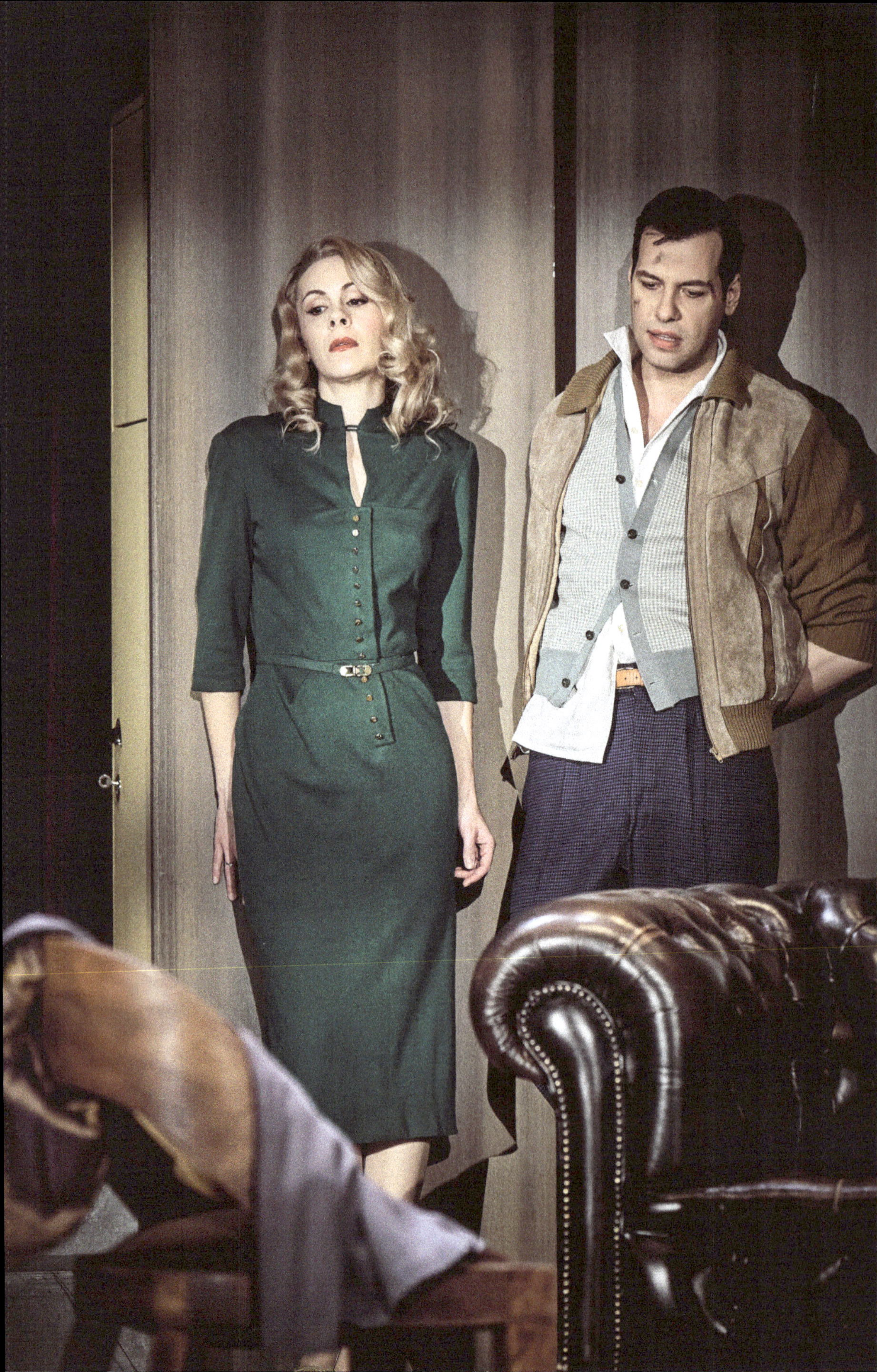

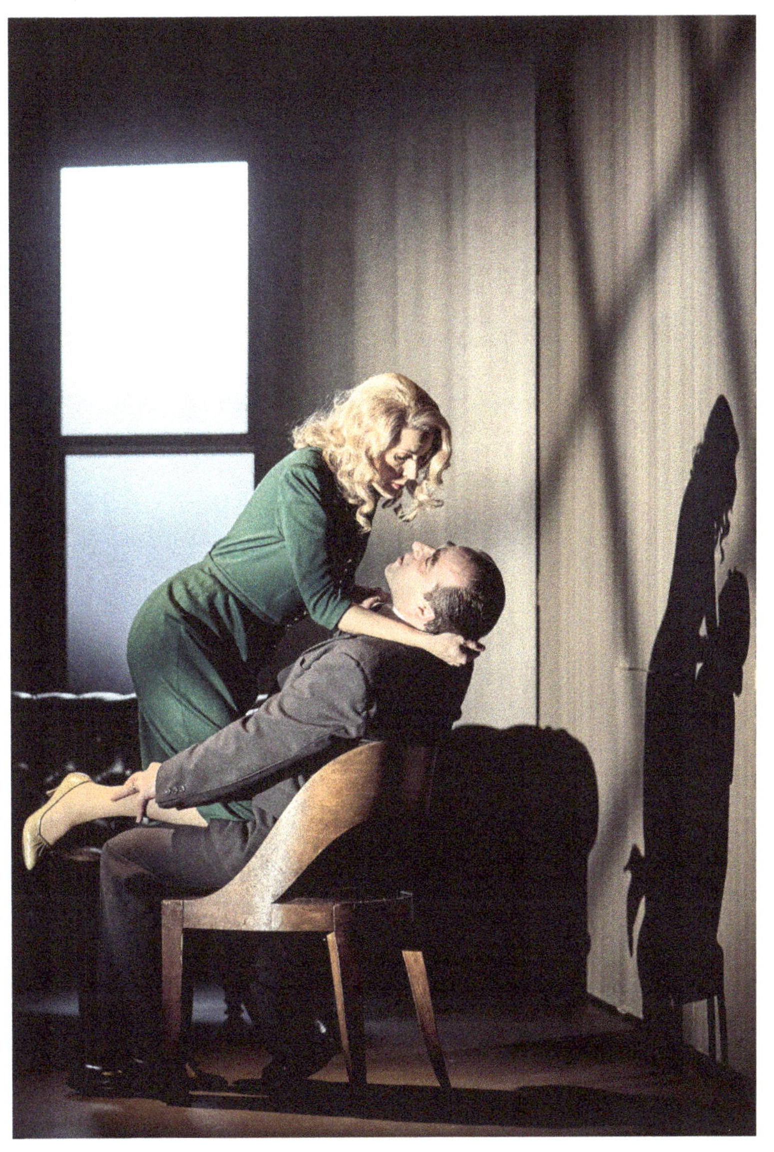

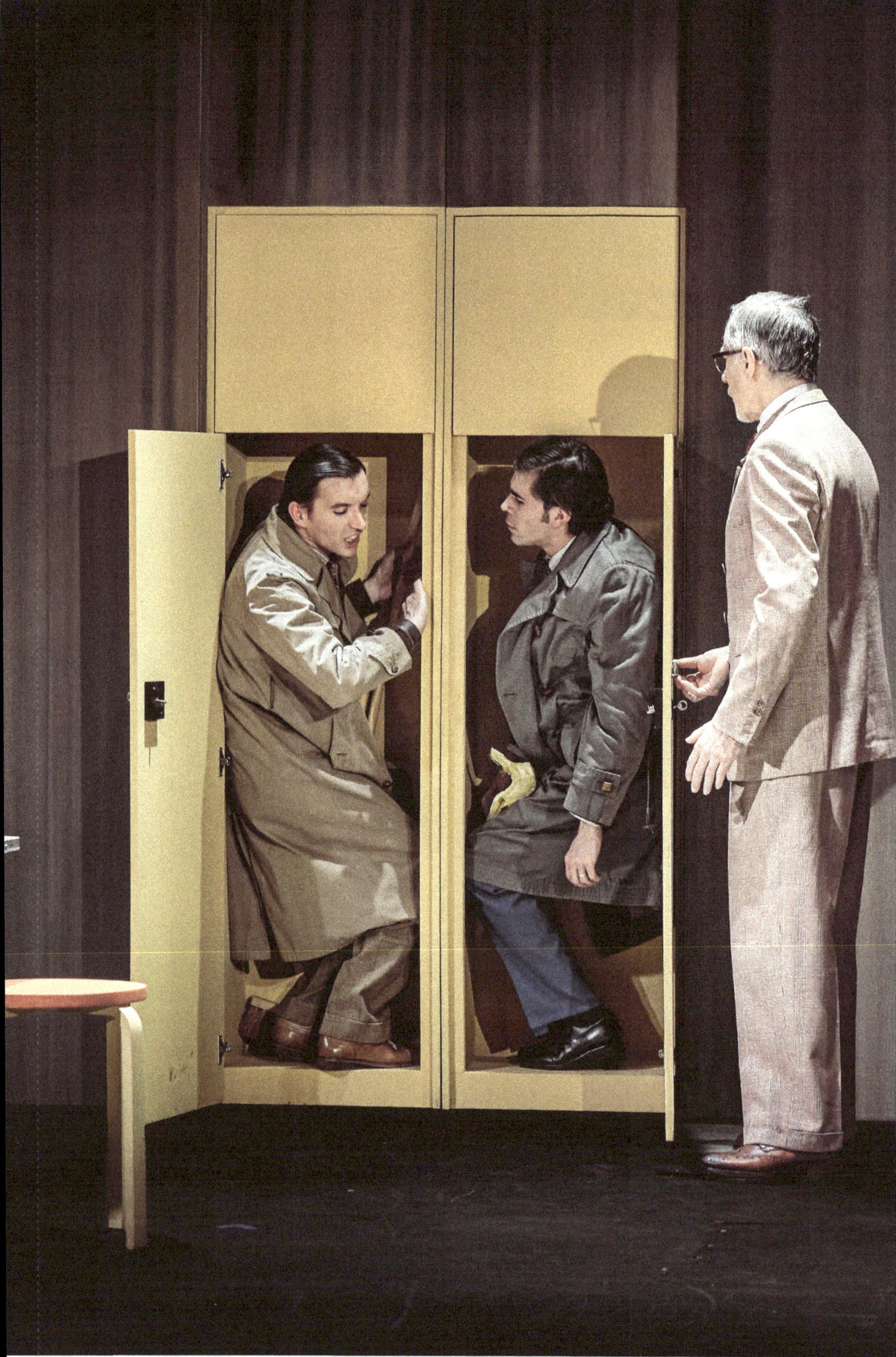

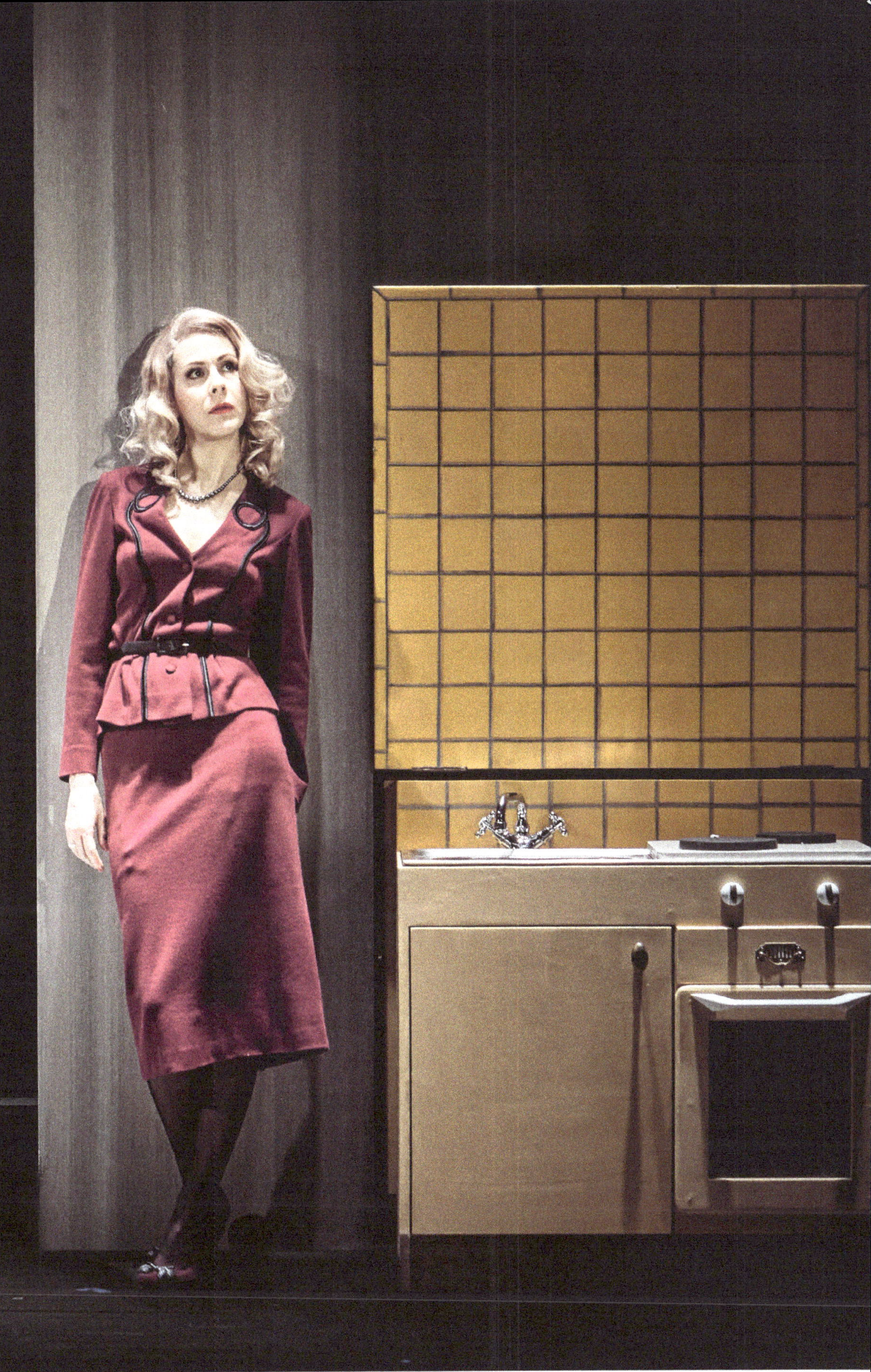

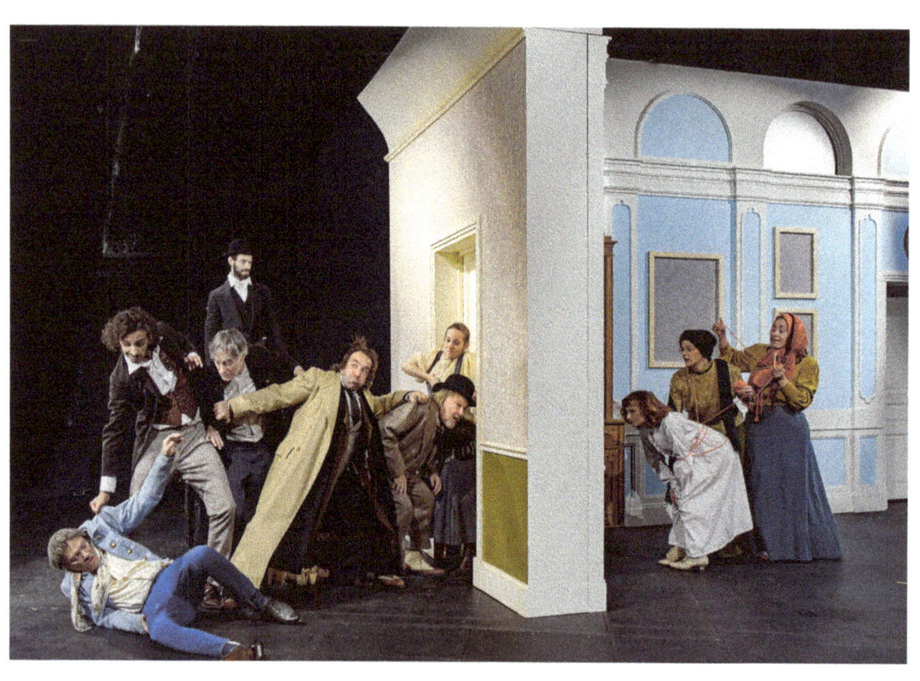

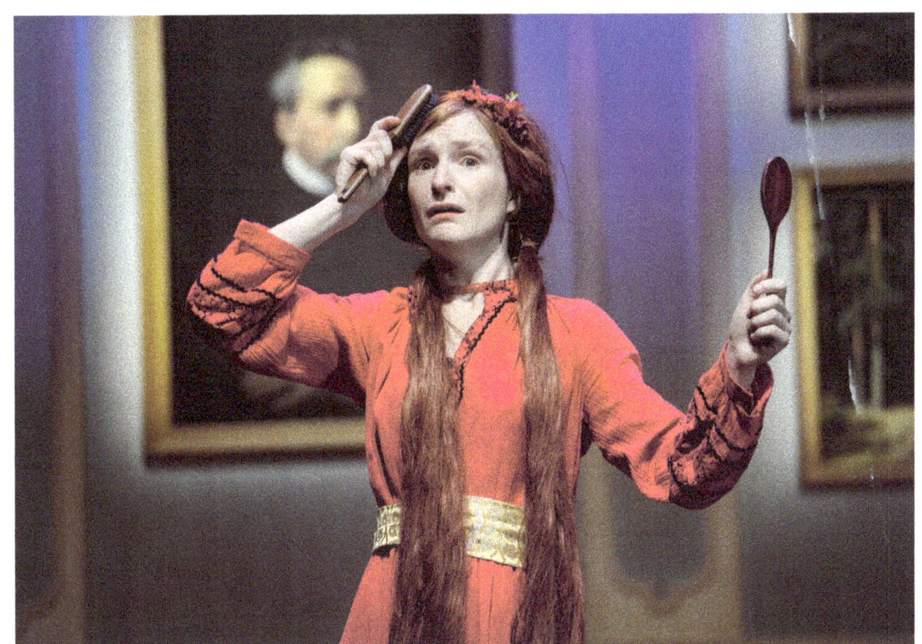

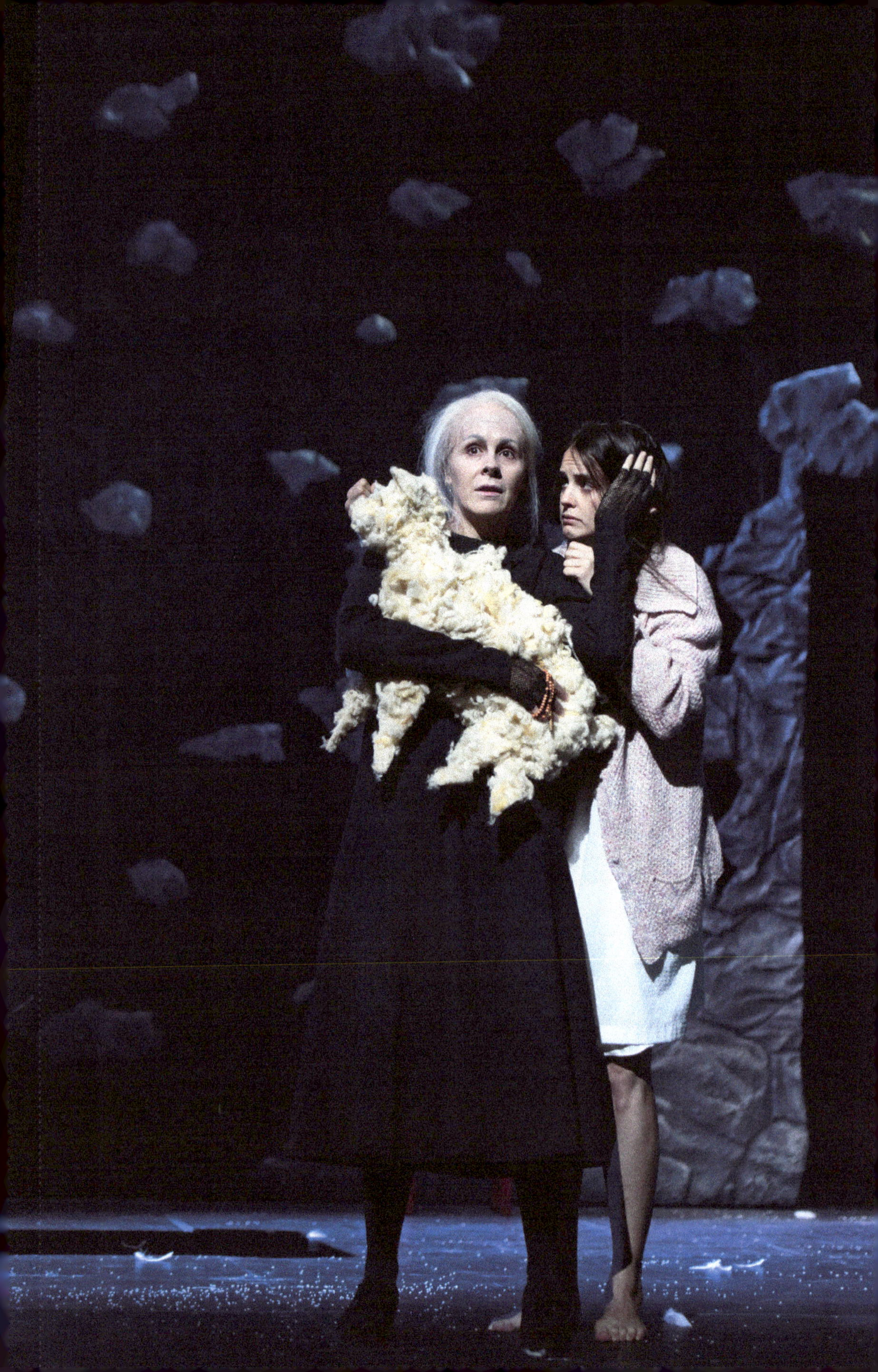

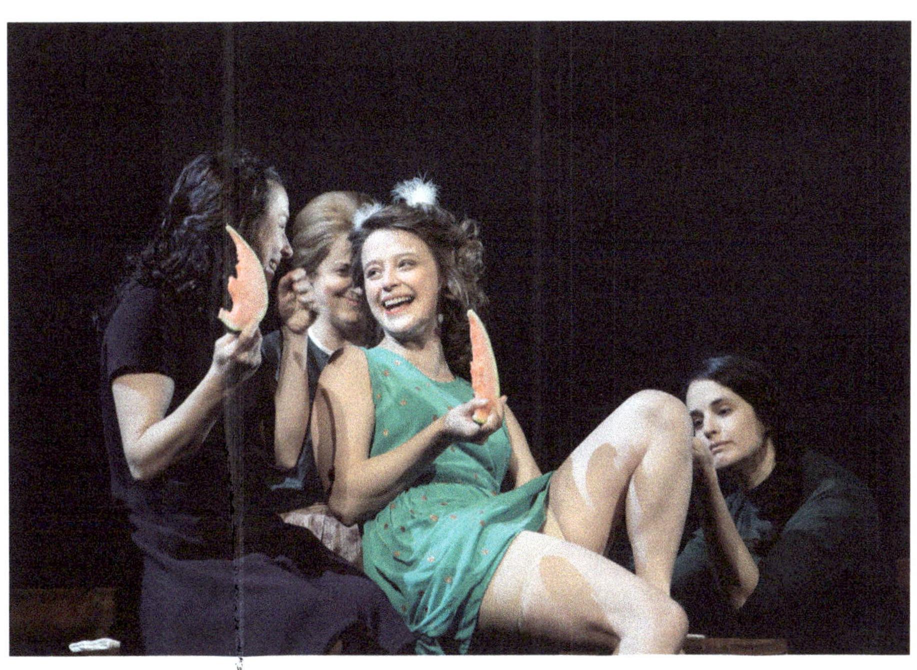

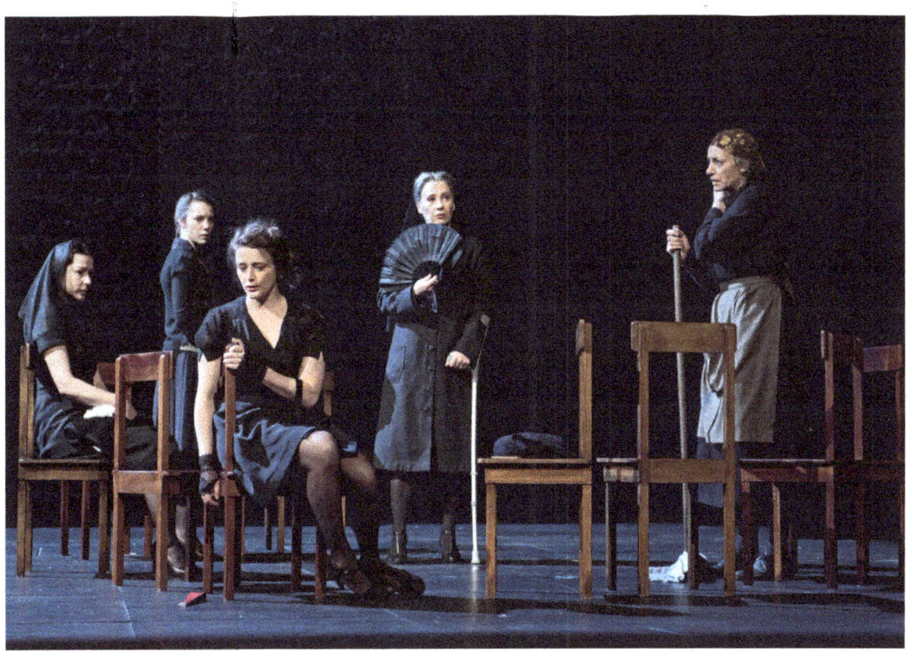

162

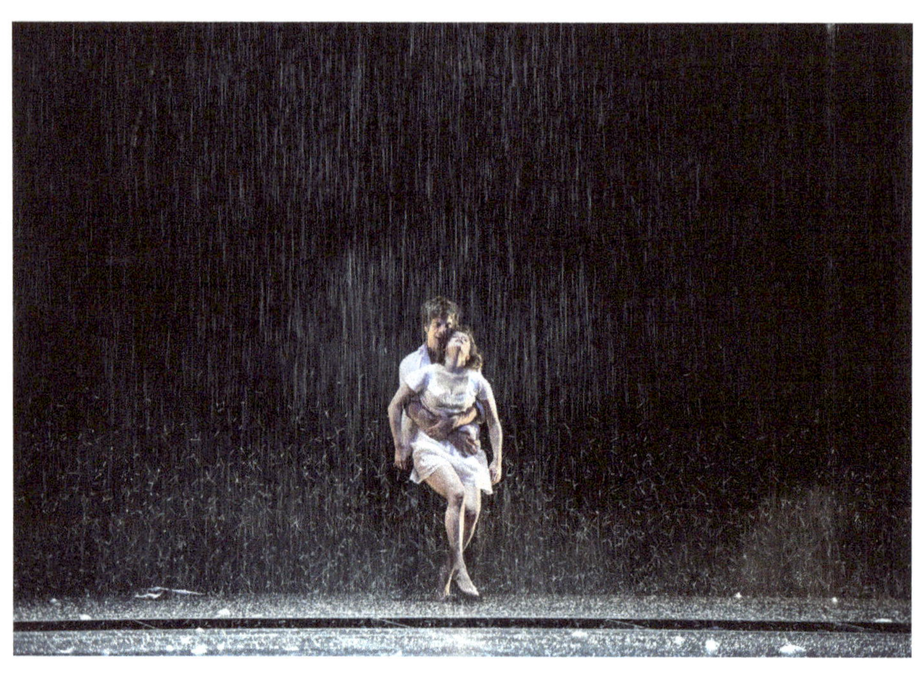

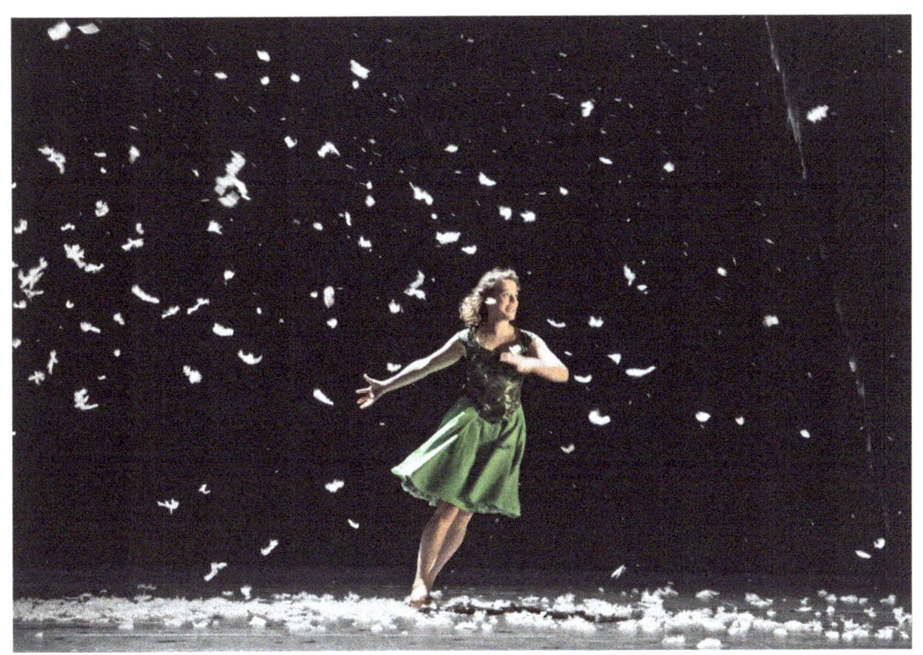

163

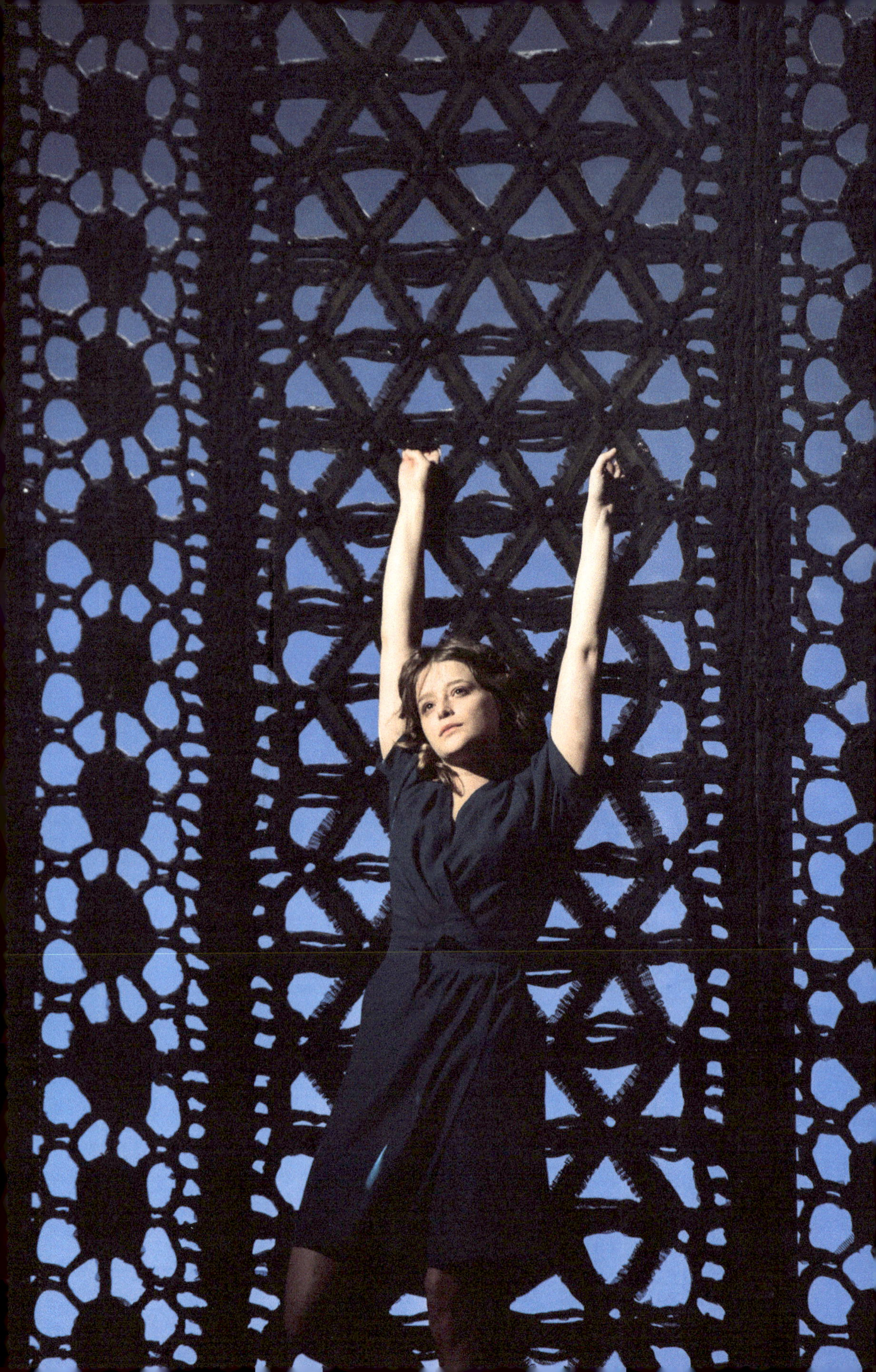

Laurent Muhleisen

Lilo Baur fait partie de la famille

Entretien avec Éric Ruf

F   À la Comédie-Française, Lilo Baur a quasiment un statut de «metteuse en scène maison». Cette maison, c'est la Maison de Molière, où la Suissesse a déjà collaboré à plusieurs reprises. En juillet 2024, Laurent Muhleisen, conseiller littéraire de la Comédie-Française, a demandé à Éric Ruf, acteur, metteur en scène et administrateur général de cette prestigieuse institution théâtrale parisienne, d'évoquer les circonstances dans lesquelles il a rencontré Lilo Baur, ainsi que les raisons du succès de sa longue collaboration. Selon Ruf, si d'une part, Lilo Baur est extrêmement precise et exigeante dans son travail, d'autre part, elle est douée d'un fort sens du comique et de l'absurde, tout comme d'une extraordinaire énergie communicative, qui enthousiasme tout le monde – et en premier lieu les comédiennes et comédiens.

Éric Ruf   Je l'ai rencontrée par ses spectacles, mais je n'ai jamais travaillé sous sa direction, sans doute parce que je suis davantage considéré comme un acteur tragique. Je me souviens très bien de sa mise en scène du *Mariage*[1] de Nikolaï Gogol, la première qu'elle ait signée à la Comédie-Française, à l'invitation de Muriel Mayette-Holtz, en 2010. J'ai trouvé ce spectacle extrêmement maîtrisé, notamment dans sa manière de créer une cohérence physique dans un registre stylistique dont les actrices et acteurs de ma maison étaient peu familiers[2]. Je trouve toujours remarquables les metteuses ou metteurs en scène qui parviennent à inscrire les actrices et les acteurs de la Comédie-Française – qui ne viennent pas des mêmes écoles et qui sont tous singuliers – dans une esthétique choisie.

Plus tard, lors des répétitions de *La Tête des autres*[3] de Marcel Aymé, deuxième mise en scène de Lilo dans nos murs, Florence Viala, sociétaire de la troupe, m'avait beaucoup parlé de son « système », qui consistait par exemple à tirer un numéro qui conférait à chaque actrice et acteur une « mission » – parfois secrète, que Lilo lui glissait à l'oreille – au cours d'une scène qu'il s'apprêtait à travailler ; Florence trouvait cette « méthode » à la fois passionnante et ludique, propre à inscrire les comédiennes et comédiens dans un certain rapport au jeu.

Lorsque je la croisais et que je discutais avec elle à la sortie des spectacles ou dans les murs du théâtre, l'artiste Lilo Baur m'intéressait. De surcroît, elle avait travaillé avec mon frère, Jean-Yves, et parfois, dans les familles, les choses se vivent par procuration : je sais qu'ils avaient énormément aimé travailler ensemble. Cela me la rendait d'autant plus sympathique.

À chaque fois que je rencontrais Lilo, je goûtais avec bonheur son énergie et sa bonne humeur, son aisance à communiquer avec les autres. J'ai pu constater ensuite que cette apparente souplesse ne l'empêchait pas d'avoir, dans son travail, des points d'exigence – parfois mystérieux – sur lesquels elle ne transige pas ; comme si son paysage intérieur n'avait pas tout à fait la même ordonnance que tout le monde.

1   Création le 24 novembre 2010, Théâtre du Vieux-Colombier, Comédie-Française, Paris.
      Plus d'informations et images : https://www.comedie-francaise.fr/fr/evenements/
      le-mariage10-11 (consulté le 26 septembre 2024).

2   « Cette aventure parfaitement invraisemblable en deux actes, selon l'expression de Gogol,
      conduit les prétendants à une sorte de démence verbale qui frôle l'absurde. Jeux de mots,
      propos grivois, mécanique désopilante, tels sont les ingrédients qui composent *Le Mariage*. »
      Citation tirée du site de la Comédie-Française (voir la note 1 ci-dessus).

3   Création le 3 mars 2013, Théâtre du Vieux-Colombier, Comédie-Française, Paris.
      Plus d'informations et images : https://www.comedie-francaise.fr/fr/evenements/
      la-tete-des-autres12-13 (consulté le 26 septembre 2024).

LM Lilo avait ensuite été programmée lors de la saison 2014–2015 – ta première saison en tant qu'administrateur, – avec *La Maison de Bernarda Alba*[4] de Federico García Lorca. On la retrouvait là dans un autre registre, plus sombre…

ER Et sur un spectacle tout aussi réussi, lui aussi empreint d'une belle cohérence stylistique. Dans son travail, Lilo emporte les gens avec une telle force ! Je ne la soupçonne pas d'être pointilliste, mais elle semble posséder cette énergie communicative qui, d'emblée, sait donner le *ton* d'une mise en scène, sans qu'elle ait besoin ensuite, au fil des répétitions, de le rappeler à chaque fois. Comme toute administratrice ou tout administrateur de la Comédie-Française, je suis toujours très curieux des retours de la troupe. Parfois, nous produisons des spectacles très beaux mais dont les processus de répétitions ont été difficiles, générant des phases d'incompréhension, procurant peu de bonheur aux actrices et acteurs. Bien sûr, ce ne sont jamais des retours complètement objectifs, et on s'efforce de les écouter d'une oreille relative. Avec Lilo, chaque annonce d'une prochaine mise en scène déclenche un mouvement général de joie non seulement au sein de la troupe, mais aussi de toutes les équipes.

À la Comédie-Française, Lilo a quasiment un statut de « metteuse en scène maison », si bien qu'au fil de son travail on a vu s'opérer ces passages de relais d'une génération à une autre qui sont propres au mode de fonctionnement de notre institution. J'en reviens à Florence Viala ; elle avait été de tous les Feydeau depuis son entrée dans la troupe et, je ne sais plus pour quelle raison, lorsque j'ai proposé à Lilo de monter *La Puce à l'oreille*[5], Florence avait eu un empêchement : cela a permis à Lilo de se tourner vers une nouvelle génération d'actrices, qui non seulement ont été conquises par le travail et la personne de Lilo, mais ont apporté à leurs rôles une dimension nouvelle. Lilo donne en apparence beaucoup de liberté à ses actrices et acteurs tout en étant extrêmement précise. Son travail repose beaucoup sur des improvisations, mais elle sait toujours saisir dans les propositions de ses comédiennes et comédiens les éléments qui vont parfaitement « coller » à sa vision d'une pièce. Elle travaille dans la joie et toujours, plus ou moins, avec la même équipe fidèle, très appréciée elle aussi dans la maison. Cette joie, elle

4 Création le 23 mai 2015, Salle Richelieu, Comédie-Française, Paris. Plus d'informations et images : https://www.comedie-francaise.fr/fr/evenements/la-maison-de-bernarda-alba14-15 (consulté le 27 septembre 2024). À propos de *La Maison de Bernarda Alba* et des autres mises en scène réalisées par Lilo Baur à la Comédie-Française après 2015, nous renvoyons aussi à l'entretien de Chantal Hurault avec l'actrice Anna Cervinka dans le présent ouvrage, pp.201–209.

5 Création le 21 septembre 2019, Salle Richelieu, Comédie-Française, Paris. Plus d'informations et images : https://www.comedie-francaise.fr/fr/evenements/la-puce-a-loreille-1920 (consulté le 27 septembre 2024).

Laurent Muhleisen

l'apporte aussi au public. La Comédie-Française est une sorte de grande famille, et elle en fait partie. Il y a un signe qui ne trompe pas : les membres de la troupe font toujours tout pour se rendre disponibles lorsqu'ils savent qu'elle vient travailler dans la maison.

> **LM**   Le spectacle précédant de Lilo, au Théâtre du Vieux-Colombier, était une pièce contemporaine, de l'auteur catalan Sergi Belbel : *Après la pluie*[6]. Presqu'une commande…

ER   Une autre des qualités de Lilo est de ne jamais vivre comme un « déclassement » le fait de passer de notre grande salle Richelieu à cette salle plus petite qu'est le Théâtre du Vieux-Colombier ; tout le monde ne goute pas ce changement de proportion avec le même bonheur. Mais cette « commande » était peut-être une erreur de ma part : j'ai l'impression que lorsque Lilo ne sent pas naître dès la lecture d'un texte une image ou un arc dramaturgique d'ensemble – même si son intuition est encore floue – elle trouve moins facilement la voie d'un processus créatif, et la fertilité de son travail s'en ressent. J'ai été d'autant plus heureux de la magnifique réussite qu'a été, ensuite, *La Puce à l'oreille*, où tout partait de l'idée d'un décor de montagne suisse – avec skieuses et skieurs en arrière-plan – d'un univers de gens riches qui s'ennuient.

> **LM**   D'autres qualités viennent s'ajouter à toutes celles que tu as déjà citées ?

ER   J'aime particulièrement le fait que, avec sa méthode de travail, elle arrive à faire jouer les actrices et acteurs français – et ce n'est jamais gagné d'avance tant notre réputation de « cérébraux » est parfois justifiée – avec *tout* leur corps. Avec Lilo, les actrices et les acteurs français deviennent de véritables athlètes, et cela – c'est important de le souligner – sans jamais se faire mal !

Ses spectacles créent, au sein d'une saison, des respirations salutaires. J'aime la justesse de ses intuitions et la manière dont elle exploite, sur un plateau, avec une grande précision rythmique, une grande exigence dans le rendu, les images qui traversent son esprit : je pense en particulier, dans *La Puce à l'oreille*, à cette musique de western qui se déclenche lorsqu'on ouvre un mini bar, produisant un effet comique complètement décalé. Ou encore à cette scène d'anthologie où une actrice écrit une lettre tout en parvenant à produire un jeu de jambes absolument insensé.

---

6   Création le 29 novembre 2017, Théâtre du Vieux-Colombier, Comédie-Française, Paris. Plus d'informations et images : https://www.comedie-francaise.fr/fr/evenements/apres-la-pluie17-18 (consulté le 27 septembre 2024).

Entretien avec Éric Ruf

F   J'aime aussi beaucoup sa disponibilité. Elle qui voyage dans le monde entier trouve toujours le moyen de revenir, ne serait-ce que quelques jours lors de la reprise d'un de ses spectacles. Et lorsqu'il s'agit de remplacer une actrice ou un acteur, elle a toujours un flair certain pour trouver dans la troupe la personne qui saura y entrer par la bonne porte.

J'admire son talent de pédagogue ; en « bonne camarade », elle ne rechigne jamais à venir transmettre son savoir, à nos académiciennes et académiciens, par exemple. C'est infiniment précieux.

Mais la plus grande qualité que je lui trouve est son enthousiasme. Un enthousiasme qui s'accompagne d'une grande profondeur. Il me semble parfois qu'elle a *décidé* de prendre la vie du côté de la joie et que, ce faisant, elle a su placer son amour propre au bon endroit, laissant de côté toute sorte d'« énergies négatives ». Lilo aime les gens, sait le montrer, et leur est fidèle. Elle est un « esprit international », avec un grand supplément d'âme. Cela se lit sur son visage, d'une grande beauté. J'aimerais beaucoup la voir jouer un jour !

LM   As-tu un souvenir marquant avec elle, que tu aimerais évoquer ?

170   ER   J'avais envie de lui proposer de monter un Molière, pour les 400 ans de la naissance de notre « patron », lors de la saison 2021/2022. Les grandes pièces l'intimidaient, je crois, et lorsque je lui ai parlé de *L'Avare*, sa première réaction a été de dire qu'elle avait tellement aimé la mise en scène de Catherine Hiegel avec Denis Podalydès qu'elle n'osait même pas songer à s'y attaquer. Je lui ai suggéré de relire la pièce, en sachant que, si elle m'en parlait ensuite en évoquant ses fameuses images ou intuitions, c'était gagné ! Or, non seulement ces images et ces intuitions ont surgi, mais elle m'a raconté à quel point la simple lecture du texte l'avait fait rire ! Force et vitalité de Molière, qui sait parler à tout le monde ! Cela a donné ce décor de bord du lac Léman, avec sa pelouse en légère déclivité, coupé aux ciseaux de couture (ce besoin de « retour en Suisse » fonctionne-t-il pour elle comme une madeleine de Proust ?), et ce petit tumulus de terre cachant un trésor, car on ne fait même plus confiance aux coffres-forts de l'UBS. D'emblée, le fait qu'Harpagon ait caché sa cassette sous son transat a déclenché toute une succession d'images et de situations qui ont fini par ordonner magistralement sa mise en scène[7] en privilégiant ce comique de l'absurde – qui va bien à Molière – et que Lilo affectionne tant.

7   Spectacle créé le 1er avril 2022, Salle Richelieu, Comédie-Française, Paris (avec une reprise durant la saison 2024/2025). Plus d'informations et images : https://www.comedie-francaise.fr/fr/evenements/lavare2122 (consulté le 27 septembre 2024). Cette mise en scène est aussi au centre de l'entretien mené par Anne Fournier avec Laurent Stocker (interprète d'Harpagon), publié dans le présent ouvrage, pp.193–199.

Laurent Muhleisen

Laurent Muhleisen

Lilo Baur gehört zur Familie

Gespräch mit Éric Ruf

In der Comédie-Française hat Lilo Baur gewissermassen
den Status einer Hausregisseurin inne: Die Schweizerin
arbeitet regelmässig an «Molières Theater». Im Juli 2024
hat Laurent Muhleisen, Dramaturg an der Comédie-Française,
deren Intendanten Éric Ruf um Auskunft gebeten, wie
er Lilo Baur kennengelernt hat und was die Gründe für ihre
lange, erfolgreiche Zusammenarbeit sind. Ruf, selbst
Schauspieler und Regisseur, hebt einerseits hervor, wie
präzis und anspruchsvoll Lilo Baur arbeitet, und betont
anderseits ihren Sinn für Komik und für das Absurde, aber
auch ihre aussergewöhnliche kommunikative Energie, die
alle begeistert – in erster Linie die Schauspieler:innen.

173

Gespräch mit Éric Ruf

Laurent Muhleisen In welchem Zusammenhang hast du Lilo Baur kennengelernt?

Éric Ruf Ich habe sie durch ihre Theaterarbeit kennengelernt. Allerdings habe ich nie unter ihrer Regie gespielt, zweifellos weil ich eher als ernster Charakterdarsteller gelte. Ich erinnere mich sehr gut an ihre Inszenierung von Nikolai Gogols *Le Mariage* [*Die Heirat*][1] im Jahr 2010, ihre erste Arbeit an der Comédie-Française, auf Einladung der damaligen Intendantin Muriel Mayette-Holtz. Ich fand diese Aufführung meisterhaft, insbesondere in der Art, wie Lilo die Schauspieler:innen dazu gebracht hat, in einem für sie ungewohnten Fach[2] eine einheitliche Spielweise zu finden. Ich finde es immer bemerkenswert, wenn es einer Regisseurin oder einem Regisseur gelingt, die Schauspieler:innen meines Hauses – die an unterschiedlichen Schulen ausgebildet wurden und alle einzigartig sind – unter einer ästhetischen Handschrift zu vereinen.

Später hat mir die Schauspielerin Florence Viala viel von Lilo Baurs «System» erzählt. Das war während der Proben zu Marcel Aymés Stück *La Tête des autres* [*Der Kopf der andern*][3], Lilo Baurs zweiter Arbeit an der Comédie-Française. Dieses «System» bestand zum Beispiel darin, dass sie für die Proben jeder Schauspielerin und jedem Schauspieler per Los eine «Mission» zuwies – manchmal eine geheime, die sie ihnen ins Ohr flüsterte. Florence fand diese «Methode» spannend und unterhaltsam, ein guter Weg, um im Ensemble eine Beziehung zum Spiel aufzubauen.

Ich fand Lilo Baur interessant, wenn ich sie im Haus antraf oder nach den Vorstellungen mit ihr diskutierte. Überdies hatte sie mit meinem Bruder Jean-Yves gearbeitet – manchmal erlebt man in einer Familie die Dinge stellvertretend: Ich weiss, dass die beiden ausgesprochen gerne miteinander gearbeitet haben; das machte sie mir noch sympathischer.

1   Premiere am 24. November 2010, Théâtre du Vieux-Colombier, Comédie-Française, Paris. Mehr Informationen und Bilder: https://www.comedie-francaise.fr/fr/evenements/le-mariage10-11 (abgerufen am 26. September 2024).

2   «Dieses völlig unwahrscheinliche Abenteuer in zwei Akten, wie Gogol es nennt, führt die Bewerber zu einer Art verbalem Wahnsinn, der ans Absurde grenzt. Wortspiele, Anzüglichkeiten und eine urkomische Mechanik sind die Zutaten, aus denen sich *Die Heirat* zusammensetzt.» Zitat von der Website der Comédie-Française (vgl. Fussnote 1; übersetzt durch Andreas Klaeui).

3   Premiere am 3. März 2013, Théâtre du Vieux-Colombier, Comédie-Française. Paris. Mehr Informationen und Bilder: https://www.comedie-francaise.fr/fr/evenements/la-tete-des-autres12-13 (abgerufen am 26. September 2024).

Laurent Muhleisen

Jedes Mal, wenn ich Lilo traf, genoss ich ihre Energie, ihre gute Laune und D
ihre Gabe, mit anderen zu kommunizieren. Später stellte ich fest, dass diese
vordergründige Geschmeidigkeit sie nicht daran hinderte, in ihrer Arbeit
Anforderungen zu stellen – manchmal mysteriöser Natur –, die nicht ver-
handelbar sind. Sie folgt ihrer eigenen inneren Logik.

LM   In deiner ersten Saison als Intendant, 2014/15, inszenierte
Lilo *La Maison de Bernarda Alba* [*Bernarda Albas Haus*][4] von Federico García Lorca. Das ist ein anderes Register, düsterer…

ER   Und ebenfalls eine gelungene Inszenierung von schöner stilistischer
Einheitlichkeit. Lilo kann einen mit ihrer Arbeit so mitreissen! Ich habe sie
nicht im Verdacht, dass sie die Details über das Ganze stellt, aber sie kann
bei einer Inszenierung von Anfang an den *Ton* setzen, mit so ansteckender
Energie, dass sie im Verlauf der Proben gar nicht mehr notwendigerweise
darauf zurückkommen muss. Wie jede Intendantin und jeder Intendant an
der Comédie-Française bin ich immer sehr gespannt auf das Feedback des
Ensembles. Manchmal bringen wir Produktionen auf die Bühne, die zwar
schön sind, aber der Probenprozess war schwierig, man versteht sich nicht,
das Ensemble wird nicht glücklich. Natürlich sind diese Rückmeldungen nie
ganz objektiv, und ich relativiere beim Zuhören. Bei Lilo löst es im Haus
jedes Mal grosse Freude aus, wenn ich eine neue Arbeit mit ihr ankündige, 175
und zwar nicht nur im Ensemble, sondern in allen Abteilungen.

In der Comédie-Française ist Lilo quasi «Hausregisseurin», und das schon so
lange, dass es zu den künstlerischen Stabübergaben von einer Generation an
die nächste gekommen ist, die für unser Haus typisch sind. Um nochmal auf
Florence Viala zurückzukommen: Sie war seit ihrem Eintritt ins Ensemble in
allen Feydeau-Inszenierungen dabei. Als ich Lilo vorschlug, *La Puce à l'oreille*
[*Der Floh im Ohr*][5] zu inszenieren, war Florence aus irgendeinem Grund ver-
hindert – das hat es Lilo erlaubt, sich einer neuen Generation von Schauspielerinnen zuzuwenden, die sie nicht nur mit ihrer Arbeit und ihrer Person
begeistert hat, sondern die ihren Rollen auch eine neue Dimension gaben.

4   Premiere am 23. Mai 2015, Salle Richelieu, Comédie-Française, Paris. Mehr Informationen
      und Bilder: https://www.comedie-francaise.fr/fr/evenements/la-maison-de-bernarda-
      alba14-15 (abgerufen am 27. September 2024). Zu *La Maison de Bernarda Alba* und weiteren
      Inszenierungen von Lilo Baur in der Comédie-Française ab 2015 verweisen wir auch auf das
      Interview von Chantal Hurault mit der Schauspielerin Anna Cervinka im vorliegenden
      MIMOS-Band, S. 201–209.

5   Premiere am 21. September 2019, Salle Richelieu, Comédie-Française, Paris. Mehr
      Informationen und Bilder: https://www.comedie-francaise.fr/fr/evenements/la-puce-a-
      loreille-1920 (abgerufen am 27. September 2024).

D   Lilo lässt ihren Spieler:innen viel Freiheit und ist dabei zugleich extrem genau. Ihre Arbeit beruht zu grossen Teilen auf Improvisation, aber sie versteht es immer, von den Vorschlägen der Schauspieler:innen jene herauszupicken, die perfekt zu ihrer Idee von einem Stück passen. Sie arbeitet freudvoll und immer mit mehr oder weniger demselben treuen Team, das im Haus ebenfalls sehr geschätzt ist. Diese Freude bringt sie auch dem Publikum. Die Comédie-Française ist so etwas wie eine grosse Familie, sie gehört dazu. Dafür gibt es ein untrügliches Zeichen: Die Ensemble-Mitglieder schauen immer, dass sie verfügbar sind, wenn sie wissen, dass Lilo für eine neue Inszenierung ins Haus kommt.

        LM   Vor Feydeau inszenierte Lilo in den Kammerspielen der Comédie-Française, dem Théâtre du Vieux-Colombier, ein zeitgenössisches Stück des Katalanen Sergi Belbel, *Après la pluie* [*Nach dem Regen*][6]. Fast eine Auftragsarbeit…

ER   Eine weitere von Lilos Qualitäten ist, dass sie es nie als «Herabstufung» empfindet, im kleineren Haus zu arbeiten – das ist nicht bei allen so! Aber diese «Auftragsarbeit» war wohl ein Irrtum von meiner Seite. Ich habe den Eindruck, dass Lilo weniger leicht in einen kreativen Prozess findet, wenn sie nicht schon beim Lesen eines Stücks Bilder vor ihrem inneren Auge sieht oder einen dramaturgischen Bogen erkennt, auch wenn ihre Vorstellungen noch verschwommen sind. Ihre Arbeit ist dann weniger fruchtbar. Umso glücklicher war ich anschliessend über den grossartigen Erfolg von *La Puce à l'oreille,* wo alles von der Bühnenbild-Idee einer Schweizer Wintersport-Landschaft ausgeht, mit Skifahrer:innen im Hintergrund, eine Welt von reichen Leuten, die sich langweilen.

        LM   Kommen dir noch weitere Qualitäten in den Sinn neben denen, die du schon genannt hast?

ER   Ganz besonders gefällt mir, dass sie mit ihrer Arbeitsmethode die französischen Schauspielerinnen und Schauspieler dazu bringt, mit dem *ganzen* Körper zu spielen – das ist nicht selbstverständlich, gelten wir doch mit einer gewissen Berechtigung als «verkopft». Mit Lilo entwickeln sich die

---

176

6   Premiere am 29. November 2017, Théâtre du Vieux-Colombier, Comédie-Française, Paris. Mehr Informationen: https://www.comedie-francaise.fr/fr/evenements/apres-la-pluie17-18 (abgerufen am 27. September 2024).

Laurent Muhleisen

Darsteller:innen zu regelrechten Athlet:innen, und das – es ist wichtig, das zu unterstreichen – ohne sich dabei Schmerzen zuzufügen! Ihre Arbeiten schaffen im Zuge einer Spielzeit heilsamen Raum zum Verschnaufen.

Ich mag die Genauigkeit ihrer Intuition und die Art und Weise, wie sie die Bilder, die ihr in den Sinn kommen, auf der Bühne rhythmisch präzise und szenisch anspruchsvoll umsetzt. Ich denke dabei insbesondere an *La Puce à l'oreille* mit dieser Western-Musik, die zu spielen anfängt, wenn man eine Minibar öffnet, was einen völlig schrägen komischen Effekt bewirkt. Oder das Kabinettstückchen, wenn eine Schauspielerin einen Brief schreibt und es dabei schafft, absolut unsinnige Beinbewegungen zu produzieren.

Auch ihre Verfügbarkeit mag ich sehr. Sie reist um die ganze Welt und findet trotzdem immer Mittel und Wege herzukommen, sei es auch nur für die Wiederaufnahme einer Inszenierung. Und wenn es darum geht, eine Schauspielerin oder einen Schauspieler zu ersetzen, hat sie immer ein sicheres Gespür für die Person aus dem Ensemble, die am besten passt.

Ich bewundere ihr pädagogisches Talent; als «guter Kumpel» zögert sie nie, ihr Wissen weiterzugeben, zum Beispiel an die Berufsanfänger:innen in unserer Académie. Das ist unendlich wertvoll.

Aber die wichtigste Qualität, die ich an ihr finde, ist ihr Enthusiasmus. Eine Begeisterungsfähigkeit, die mit grosser Tiefgründigkeit einhergeht. Manchmal habe ich das Gefühl, sie habe *beschlossen,* das Leben von der freudvollen Seite zu nehmen, und mithin der Selbstliebe den ihr gemässen Platz einzuräumen und alle «negative Energie» beiseitezuschieben. Lilo liebt die Menschen, sie vermag es ihnen zu zeigen und ist loyal. Sie hat einen weltoffenen Geist und eine grosse Seele. Das spiegelt sich in ihrem Gesicht von grosser Schönheit. Ich würde sie sehr gerne einmal spielen sehen!

    LM   Gibt es eine prägende Erinnerung, die du mit uns teilen möchtest?

ER   2022 feierten wir das 400-Jahr-Jubiläum von Molière, unserem «Patron» an der Comédie-Française. Da wollte ich Lilo eine Arbeit anbieten. Ich glaube, die grossen Stücke schüchterten sie ein, und als ich von *L'Avare* [*Der Geizige*] zu reden anfing, war ihre erste Reaktion, dass sie mir sagte, wie sehr sie Catherine Hiegels vorausgegangene Inszenierung mit Denis Podalydès in der Titelrolle liebte und dass sie es nicht im Traum wagen würde, das anzugehen. Ich habe ihr dann vorgeschlagen, das Stück nochmals zu lesen – ich wusste, wenn sie danach über ihre berühmten Bilder

D und Vorstellungen reden würde, wäre die Sache gewonnen. Und nicht nur, dass die Bilder und Ideen auftauchten, sie hat mir auch erzählt, wie sehr sie nur schon beim Lesen lachen musste! Die Kraft und die Vitalität von Molière spricht zu allen! Daraus wurde das Bühnenbild am Genfersee mit seinem leicht abschüssigen Rasen, der mit der Nagelschere geschnitten ist (vielleicht hat dieses Bedürfnis nach «Heimkehr» in die Schweiz auf sie die gleiche Wirkung wie die Madeleine bei Proust?), und dem kleinen Erdhaufen, der einen Schatz verbirgt, weil man nicht mal mehr den Safes der UBS vertraut. Dass Harpagon seine Kassette unter einem Liegestuhl versteckt, löst von Beginn weg eine ganze Reihe von Bildern und Situationen aus. Sie fügen sich am Ende meisterhaft in eine Inszenierung[7], die die absurde Komik herausstreicht – die so gut zu Molière passt und die Lilo so sehr liebt.

178

---

7 Lilo Baurs Inszenierung von Molières *L'Avare* [*Der Geizige*] kam am 1. April 2022 zur Premiere, Salle Richelieu, Comédie-Française, Paris (mit Wiederaufnahme in der Saison 2024/2025). Weitere Informationen und Bilder: https://www.comedie-francaise.fr/fr/evenements/lavare2122 (abgerufen am 7. September 2024). Siehe dazu auch Anne Fourniers Gespräch mit Laurent Stocker (der Harpagon verkörpert) in diesem *MIMOS*-Band, S. 193–199.

Laurent Muhleisen

Laurent Muhleisen

Lilo Baur fa parte della famiglia

Intervista a Éric Ruf

I Lilo Baur è praticamente una «di casa» alla Comédie-Française, la «casa di Molière», dove la regista svizzera ha portato in scena numerosi spettacoli. Nel luglio del 2024, Laurent Muhleisen, consulente drammaturgico e letterario di questa prestigiosa istituzione teatrale parigina, ha domandato all'amministratore generale Éric Ruf – che è a sua volta attore e regista – di raccontare in che modo ha conosciuto Lilo Baur e come si spiega il successo della loro lunga collaborazione. Secondo Ruf, da un lato, Lilo Baur è estremamente precisa ed esigente nel proprio lavoro e, d'altro canto, ha uno spiccato senso della comicità e dell'assurdo. È inoltre dotata di una straordinaria energia comunicativa che entusiasma tutti, in primo luogo le attrici e gli attori.

Laurent Muhleisen

Laurent Muhleisen   In che contesto hai incontrato Lilo Baur per la prima volta?

Éric Ruf   L'ho incontrata grazie alle sue produzioni, anche se non ho mai lavorato sotto la sua regia, senza dubbio perché sono considerato soprattutto un attore tragico. Ricordo ancora molto bene la sua prima messinscena alla Comédie-Française, nel 2010, su invito di Muriel Mayette-Holtz. Si trattava di *Le Mariage* [*Il Matrimonio*][1] di Nikolaj Gogol'. Uno spettacolo magistrale, a mio avviso, in particolare per il modo in cui Lilo ha saputo creare coerenza nel cast di attrici e attori, in un registro stilistico al quale non erano abituati[2]. Ammiro le registe e i registi che riescono nell'intento di portare i membri della Comédie-Française – che non provengono dalle stesse scuole e hanno una forte individualità – a condividere un'estetica comune.

Qualche tempo dopo, durante le prove per *La Tête des autres* [*La testa degli altri*][3] di Marcel Aymé, la seconda messinscena di Lilo nel nostro teatro, Florence Viala mi aveva molto parlato del suo «sistema» che consisteva, ad esempio, nell'estrarre a sorte dei numeri con cui affidava a ogni attrice e attore una «missione» – a volte segreta, che Lilo sussurrava loro all'orecchio – per una determinata scena alla quale stavano lavorando; Florence trovava questo «metodo» al contempo appassionante e ludico, perfettamente adatto a familiarizzare gli interpreti con un determinato tipo di recitazione.

Ogni volta che ci incontravamo e scambiavamo qualche parola dopo uno spettacolo o fra le mura del teatro, l'artista Lilo Baur m'intrigava. Per giunta aveva collaborato con mio fratello, Jean-Yves, e a volte, all'interno delle famiglie, si vivono alcune cose per procura: so che si erano divertiti moltissimo, e ciò la rendeva ancora più simpatica ai miei occhi.

A ogni incontro ero affascinato dalla sua energia e dal suo buonumore, dalla sua facilità a comunicare con gli altri. In seguito, ho constatato che questa apparente scioltezza non le impedisce di avere, nel suo lavoro, delle pretese ben precise – talvolta misteriose – sulle quali non transige; come se il suo paesaggio interiore seguisse regole diverse rispetto agli altri.

---

[1]   Debutto il 24 novembre 2010, Théâtre du Vieux-Colombier, Comédie-Française, Parigi. Ulteriori informazioni e immagini: https://www.comedie-francaise.fr/fr/evenements/le-mariage10-11 (consultato il 26 settembre 2024).

[2]   «Questo avvenimento assolutamente inverosimile in due atti, come lo ha definito Gogol' stesso, conduce i pretendenti a una sorta di demenza verbale che sfiora l'assurdo. Giochi di parole, linguaggio scurrile e una meccanica esilarante sono gli ingredienti che compongono *Le Mariage*.» Citazione, tradotta da Paola Gilardi, tratta dal sito web della Comédie-Française (vedi la nota 1 più sopra).

[3]   Debutto il 3 marzo 2013, Théâtre du Vieux-Colombier, Comédie-Française, Parigi. Ulteriori informazioni e immagini: https://www.comedie-francaise.fr/fr/evenements/la-tete-des-autres12-13 (consultato il 26 settembre 2024).

I LM   Nel periodo 2014–2015 – la tua prima stagione nel ruolo di amministratore generale della Comédie-Française – Lilo ha portato in scena *La Maison de Bernarda Alba* [*La casa di Bernarda Alba*][4] di Federico García Lorca. Un registro diverso, più cupo…

ER   E anche questo fu uno spettacolo altrettanto riuscito e coerente dal punto di vista stilistico. Lilo sprigiona una grande forza trainante! Non credo che dia priorità ai dettagli perdendo di vista il tutto, sembra al contrario possedere un'energia comunicativa tale da riuscire, sin dall'inizio, a impostare il *tono* di una messinscena senza dovere ripetere ogni volta il concetto durante le prove. Come ogni amministratrice o amministratore della Comédie-Française, sono sempre molto curioso di sentire i riscontri della compagnia. A volte produciamo degli spettacoli bellissimi, malgrado la fase di elaborazione sia stata alquanto ardua, abbia comportato lunghe incomprensioni e procurato poco piacere agli interpreti. È ovvio che questi feedback non sono mai totalmente oggettivi e cerco di relativizzarli. Con Lilo è diverso, ogni volta che annunciamo una sua prossima regia, si scatena un'ondata di allegria non solo fra i membri della compagnia, ma anche fra tutti gli altri collaboratori e collaboratrici. Lilo è ormai di casa, e collabora da così tanto tempo con la Comédie-Française che è avvenuto il passaggio di testimone da una generazione all'altra di interpreti, tipico del nostro modo di operare. Citando di nuovo Florence Viala: l'attrice aveva partecipato a tutte le messinscene di Feydeau sin dai suoi esordi nel nostro teatro; ma non so più per quale motivo, quando ho proposto a Lilo di portare in scena *La Puce à l'oreille* [*La pulce nell'orecchio*][5], Florence aveva avuto un impedimento, e ciò ha permesso alla regista di rivolgersi a una nuova generazione di attrici che, non solo erano entusiaste del modo di lavorare e della personalità di Lilo, ma hanno saputo anche imprimere ai loro ruoli una nuova dimensione.

In apparenza, Lilo lascia molta libertà ai propri attori e attrici, pur esigendo la massima precisione. Si basa ampiamente sull'improvvisazione, riuscendo tuttavia sempre a individuare nelle proposte degli interpreti gli elementi che combaciano perfettamente con la sua visione dello spettacolo. Svolge il proprio lavoro in modo giocoso e quasi sempre con lo stesso fedele cast, anch'esso molto apprezzato all'interno della nostra istituzione. E trasmette la sua gioia anche al pubblico. La Comédie-Française è come una grande

182

4   Debutto il 23 maggio 2015, Salle Richelieu, Comédie-Française, Parigi. Ulteriori informazioni e immagini: https://www.comedie-francaise.fr/fr/evenements/la-maison-de-bernarda-alba14-15 (consultato il 27 settembre 2024). In merito a *La Maison de Bernarda Alba* e alle altre messinscene realizzate da Lilo Baur alla Comédie-Française a partire dal 2015, si veda anche l'intervista di Chantal Hurault all'attrice Anna Cervinka nel presente volume di *MIMOS*, pp. 201–209.

5   Debutto il 21 settembre 2019, Salle Richelieu, Comédie-Française, Parigi. Ulteriori informazioni e immagini: https://www.comedie-francaise.fr/fr/evenements/la-puce-a-loreille-1920 (consultato il 27 settembre 2024).

Laurent Muhleisen

famiglia, e Lilo ne fa parte. Un segno evidente è che i membri della compagnia fanno sempre il possibile per rendersi disponibili quando apprendono che realizzerà una nuova produzione.

LM   Prima della *Puce à l'oreille*, Lilo aveva portato in scena, al Théâtre du Vieux-Colombier, una pièce dell'autore catalano contemporaneo Sergi Belbel: *Après la pluie* [*Dopo la pioggia*][6]. Quasi un incarico imposto...

ER   Un'altra qualità di Lilo è che non ritiene mai un «declassamento» il passaggio dalla nostra grande Salle Richelieu al più piccolo Théâtre du Vieux-Colombier – non tutti i registi ne sono altrettanto felici. Tuttavia, questo «incarico» è stato forse un errore da parte mia: ho l'impressione che, se non affiora nessuna immagine alla sua mente o non intravvede un arco drammaturgico già durante la lettura del copione, anche quando le sue intuizioni sono ancora vaghe, Lilo riesca con meno facilità a trovare la chiave d'accesso per il processo creativo. E la fecondità del suo lavoro ne risente. Perciò mi sono rallegrato immensamente del grande successo riscontrato con *La Puce à l'oreille*, la cui idea di partenza era un paesaggio alpino svizzero – con tanto di sciatori sullo sfondo – in un universo di ricchi annoiati.

LM   Ti vengono in mente altre qualità di Lilo, oltre a quelle già menzionate?

ER   Mi piace in particolare il fatto che, grazie al suo metodo di lavoro, porta le attrici e gli attori francesi a recitare con *tutto* il loro corpo – cosa per nulla scontata, avendo la fama di essere piuttosto «cerebrali». Nelle messinscene di Lilo, gli interpreti si tramutano in veri e propri atleti, anche se – è importante sottolinearlo – non corrono mai il rischio di farsi male!
Le creazioni di Lilo portano una ventata d'aria fresca all'interno della nostra programmazione.

Le sue intuizioni sono sempre azzeccate e ammiro inoltre il tempismo preciso e la maniera altamente sofisticata con cui riesce a trasporre in scena le immagini che le vengono in mente. Ad esempio, nella *Puce à l'oreille*, una musica western inizia a suonare ogni volta che qualcuno apre il minibar, creando un effetto comico totalmente bizzarro. Oppure la scena memorabile in cui un personaggio scrive una lettera, eseguendo al contempo uno strampalato gioco di gambe.

6   Debutto il 29 novembre 2017, Théâtre du Vieux-Colombier, Comédie-Française, Parigi. Ulteriori informazioni e immagini: https://www.comedie-francaise.fr/fr/evenements/apres-la-pluie17-18 (consultato il 27 settembre 2024).

Intervista a Éric Ruf

Apprezzo anche la sua disponibilità. Pur viaggiando nel mondo intero, trova sempre il modo per fare una capatina alla Comédie-Française, anche solo per qualche giorno, durante la ripresa di un suo spettacolo. E quando si tratta di sostituire un'attrice o un attore, ha un istinto infallibile nel reperire la persona più adatta. Ammiro anche il suo talento pedagogico; dispone di un grande spirito di gruppo e non rifiuta mai di condividere le proprie conoscenze con gli *académiciens*, le nostre nuove leve. È una qualità infinitamente preziosa. A mio avviso, però, la sua principale qualità è l'entusiasmo, in unione alla profondità d'animo. Talvolta penso che abbia deliberatamente *deciso* di prendere la vita dal lato positivo, dando il giusto peso all'autostima e lasciando da parte ogni sorta di «energia negativa». Lilo ama gli altri, sa dimostrarlo ed è fedele. Ha uno spirito cosmopolita e un'anima generosa. Lo si legge nel suo volto, di grande bellezza. Mi piacerebbe molto, un giorno, vederla calcare la scena!

LM   Hai qualche ricordo speciale che vorresti condividere?

ER   Avevo intenzione di proporle una pièce di Molière per la stagione 2021/2022, in occasione dei 400 anni dalla nascita del nostro «patrono». Ma penso che i grandi classici la mettessero in soggezione perché, quando le parlai dell'*Avaro*, la sua prima reazione fu di dirmi di avere apprezzato a tal punto la messinscena di Catherine Hiegel, con Denis Podalydès nel ruolo di Arpagone, da non osare minimamente cimentarvisi a sua volta. Le suggerii dunque di rileggere la pièce, confidando che, se in seguito me ne avesse parlato evocando le sue famose immagini o intuizioni, il gioco era fatto! Ebbene, non solo queste immagini e intuizioni si manifestarono, ma mi raccontò anche quanto avesse riso durante la lettura del testo. L'incredibile forza e vitalità di Molière parla a tutti! Così ha preso forma un'ambientazione in riva al lago Lemano, con un prato in leggera pendenza, estremamente curato (questo bisogno di «tornare a casa», in Svizzera, ha forse su di lei lo stesso effetto della *madeleine* di Proust?) – e un tesoro nascosto sotto un piccolo cumulo di terra, perché non ci si può più fidare nemmeno delle casseforti dell'UBS. Il fatto che Arpagone nasconda lo scrigno con i suoi averi sotto una sdraio ha innescato una serie di immagini e situazioni che hanno finito per concatenarsi alla perfezione nella sua messinscena[7], basata essenzialmente sulla comicità dell'assurdo – che tanto si addice a Molière, e che Lilo adora.

---

7   L'Avare, debutto il 1° aprile 2022, Salle Richelieu, Comédie-Française, Parigi. Informazioni e immagini: https://www.comediefrancaise.fr/fr/evenements/lavare2122 (consultato il 27 settembre 2024). Si veda anche l'intervista di Anne Fournier a Laurent Stocker (Arpagone) nel presente volume, pp.193–199.

Laurent Muhleisen

Laurent Muhleisen

Lilo Baur is Part of the Family

Interview with Éric Ruf

Lilo Baur has quasi "in-house director" standing at the Comédie-Française. And that "house" is the "Maison de Molière", the "House of Molière", where the Swiss director has already staged several plays. In July 2024, Laurent Muhleisen, dramaturg and literary adviser to the Comédie-Française, asked Éric Ruf, actor, director and general administrator of this hallowed French institution, how he met Lilo Baur and what has made her work there so successful over so many years. On the one hand, says Ruf, Baur's approach is extremely exacting and demanding. On the other hand, she is endowed with a keen sense of comedy and the absurd, as well as an extraordinarily infectious energy that enthuses everyone – especially the actors.

Interview with Éric Ruf

Éric Ruf   I met her through her shows, though I've never worked under her direction, probably because I'm considered more of a tragic actor. I remember quite well her staging of Nikolai Gogol's *Le Mariage* [*Marriage*][1] in 2010, which was her first production at the Comédie-Française, at Muriel Mayette-Holtz's invitation. I thought the production was masterfully done, particularly the way it created a physical coherence in a stylistic register unfamiliar to most of the actors in my company.[2] I always find it remarkable when directors manage to place Comédie-Française actors, who aren't all from the same schools and are all unique, in a specific chosen aesthetic.

Later on, during rehearsals of Marcel Aymé's *La Tête des autres* [*Other People's Heads*],[3] Lilo's second production at our theatre, Florence Viala, a *sociétaire*[4] of the Comédie-Française, told me a lot about Lilo's "system", which involved, for instance, drawing a number that gave each actor a "mission" – sometimes a secret one, which she'd whisper in the actor's ear – for a scene they were about to work on. Florence found this "method" both fascinating and playful, an effective means of getting them to develop a certain approach to acting.

188   Whenever I ran into Lilo or talked to her after a show or inside the theatre, I found her interesting as an artist. What's more, she had worked with my brother, Jean-Yves, and sometimes you experience things vicariously within a family: I know they really loved working together – which made her all the more endearing to me.

Every time I came across her, I delighted in her verve, her cheerfulness, her ease in communicating with others. Later on, I noticed that this apparent flexibility didn't keep her from making certain uncompromising – and in a way mysterious – demands in her work. As if her inner landscape weren't arranged quite the same way as everyone else's.

1   Premiered on 24 November 2010, Théâtre du Vieux-Colombier, Comédie-Française, Paris. For more information and visuals, go to: https://www.comedie-francaise.fr/en/events/le-mariage10-11# (last accessed on 26 September 2024).

2   "This 'utterly unlikely incident in two acts', to use Gogol's expression, drives the suitors to a sort of verbal madness verging on the absurd. Wordplay, bawdy exchanges and hilarious plot devices – these are the ingredients of *Le Mariage*." Translated from the blurb on the Comédie-Française website (see footnote 1).

3   Premiered on 3 March 2013, Théâtre du Vieux-Colombier, Comédie-Française. Paris. For more information and visuals, go to: https://www.comedie-francaise.fr/en/events/la-tete-des-autres12-13 (last accessed on 26 September 2024).

4   When an actor enters the troupe of the Comédie-Française, he or she is hired by the general administrator and with the status of a *pensionnaire*. Pensionnaires can be asked to become *sociétaires* after spending at least one year in the troupe. For more details, see: https://www.comedie-francaise.fr/en/how-it-works# (last accessed on 5 December 2024).

Laurent Muhleisen

LM   Lilo was then lined up for the 2014-2015 season – your first season as administrator – to stage Federico García Lorca's *La Maison de Bernarda Alba* [*The House of Bernarda Alba*],[5] where we saw her working in a different, darker register…

ER   And which was an equally successful production, with a fine stylistic coherence too. Lilo positively galvanises the people she works with! I don't suspect her of prioritising details over the bigger picture: instead, she seems to be possessed of an infectious energy that's capable of setting the *tone* of a production from the outset without her having to remind them at each rehearsal. Like every Comédie-Française administrator, I'm always very curious about feedback from the company. Sometimes we put together a terrific production, but only after an arduous rehearsal process involving protracted misunderstandingsand not much pleasure for the cast. Their feedback is never totally objective, needless to say, so we try to relativise what we hear from them. But every time we announce that Lilo is going to be putting on another show, a burst of joy erupts not only among the actors, but among all the various crews as well.

Lilo has quasi "in-house director" standing at the Comédie-Française, so in the course of her work we've seen the baton get passed from one generation to another in a way that corresponds to the workings of our institution. Getting back to Florence Viala, she'd been in all the Feydeau productions since joining the company but, for some reason I can't recall, she was unavailable when I suggested that Lilo stage *La Puce à l'oreille* [*A Flea in Her Ear*].[6] This gave Lilo a chance to turn to a new generation of actors, who were not only enchanted with Lilo's work and personality, but also brought a fresh dimension to their roles.

While seeming to give her actors plenty of freedom, Lilo is extremely exacting. Her work relies heavily on improvisation, but she has an unerring knack for cherry-picking elements of her actors' improvisations that will "fit in" just right with her vision of a play. She goes about her work exuberantly and almost always works with the same loyal team, who are also much appreciated within the company. She conveys this exuberance to the audience,

5   Premiered on 23 May 2015, Salle Richelieu, Comédie-Française, Paris. For more information and visuals, go to: https://www.comedie-francaise.fr/en/events/la-maison-de-bernarda-alba14-15 (last accessed on 27 September 2024). For more information about *La Maison de Bernarda Alba* and Lilo Baur's other post-2015 productions at the Comédie-Française, see Chantal Hurault's interview with the actor Anna Cervinka in this *MIMOS* edition, pp.201–209.

6   Premiered on 21 September 2019, Salle Richelieu, Comédie-Française, Paris. For more information and visuals, go to: https://www.comedie-francaise.fr/en/events/la-puce-a-loreille-1920 (last accessed on 27 September 2024).

too. The Comédie-Française is sort of one big family, and she's part of it. One telltale sign is that the members of the troupe always do everything they can to make themselves available when they know she's coming back to put on another play.

> LM   Lilo's previous production at the Théâtre du Vieux-Colombier was a contemporary play by the Catalan playwright Sergi Belbel called *Après la pluie* [*After the Rain*].[7] Almost a commissioned work…

ER   Another one of Lilo's qualities is that she never takes it as a "downgrade" when she gets moved from our big Salle Richelieu to the smaller Théâtre du Vieux-Colombier – not everyone is as happy about this downsizing. But this particular "commission" may have been a mistake on my part: I have the impression that whenever Lilo doesn't feel an image or an overall dramaturgical arc emerging out of a script she's reading – even if her intuition is still vague – she has a harder time finding her way to a creative process, and the fecundity of her work suffers as a result. So, I was all the more delighted at the enormous success that followed with *La Puce à l'oreille*, whose point of departure was the idea of a Swiss alpine setting, with skiers in the background – a world of bored rich people.

> LM   Are there any other qualities to add to the ones you've already mentioned?

ER   I particularly like the fact that, with her working method, she gets French actors to use their *whole bodies* on stage – which is no mean feat, given that our reputation for being "cerebral" actors is often justified. She turns French actors into veritable athletes and – this is an important point – without ever hurting themselves!

Her productions make for a breather, a refreshing break in any given season.

Her intuitions are spot on, and I love how she takes images that occur to her and, with precise timing and very exacting execution, really turns them to account on stage: I'm thinking in particular of the western music that goes

---

7   Premiered on 29 November 2017, Théâtre du Vieux-Colombier, Comédie-Française, Paris. For more information and visuals, go to: https://www.comedie-francaise.fr/en/events/apres-la-pluie17-18 (last accessed on 27 September 2024).

Laurent Muhleisen

off in *La Puce à l'oreille* every time the mini-bar is opened, producing a totally off-the-wall comic effect. Or the memorable scene in which a character is writing a letter whilst executing some zany footwork.

I really appreciate her availability, too. Although she travels all over the world, she always finds a way to come back, if only for a few days, for a new run of one of her shows. And when it comes to replacing a cast member, she has an unerring knack for picking the right person for the part from among the other members of the troupe.

I admire her talent for teaching as well. She's a "team player", always willing to come and share her knowledge – with our *académiciens*,[8] for example. This is an invaluable quality.

But the greatest quality I find in her is her enthusiasm. An enthusiasm infused with great depth. It sometimes seems to me that she's *made up her mind* to look on the bright side of life and, in so doing, has put foolish pride aside, along with every kind of "negative energy". Lilo loves people and knows how to show it. And she's loyal to them. She's an "international spirit" with an abundance of soul, as you can tell from her beautiful face. I'd love to see her on stage someday!

LM   Do you have any special memories of her you'd like to share?

ER   During the 2021/2022 season, I wanted to suggest to her that she stage a Molière play for the four-hundredth anniversary of our "patron's" birth. But she was intimidated by the big classics, I think, and when I mentioned *L'Avare* [*The Miser*], her first reaction was to say she'd adored Catherine Hiegel's production with Denis Podalydès so much that she didn't even dare to consider taking on that play. I suggested she reread it, full knowing that if she talked to me about it afterwards and brought up her signature *images* or *intuitions*, then it was a done deal! Well, not only did these images and intuitions come to her, but she told me how much she'd laughed just reading the play! Such vim and vigour: Molière speaks to everyone! That led to the setting on the shores of Lake Geneva with their gently sloping, manicured lawns, – does this need to "get back to Switzerland" work for her like Proust's madeleine? – and the treasure buried under a little

---

8   Since 2009, the Comédie-Française has taken in young graduates from France's leading theatre schools every season, who thus benefit from a unique extension to their training. For more information, see: https://www.comedie-francaise.fr/en/academy (last accessed on 5 December 2024).

mound of earth, because you can't even trust UBS safes anymore. Harpagon's having hidden his coffer under his deckchair triggered a whole succession of images and situations that ended up providing a masterful master plan for her staging[9] of the play – as a comedy of the absurd, which suits Molière so well, and to which Lilo is so partial.

9   *L'Avare* [*The Miser*] by Molière, premiered on 1 April 2022, Salle Richelieu, Comédie-Française, Paris (with a revival in the 2024/2025 season). For more information and visuals, go to: https://www.comedie-francaise.fr/en/events/lavare2121 (last accessed on 7 September 2024). And in this regard, we also refer to Anne Fournier's conversation with Laurent Stocker (who plays Harpagon) in this *MIMOS* edition, pp.193–199.

Laurent Muhleisen

Anne Fournier

Un *Avare* dépoussiéré, hilarant et helvétique

Rencontre avec Laurent Stocker

ZUSAMMENFASSUNG

Der Schauspieler Laurent Stocker, Ensemblemitglied der Comédie-Française seit 2001 und fester «Sociétaire» seit 2004, spielt Harpagon, die Hauptrolle in Molières *L'Avare [Der Geizige]*. Lilo Baurs Inszenierung von 2022 wurde in der Spielzeit 2024/25 wiederaufgenommen. Die Regisseurin und das Ensemble bieten eine entfesselte Lesart des berühmten Stücks mit starkem groteskem Unterton. Vor der Kulisse der Alpen und eines Sees erhält Harpagon die Züge eines Genfer Bankiers der Nachkriegszeit, der besessen ist, seine Geldschatulle, die famose «cassette», in Sicherheit zu bringen. Laurent Stocker teilt mit Lilo Baur die Lust am freien Spiel, die auch das Publikum mitreisst. Anne Fournier hat ihn zwischen zwei Aufführungen im Café Le Nemours in Paris getroffen, das direkt neben der Comédie-Française liegt und wie ein zweites Zuhause für deren Künstler:innen ist.

RIASSUNTO

L'attore Laurent Stocker, ingaggiato alla Comédie-Française dal 2001 e membro (*sociétaire*) della compagnia stabile dal 2004, interpreta Arpagone nell'*Avaro* di Molière portato in scena da Lilo Baur nel 2022 e riproposto nella stagione 2024/25. La regista e gli interpreti offrono una lettura sbrigliata e dai toni fortemente grotteschi della celebre pièce teatrale. Sullo sfondo di un lago e delle Alpi, Arpagone assume le sembianze di un banchiere ginevrino del secondo dopoguerra ossessionato dalla salvaguardia della cassetta di sicurezza contenente i suoi averi. Laurent Stocker e Lilo Baur condividono lo stesso gusto per la libertà scenica, che ha conquistato il pubblico. Nel settembre 2024, Anne Fournier ha incontrato l'attore fra due rappresentazioni al caffè Le Nemours - quasi una seconda casa per i membri della prestigiosa istituzione teatrale parigina.

ABSTRACT

In a production of Molière's *L'Avare*, [*The Miser*], originally staged by Lilo Baur at the Comédie-Française in 2022 and revived for the 2024/25 season, Laurent Stocker - a member of the company since 2001 and permanent *sociétaire* since 2004 - plays the role of Harpagon. Together with the Swiss director and other troupe members, the actor offers an uninhibited interpretation of Molière's iconic comedy, rich in burlesque humour. Set against the backdrop of the Alps and a lake, Harpagon is reimagined as a post-World War II Geneva banker obsessed with protecting his coffer. Laurent Stocker shares with Lilo Baur a love of creative freedom, a quality that has won over audiences. Anne Fournier met him at the café Le Nemours - almost a second home for members of Paris's prestigious theatrical institution - between two performances in September 2024.

Le comédien Laurent Stocker, sociétaire de la Comédie-Française, joue Harpagon, transformé en banquier genevois, dans *L'Avare* de Molière, créé par Lilo Baur en 2022 et repris à la Salle Richelieu durant la saison 2024/25. Avec la metteuse en scène suisse et les autres collègues de la troupe, il offre une lecture débridée de la célèbre pièce du dramaturge français, à forte tonalité burlesque. Ils partagent un même goût de la liberté, qui a conquis le public. Rencontre de bistrot entre deux représentations en septembre 2024.

Laurent Stocker pousse la porte du café Le Nemours. Plusieurs visages se tournent. Par-ci, par-là : « Bonjour Laurent ! » Des poignées de mains, des frappes dans le dos, une jovialité contagieuse pour faire oublier les températures et la bise automnales. Voisin de la Comédie-Française, sur la place Colette à Paris, Le Nemours est presque une deuxième maison pour les pensionnaires du prestigieux théâtre. Laurent Stocker, élu sociétaire en 2004, foule les planches de la Comédie-Française depuis 2001. Il y a fait ses débuts avec le maître des lieux, Molière, d'abord pour jouer Covielle dans *Le Bourgeois gentilhomme*[1], puis Cléante dans *Le Malade imaginaire* monté par le Suisse Claude Stratz[2]. Même si, très souvent, il enrichit sa carrière théâtrale d'expériences au cinéma[3], cet enfant du Grand Est, désormais quinquagénaire, trouve ici ses racines.

On a rendez-vous en fin d'après-midi, en marge de *L'Avare*, monté par Lilo Baur en 2022 et repris durant cette saison 2024/25. Laurent Stocker a le sourire complice. De connivence. Il a abandonné son costume bleu foncé et sa perruque bouclée sophistiquée de petit bourgeois ravagé par le goût de l'avoir. Chaque soir de la semaine ou presque, il est un Harpagon inapte à se nourrir des plaisirs du quotidien. Chaque soir de la semaine ou presque, il est un Harpagon volontairement burlesque, au fort goût de Charlie Chaplin. Pour l'heure, dans le brouhaha des couverts et des conversations, Laurent Stocker se réjouit de la « belle salle » remplie le soir précédent : « Ce fut un public réceptif, attentif, qui rit beaucoup et qui nous porte. C'est ça une belle salle. » Il continue : « Lilo Baur a choisi de monter cet *Avare* de façon très comique, légère, débridée. Ce n'est de loin pas toujours le cas, mais ça convainc. Et Molière aurait beaucoup aimé. Vous savez, au XVIIe siècle, il y

---

1   *Le Bourgeois gentilhomme* de Molière, spectacle créé le 14 octobre 2000, Salle Richelieu, Comédie-Française, Paris. Mise en scène par Jean-Louis Benoît. Plus d'informations : https://www.comedie-francaise.fr/fr/evenements/le-bourgeois-gentilhomme00-01# (consulté le 21 novembre 2024).

2   *Le Malade imaginaire* de Molière, spectacle créé le 22 février 2001, Salle Richelieu, Comédie-Française, Paris. Mise en scène par Claude Stratz. Plus d'informations : https://www.comedie-francaise.fr/fr/evenements/le-malade-imaginaire00-01# (consulté le 21 novembre 2024).

3   Il a notamment joué dans *Bernadette* (2023) de Léa Domenach, *L'Exercice de l'Etat* (2011) de Pierre Schöller, *L'Art d'aimer* (2011) d'Emmanuel Mouret ou encore *Ensemble, c'est tout* (2007) de Claude Berri.

Un *Avare* dépoussiéré, hilarant et helvétique

a cette phrase magnifique dans *Le Malade imaginaire* : "Les anciens sont les anciens, Monsieur, et nous sommes les gens de maintenant."[4] Ça ne lui plairait pas, je pense, qu'on aborde son théâtre aujourd'hui comme on le faisait à son époque. Il était un précurseur, un novateur. »

L'Avare dirigé par Lilo Baur a été créé au printemps 2022[5], lors des célébrations du 400ᵉ anniversaire de Molière. L'administrateur général de la Comédie-Française, Éric Ruf, a initié cette première rencontre avec le Patron de la Maison, en invitant la metteuse en scène à relire la pièce, et il constate avec enthousiasme : « Lilo m'a dit oui dès le lendemain tant elle avait ri en la reparcourant. Ce rire, irrépressible, avait effacé toutes ses craintes et elle m'a confié sa clé, son image, son fil d'Ariane, son entrée : un gazon irréprochable formant, en pente très douce – celle de la Salle Richelieu a cette douceur –, la rive d'un lac immense. »[6]

Lilo Baur imagine donc une grande maison avec plage privée, terrain de golf et des montagnes en arrière-fond. La Suisse de l'après-guerre, étroite et ridicule à souhait, accompagnée de ses lingots d'or aux origines méconnues, n'est pas bien loin. Les banquiers et actionnaires helvètes sont devenus les lointains usuriers de Molière et Laurent Stocker, avec sa perruque et son diamant à l'auriculaire, a les traits d'un Harpagon genevois. Il explique : « C'est amusant parce que mon nom, Stocker, a des origines suisses, zurichoises, je crois. Je suis rattrapé par mon passé [*il rit*]. D'ailleurs, j'aime beaucoup certains artistes chez vous. Les acteurs Jean-Luc Bideau, Gilles Privat ou le metteur en scène Omar Porras. Et bien sûr Lilo Baur ! Ils partagent toutes et tous une même culture de la liberté. Avec Molière, Lilo n'a pas ce carcan auquel sont confrontés parfois les créatrices et créateurs français : "Attention, c'est du Molière ! Prudence, c'est du Molière, attention !" [*Rires*]. Elle le considère avec beaucoup de respect, mais sans en faire une œuvre sacrée. Et, comme souvent dans son théâtre, il y a au lointain les montagnes suisses. Même dans son Feydeau[7], des gens passent avec des bâtons, des skis et il y a de la neige. Pour moi, qui ai grandi dans les Vosges, c'est très voisin. Je me reconnais dans ce froid-là qui est en fait d'une grande chaleur. »

4   Propos d'Angélique dans *Le Malade imaginaire* de Molière, Acte 2, scène 6, Paris : Flammarion, 1896, p. 96.

5   *L'Avare* de Molière, spectacle créé le 1er avril 2022, Salle Richelieu, Comédie-Française, Paris. Mise en scène par Lilo Baur. Plus d'informations et images : https://www.comedie-francaise.fr/fr/evenements/lavare2122 (consulté le 21 novembre 2024).

6   Propos d'Éric Ruf, publiés en mars 2022 sur le site de la Comédie-Française : https://www.comedie-francaise.fr/fr/actualites/lavare-par-lilo-baur (consulté le 21 novembre 2024).

7   Lilo Baur a monté *La Puce à l'oreille* de Georges Feydeau à la Comédie-Française le 21 septembre 2019. Ce travail lui a valu une nomination au Prix Molière pour la meilleure mise en scène en 2020. Plus d'informations et images : https://www.comedie-francaise.fr/fr/evenements/la-puce-a-loreille-1920 (consulté le 21 novembre 2024).

Anne Fournier

La voix du comédien traverse allégrement le long couloir du bistrot. Au fond, une femme a fait un geste de la main. Lilo Baur nous sourit, attablée avec l'actrice Laetitia Casta. Elle a deviné : on parle d'elle. Elle a sans doute aussi pressenti que « son » Harpagon ne tarit pas d'éloge sur son travail de direction, sa générosité, son intuition, cette capacité à créer de l'inédit en s'inspirant des gens et des situations autour d'elle. Un regard à la fois tendre et implacable sur le monde et les êtres qui le foulent. À propos de leur collaboration pour *L'Avare*, Laurent Stocker souligne : « Je me répète, mais Molière aurait adoré. Ça faisait plusieurs années qu'on se côtoyait avec Lilo, qu'on se voyait et qu'on avait envie de travailler ensemble. Un jour, elle m'a appelé, et elle m'a dit : "Je monte *L'Avare*, est-ce que tu as envie de jouer avec moi ?" C'est un rôle magnifique. On ne peut pas dire non. Ce fut une vraie rencontre artistique. On se plaisait dans nos choix. »

Lilo Baur est restée fidèle au texte original en prose, avec quelques exceptions, souvent pour faire sourire. Ainsi, lorsque le jeune Valère, amoureux d'Elise, la fille d'Harpagon, dit à ce dernier « Monsieur, j'obligerai le voisin le Picard à se charger de les conduire »[8], chez Lilo Baur, cela devient « J'obligerai le Vaudois à conduire la calèche ». Laurent Stocker s'amuse : « Soyez rassurée, Harpagon, au vu de son voisin déclaré, habite clairement Genève ! »

197

Cet après-midi, c'est presque un refrain. Chez Lilo Baur, le comédien trouve comme force essentielle « sa grande liberté ». Liberté dans sa lecture de Molière, mais aussi dans sa façon de travailler avec la compagnie, grâce à beaucoup d'improvisation et d'exercices physiques. Il précise : « Elle construit une confiance de troupe et, petit à petit, les textes s'incrustent. Il n'y a alors plus d'impossible. Elle donne une énergie très communicative, toujours d'humeur joyeuse. J'adore ça. Aujourd'hui, c'est ce qui me convient. Je ne supporte plus certains metteuses et metteurs en scène qui vous dirigent au geste près. Quand on a passé cinquante ans, on a envie de liberté. Encore plus qu'à 20 ans. »

Eloigné des libertés, Harpagon – « rapace » en ancien français – est lui un être ravagé par les névroses liées à l'argent : « Le Seigneur Harpagon est de tous les humains l'humain le moins humain »[9], dira la Flèche, le valet de Cléante, fils d'Harpagon. Lilo Baur en fait un être comique mais aussi

---

8   *L'Avare* de Molière, Acte 3, scène 1, dans: *Théâtre de Monsieur Molière*, tome 3, Paris: Club des libraires de France, 1974, p. 513.
9   *L'Avare* de Molière, Acte 2, scène 4, op. cit., p. 496.

Un *Avare* dépoussiéré, hilarant et helvétique

profondément malheureux, susceptible, au-delà de sa cruauté, de raviver une empathie. Laurent Stocker me confie : « Dans cette lecture, il y a sans doute des références aux coffres cachés par la Suisse pendant la Seconde guerre mondiale. On peut d'ailleurs y lire une foule de similitudes ou de parallèles. Vous savez, Molière s'est inspiré de *La Marmite* écrite par Plaute au IIIe siècle avant Jésus-Christ. On y retrouve déjà les scènes principales, avec des thèmes récurrents depuis la mythologie, depuis la fin du troc. L'avarice, ce n'est pas nouveau. Ces êtres avares n'ont pas compris ce fameux principe qui dit que "Les linceuls n'ont pas de poche" ! »[10]

Le comédien rit avec un peu de sarcasme. Il aime la langue française, il aime le théâtre, il adore Molière. Harpagon l'a cette fois-ci sublimé, grâce à un personnage au jeu très physique. Dans le travail de Lilo Baur, cet avare est nerveux, saute partout, porte ses névroses dans ses mouvements, s'ausculte sans cesse. De quoi fatiguer l'interprète : « Quand je joue en soirée, c'est comme si j'avais couru un semi-marathon. Je le dis sérieusement. Quand je termine, mon costume est trempé. Le biographe de Molière, Georges Forestier[11], prétendait que l'un des meilleurs acteurs pour l'interpréter aurait sans doute été Louis de Funès. Le jeu semble facile, exubérant, mais tout cela exige du travail, de l'énergie. Molière le disait : il n'y a rien de plus difficile que de faire rire les honnêtes gens. »

Laurent Stocker y parvient avec prestance, selon les critiques, et avec brio, au vu des salles remplies. Le quotidien *Le Monde* a notamment souligné son jeu « à l'allemande », d'une manière très concrète[12] : « Je ne sais pas ce que cache cette expression. C'est vrai, j'ai travaillé avec Thomas Ostermeier, Peter Stein, mais ce caractère "à l'allemande" correspond peut-être avant tout à un imaginaire qui n'est pas trop psychologisant. C'est le cas chez Lilo Baur. D'ailleurs, quand chez Molière on est trop réflexif, ça empêche la comédie d'avancer. Comme dirait le philosophe Henri Bergson, la comédie c'est de la mécanique plaquée sur du vivant. Si on a la mécanique et pas le vivant, ça n'a pas d'intérêt. L'inverse vaut tout autant. Chez Molière, les personnages ne réfléchissent pas plus de cinq secondes. "À l'allemande", c'est donc ici l'importance du corps, du physique. Je suis quoi qu'il en soit heureux de ce parallèle. »

10   Référence au roman d'Horace McCoy, *Un linceul n'a pas de poches,* Paris : Gallimard, 1946 (version originale : *No Pockets in a Schroud,* London : Arthur Barker Ltd., 1937, adapté au cinéma par Jean-Pierre Mocky en 1974). L'expression proverbiale signifie que l'on n'emporte rien avec soi lorsqu'on meurt, donc il est guère utile de mourir riche.

11   Georges Forestier, *Molière,* Paris : Gallimard, collection « Biographies NRF », 2018.

12   Brigitte Salino, « Théâtre : quatre fois Molière et un grand soir », dans : *Le Monde,* 16 avril 2022.

Anne Fournier

Le temps a filé. 17h00. Demain, la Comédie-Française accueillera la soixante-neuvième représentation de cet *Avare*. Avant cela, des rencontres avec le jeune public sont encore au programme. Laurent Stocker a dû s'échapper. Il fait encore halte à certaines tables, serre des mains, s'engouffre dans quelques conversations, regarde quand même sa montre. Il a confié peu auparavant aimer beaucoup la ponctualité de Lilo Baur. Tout comme sa précision : « Sans souffrance mais, dans le travail, une précision d'horloge suisse, vous voyez... » Il a alors ri, un peu à la Charlie Chaplin. Ça y est, la porte du Nemours s'est refermée derrière lui.

Un *Avare* dépoussiéré, hilarant et helvétique

Chantal Hurault

Jouer en toute liberté

Entretien avec l'actrice Anna Cervinka

ZUSAMMENFASSUNG

Als «*Sociétaire*», d.h. festes Ensemblemitglied an der Comédie-Française, hat Anna Cervinka eine besondere Beziehung zu Lilo Baur. Sie begegneten sich 2015 bei deren dritter Inszenierung am Haus. Im Gespräch mit Chantal Hurault - der Verantwortlichen für Kommunikation und Publikationen an der Comédie-Française, die beide gut kennt und ihre Arbeit verfolgt - spricht die Schauspielerin über ihre Zusammenarbeit mit der Regisseurin. Sie erzählt von einem «Theater der Wahrheit», in dem aber die Fantasie regiert, und von einer fruchtbaren Atmosphäre, die Konzentration und Verspieltheit verbindet. Ins Zentrum stellt sie die Schönheit der Wahlverwandtschaften, die zuweilen zwischen Künstler:innen entstehen. Mit viel Feinfühligkeit spricht sie über die Affinität zwischen ihr und der Regisseurin, auf der Bühne wie im Lebensgefühl.

RIASSUNTO

Anna Cervinka è membro (*sociétaire*) della compagnia stabile della Comédie-Française e intrattiene un rapporto pri-vilegiato con Lilo Baur. Il loro sodalizio è iniziato nel 2015 grazie alla sua terza regia nel teatro parigino. In questa intervista condotta nel luglio 2024 da Chantal Hurault - che conosce bene entrambe le artiste e, in quanto responsabile della comunicazione e delle pubblicazioni presso la Comédie-Française, segue da vicino il loro percorso - l'attrice riflette sulla lunga collaborazione con la regista. Racconta di un «teatro della verità», in cui regna la fantasia, e di un'atmosfera fertile che unisce rigore e momenti ludici. Evidenzia in particolare la bellezza delle affinità elettive che talvolta nascono fra artisti. Tutto nel lavoro attoriale di Anna Cervinka, compresa la sensibilità con cui ne parla, rispecchia in-fatti la vitalità che emana dalle messinscene di Lilo Baur.

ABSTRACT

Anna Cervinka, a member (*sociétaire*) of the Comédie-Française company, first met Lilo Baur in 2015 for her third production at the Parisian theatre. In this interview conducted in July 2024 by Chantal Hurault - who knows both artists well and, as head of communications and publi-cations at the Comédie-Française, follows their work closely - the actor reflects on her various collaborations with the stage director. From her own perspective, she describes a theatre of truth where imagination rules supreme in a fertile atmosphere that unites disci-pline with playfulness. At the heart of her reflections is the beauty of the elective affinities that can arise between artists, as everything about Anna Cervinka's acting, including the nuanced way she talks about it, echoes the extraordinary vitality that lends Lilo Baur's product-ions their particular spirit.

Sociétaire de la troupe de la Comédie-Française, Anna Cervinka entretient une relation privilégiée avec Lilo Baur, qu'elle a rencontrée en 2015 lors de sa troisième mise en scène dans la Maison. Dans cet entretien réalisé en juillet 2024 avec Chantal Hurault – qui connaît bien l'une et l'autre, et dont elle suit les créations à la Comédie-Française où elle est responsable de la communication et des publications –, l'actrice se confie sur ses différentes collaborations avec la metteuse en scène. Elle raconte, à travers sa propre démarche, un théâtre de la vérité où la fantaisie prime, dans une atmosphère fertile alliant rigueur et enjouement. La beauté des affinités électives qui naissent parfois entre des artistes est au cœur de ses propos, car tout dans le jeu d'Anna Cervinka, et la façon sensible dont elle en parle, fait écho à l'incroyable sensation de vie qui anime les plateaux de Lilo Baur.

Chantal Hurault   Votre première collaboration avec Lilo Baur date de 2015 à la Comédie-Française, lors de la reprise de *La Maison de Bernarda Alba* de Federico García Lorca, créé la saison précédente[1]. Comment avez-vous appréhendé cette reprise du rôle de Magdalena ?

Anna Cervinka   C'était un petit rôle, que j'ai beaucoup aimé. J'ai d'abord travaillé seule avec Lilo, deux ou trois fois en salle de répétition, et nous nous sommes immédiatement beaucoup amusées ! Je me suis sentie très libre. Une des particularités de Lilo est de vraiment tirer profit des singularités de chacune et chacun et d'inventer à partir de celles-ci. Et, comme moi, elle aime les détails des personnages. Ainsi, le rôle s'est construit progressivement ; elle m'a rapidement poussée à m'approprier le personnage de Magdalena et à créer mon propre parcours dans l'histoire.

CH   Quel souvenir gardez-vous de votre première création ensemble, *Après la pluie*, de l'auteur contemporain Sergi Belbel[2], dans l'ambitieux décor d'Andrew D. Edwards – le toit d'un gratte-ciel à plusieurs mètres de hauteur ?

AC   Je me souviens qu'avant de répéter dans ce magnifique décor, elle nous a emmenés en haut de la Tour Montparnasse ; nous y avons réalisé une lecture en partageant la sensation de vertige qui est le rouage dramaturgique majeur de cette pièce. Nous avons énormément travaillé le rythme de

---

1   Création le 23 mai 2015, Salle Richelieu, Comédie-Française, Paris. Plus d'informations et images : https://www.comedie-francaise.fr/fr/evenements/la-maison-de-bernarda-alba14-15# ; première de la reprise le 2 octobre 2015 : https://www.comedie-francaise.fr/fr/evenements/la-maison-de-bernarda-alba15-16# (sites consultés le 26 octobre 2024).

2   Création le 29 novembre 2017, Théâtre du Vieux-Colombier, Comédie-Française, Paris. Plus d'informations et images : https://www.comedie-francaise.fr/fr/evenements/apres-la-pluie17-18 (consulté le 26 octobre 2024).

l'écriture et celui de chaque personnage. J'y interprétais une secrétaire, nommée « la Blonde », pour laquelle il a fallu trouver sa façon de bouger et de parler, son biorythme en quelque sorte, sans forcer les traits et sans pour autant simplifier ou éteindre les couleurs de son caractère.

  CH Cette blonde « plus vraie que nature », que vous avez inventée ensemble, rend compte des silhouettes très dessinées qui habitent l'univers théâtral de Lilo Baur. De quelle façon nourrit-elle l'équipe ?

AC Dans un rapport au texte tourné vers la vérité du jeu. J'ai pu passer des soirées à préciser avec elle le sens, mais sans que ce ne soit laborieux, au contraire dans un enthousiasme enivrant. D'une grande curiosité, en permanence sur le qui-vive, Lilo emmagasine des références multiples qui l'inspirent – des récits, des autrices et auteurs, des films – qu'elle partage avec nous avant et pendant les répétitions. Elle situe souvent ses mises en scène dans une époque qui impose des codes sociaux – le but n'étant pas la véracité historique, mais une cohérence dans la dynamique du jeu. Pour *La Puce à l'oreille* de Georges Feydeau[3], les années 1960 nous interdisaient certains rapports tactiles dans des situations qui y invitaient, ce qui a influé sur nos postures. Concernant l'esthétique des silhouettes, Lilo y est attentive, en collaboration avec sa costumière Agnès Falque, mais elle les dessine en nous poussant à déborder de la surface du papier. De manière générale, je la vois comme une architecte qui aurait tracé scrupuleusement ses plans, en les ayant conçus pour y laisser entrer la vie.

  CH Que retenez-vous des séances d'improvisations qu'elle organise au début de la période de répétition ?

AC Ces exercices ne sont pas directement liés au texte, comme c'est courant chez d'autres metteuses ou metteurs en scène. On y expérimente des catégories de caractères, des typologies de relations et, sans que ce ne soit explicite, on plonge au cœur de la matière. Ces séances d'improvisations ont l'avantage de créer, à une étape où le groupe prend forme, une atmosphère légère et un lâcher-prise. J'y vois la constitution d'un imaginaire commun, dans le sens où nos personnages ont par la suite des souvenirs partagés. Il faut dire que Lilo mêle l'ensemble de la distribution, même des personnes qui n'auront pas de scène commune dans le spectacle, d'où l'énergie particulière qui circule au-delà des seuls enjeux de nos rôles. J'en retiens aussi

---

3 Création le 21 septembre 2019, Salle Richelieu, Comédie-Française, Paris.
Plus d'informations et images : https://www.comedie-francaise.fr/fr/evenements/la-puce-a-loreille-1920 (consulté le 26 octobre 2024). À ce propos, nous renvoyons aussi à l'analyse de *La Puce à l'oreille* par Demis Quadri dans le présent ouvrage, pp. 211–219.

Chantal Hurault

une ouverture à l'imprévu peu habituelle, dans un climat de confiance qu'elle cultive : travailler sans attente de résultat, sans se sentir jugé, sans avoir peur de se perdre et de chercher dans tous les recoins possibles. Nous sommes face à face dans la liberté du jeu, comme des enfants : plus qu'essayer de donner vie, c'est la vie qui entre en jeu.

CH   Vous avez donné à votre Marianne dans *L'Avare*, mis en scène par Lilo Baur en 2022 lors des célébrations du 400ᵉ anniversaire de Molière[4], une étoffe singulière, jusqu'à représenter l'ingénue littéralement ivre lors du dénouement. Comment avez-vous cheminé jusqu'à elle ?

AC   J'aime jouer ce rôle, alors que j'avais quelques craintes à interpréter cette jeune première qui, comme souvent chez Molière, ne fait pas avancer l'intrigue. Le climat des répétitions était très joyeux, Laurent Stocker, qui interprète Harpagon, m'a fait énormément rire ; malgré tout, dans cette joie, j'ai trouvé le dégoût physique que Marianne ressent face à lui. Et pendant les représentations, Harpagon déclenche les rires du public en décalage total avec la situation insoutenable dans laquelle mon personnage se trouve… Lilo a l'art de donner des directives ludiques qui se révèlent essentielles pour nous, comme celle de dire mes répliques dans une langue à consonance italienne pendant plusieurs jours. J'ai dû transposer les mots que j'avais en mémoire dans ce langage italien imaginaire, la concentration que cela m'a demandé a nécessairement influencé l'oralité et la gestuelle de mon personnage. Continuellement, elle s'empare des moindres accidents qu'elle détourne et développe. C'est ainsi qu'est venue la scène où je suis saoule, alors que j'accrochais sur mon texte et qu'elle m'a trouvé l'air groggy !

CH   Dans *La Puce à l'oreille*, spectacle créé en 2019 et, comme *L'Avare*, repris régulièrement depuis, vous interprétez Raymonde Chandebise. Lilo Baur a relevé le pari du rythme ultra-rapide propre au vaudeville de Feydeau. La gageure du projet tient-elle, selon vous, dans le fait d'ajouter de la fantaisie à la virtuosité technique ?

AC   La difficulté avec Feydeau, c'est de ne pas chercher à être drôle, car tout est déjà dans le texte. Il faut rester concentré sur chaque mot, faire entendre les « Oh » et les « Ah », pour que tout se réponde. Et Lilo excelle

---

4   Création le 1er avril 2022, Salle Richelieu, Comédie-Française, Paris. Plus d'informations et images : https://www.comedie-francaise.fr/fr/evenements/lavare2122 (consulté le 26 octobre 2024). Au sujet de cette mise en scène, nous renvoyons aussi à l'entretien d'Anne Fournier avec Laurent Stocker dans le présent ouvrage, pp.193–199.

justement dans la double maîtrise du rythme rapide et de l'exigence du détail. Elle rapportait en permanence notre jeu à la situation, nous demandant parfois de ralentir pour faire entendre le texte sans pour autant laisser le temps à la scène de s'installer. Même lorsqu'une scène nous semblait claire, elle s'y arrêtait pour encore préciser le sens, en l'étoffant de son humour. La fantaisie a en effet été essentielle, le risque d'un tel rythme étant un jeu purement mécanique. Cela nous a permis de construire à partir de quelque chose de très vivant. Il y a beaucoup d'inventions dans cette mise en scène, de notre part aussi. Elle a pu quelquefois nous laisser aller dans l'excès pour trouver le dessein général d'une scène. La musique de Mich Ochowiak y a son importance : elle rythme le spectacle en développant un imaginaire en même temps que notre propre musicalité. Elle a pu me donner un autre élan sur certaines scènes.

> **CH** Quelle expérience tirez-vous du duo que vous formez dans cette pièce avec Pauline Clément, qui joue Lucienne, l'amie de Raymonde ?

AC J'ai avec tous mes partenaires une relation incroyable, mais en particulier avec Pauline évidemment. Nous sommes parvenues à une complicité de tous les instants. Nous avons la chance, à la Comédie-Française, de présenter les pièces sur une longue période, ce qui a été précieux car ce n'est qu'à force de les jouer que de telles partitions s'assouplissent. Sur certaines représentations, le jeu fusait dans tous les sens avec la sensation, grisante, de perdre conscience de ce que nous étions en train de faire. J'avais l'impression de surfer… C'est ce que recherche Lilo, que l'on ne voit plus les contours du jeu. Et elle sait nous donner les outils pour atteindre un tel niveau de maîtrise et de concentration.

> **CH** À votre sortie du Conservatoire royal de Bruxelles, en 2008, vous avez complété votre formation par un stage en Biélorussie, à l'école Demain le Printemps à Minsk. Vous en retenez, tel un adage : « Apprendre à donner de l'imaginaire à un corps et que la parole suive. »[5]

AC J'ai beaucoup appris de ce stage, que j'ai réalisé en août 2008, alors que je m'apprêtais à jouer la Fée Clochette dans *Peter Pan*, mis en scène par

---

5 Citation tirée de l'entretien mené par Emilie Grangeray, « Anna Cervinka ajoute une pincée de magie à son jeu », *Le Monde*, 20 mars 2018 : https://www.lemonde.fr/m-moyen-format/article/2018/03/20/anna-cervinka-ajoute-une-pincee-de-magie-a-son-jeu_5273666_4497271.html (consulté le 26 octobre 2024).

Chantal Hurault

Emmanuel Dekoninck[6], un personnage muet pour lequel je désirais nourrir mon corps d'imaginaire. La pédagogie de cette école était idéale puisqu'elle réconcilie la parole avec le corps. C'est une formation d'une grande discipline et extrêmement complète, où les élèves passent la première année à travailler des auteurs tels que Anton Tchekhov sans employer les mots, mais en travaillant les situations. Durant ce stage, j'y ai réalisé beaucoup d'exercices où nous devions trouver le sens des gestes les plus anodins, comme donner une lettre. Je repense souvent à ce qu'ils me disaient : « Il n'y a pas de théâtre russe, il n'y a pas de théâtre français, il y a le théâtre qui consiste à faire croire, à soi-même et aux autres. »

Aujourd'hui encore, je démarre chaque nouveau projet dans une totale remise en question de mes acquis ; je me demande comment mon corps va réagir, comment tout cela va se mêler et devenir fluide. Je n'ai jamais d'idée préconçue sur mon personnage, dont je ne trouve l'entrée qu'au cours d'un long cheminement, en m'ouvrant totalement à la rencontre – avec l'autrice ou l'auteur, la metteuse ou le metteur en scène, mes camarades au plateau… J'ai l'impression d'avoir entre les mains un papier froissé qu'il me faut déplier – sans le lisser ou l'aplanir. C'est un cheminement complexe à verbaliser, car c'est en effet très physique. Tant que je n'ai pas trouvé l'entrée, que je ne parviens pas à dépasser une approche cérébrale de la ligne de vie de mon personnage, je sens mon corps coincé, tendu.

CH   Quel rapport entretenez-vous au décor, qui a un rôle constitutif dans les projets de Lilo Baur ?

AC   C'est ce que j'appelle des décors aidants, que l'on habite. Ils sont très jouant, comme celui de *La Puce à l'oreille* d'Andrew D. Edwards, avec la baie vitrée dans le fond derrière laquelle des skieurs passent épisodiquement ; dans cette maison parfaite qui se transforme en hôtel avec sa chambre tournante délirante. Les accessoires y sont des partenaires à part entière. Tout est jeu, avec un humour très *british*, une excentricité, une petite folie qui nous envahit parfois dans le quotidien : j'aime énormément la façon qu'a Lilo de détourner des situations banales, de les rendre plus exceptionnelles qu'elles ne le sont. La vie est en réalité bien plus fantaisiste qu'au théâtre ou au cinéma, et c'est cet éclat qu'elle fait surgir.

6   *Peter Pan*, spectacle créé en décembre 2008 à l'Atelier 210 de Bruxelles, d'après la série de bande dessinée de Régis Loisel (vol. I – VI, Boulogne-Billancourt: Vent d'Ouest / Glénat, 1990-2004). Plus d'informations et images: https://lesgensdebonnecompagnie.be/spectacles/historique/peter-pan/ (consulté le 26 octobre 2024).

F   Pour nous, c'est très drôle de jouer ainsi avec les objets. Cette excentricité fonctionne dans la profusion et la répétition, mais nécessite paradoxalement une forme de simplicité, l'épure d'un simple trait. C'est une démarche qui me correspond ; j'avance du plus ample à l'essentiel, en affinant progressivement les contours de mon personnage. Les sculptures d'Alberto Giacometti m'inspirent, il n'y a plus que l'essentiel. Lilo ose la surenchère pour mieux sculpter dans la masse, n'avoir rien à ajouter, tout à affiner. Jusqu'au bout, elle nous invite à simplifier, à gommer les surplus sur lesquels on pourrait avoir tendance à se reposer – ce qui renforce notre confiance dans le texte, pour nous porter.

CH   Vous parlez à son égard d'un théâtre de la vérité. Le rattacheriez-vous à d'autres metteuses ou metteurs en scène, à un courant artistique ?

AC   Je dirais que Lilo a inventé une manière vraiment personnelle d'envisager le théâtre à partir de ses expériences antérieures d'actrice, de ses rencontres. C'est une personnalité sensible et d'une grande profondeur, d'une empathie rare. L'ouverture à l'autre que j'évoquais ne tient pas de la méthode, c'est un art de vivre. Elle révèle le meilleur des personnes qui l'entourent. Ce n'est pas si commun d'évoluer dans un cadre si positif. L'atmosphère qu'elle crée – où l'on se sait épaulé au moindre doute, où il n'y a jamais de problèmes, uniquement des solutions – nous rend disponibles à l'imprévu et à l'inconnu. Je n'ai pas de théorie sur ce point, mais je pense qu'elle cherche à ce que quelque chose nous échappe et que l'on soit en permanence dans la vérité d'un jeu très au présent, poreux à tout ce qui survient au plateau. C'est en ce sens que je parle d'un théâtre de la vérité.

CH   Lilo Baur revient à la Comédie-Française en juin 2025 signer sa septième création avec *La Souricière* d'Agatha Christie[7]. Quelle place cette metteuse en scène tient-elle dans votre vie d'actrice, et dans celle de la Troupe, que vous avez intégrée en 2014 et dont vous êtes sociétaire depuis 2023 ?

AC   Lilo Baur fait partie de la Maison ! Elle est très présente et tout le monde la connaît. Au plateau comme dans les ateliers, c'est une fête

---

7   Création prévue le 4 juin 2025, Théâtre du Vieux-Colombier, Comédie-Française, Paris. Plus d'informations : https://www.comedie-francaise.fr/fr/evenements/la-souriciere-2425# (consulté le 26 octobre 2024).

Chantal Hurault

d'apprendre qu'elle est programmée, de la retrouver avec son équipe. Sa rigueur convient vraiment à celle de la Comédie-Française, et le supplément de joie qu'elle apporte est inestimable.

J'adore la vie de troupe, où l'on exerce notre métier dans une attention au collectif, et dans une confiance réciproque. J'aime aussi beaucoup ce rythme où l'on enchaîne des projets avec des artistes très différents. Mais nouer une telle relation de fidélité est exceptionnel dans le parcours d'une actrice ou d'un acteur. Lilo a un regard et une écoute qui me nourrissent énormément. Je suis très heureuse que son talent soit aujourd'hui honoré d'une distinction aussi prestigieuse que le Grand Prix suisse des arts de la scène / Anneau Hans Reinhart. Les actrices et acteurs se réjouissent toujours de jouer dans ses spectacles, et je crois que cela se ressent dans le public : cette énergie qui circule entre le plateau et la salle, c'est la magie unique que son théâtre nous offre.

Jouer en toute liberté

Demis Quadri

La Puce à l'oreille

Une rencontre fructueuse entre Georges Feydeau et Lilo Baur

ZUSAMMENFASSUNG

Mit *La Puce à l'oreille* [*Der Floh im Ohr*] - 2019 in der Comédie-Française inszeniert - trifft Lilo Baur auf Georges Feydeau. Das Publikum sieht eine Aufführung, die Körperlichkeit und Bewegung ins Zentrum stellt. Die Boulevardkomödie von Feydeau dreht sich um das Thema Ehebruch. Lilo Baur erkundet es mit Mitteln des Spiels und choreografierter Bewegungen der Darsteller:innen, die dazu dienen, eine Beziehung zum Publikum aufzubauen und es zum Lachen zu bringen. Ein weiterer Aspekt, den die Schauspieler:innen virtuos angehen, ist das Thema des Doppelgängers, der Verdoppelung einer Figur, die das Stück in einer grossen Theatertradition verankert, aber vor allem auch urkomische Missverständnisse und Verwirrungen hervorruft. Timing und Rhythmus der Inszenierung entsprechen perfekt den Anforderungen eines Theaters, das auf der Bühnenpräsenz der Darstellenden beruht.

RIASSUNTO

L'incontro di Lilo Baur con Georges Feydeau grazie alla messinscena di *La Puce à l'oreille* [*La pulce nell'orecchio*] - presentata alla Comédie-Française nel 2019 - offre al pubblico uno spettacolo profondamente radicato nella fisicità e nel movimento. Il vaudeville di Feydeau ruota attorno al tema dell'adulterio, esplorato dalla regista tramite un approccio che suscita il riso e stabilisce un rapporto con il pubblico attraverso elementi coreografici e meccanismi legati all'espressività degli attori. Un altro aspetto, affrontato con virtuosismo dagli interpreti, è quello del sosia, cioè lo sdoppiamento di un personaggio, che colloca *La Puce à l'oreille* in una lunga tradizione teatrale, e provoca anche equivoci ed effetti comici molto efficaci. Inoltre, nel lavoro registico di Lilo Baur i tempi e il ritmo rispondono perfettamente alle esigenze di un teatro basato sulla presenza scenica degli attori.

ABSTRACT

The meeting of minds between Lilo Baur and Georges Feydeau took place with her production of his vaudeville play *La Puce à l'oreille*, [*A Flea in Her Ear*], staged at the Comédie-Française in 2019 as a hilarious show deeply rooted in physicality and movement. Feydeau's text revolved around the theme of adultery, which Baur explored with the performers' particular acting techniques and choreographed movements to elicit laughter and forge a bond with the audience. Another aspect, masterfully handled by the cast, was the use of doubles, or characters with identical counterparts, which placed the play within a long theatrical tradition and, above all, generated a series of misunderstandings and highly amusing comic effects. The timing and rhythm in Lilo Baur's production was in perfect attunement with the demands of a theatre where the actors' stage presence is of the essence.

Une caractéristique essentielle du vaudeville, dont les pièces de l'auteur dramatique français Georges Feydeau (1862–1921) sont un excellent exemple, est de montrer des histoires sur le plateau plutôt que de les raconter[1]. Dans son œuvre[2], Feydeau exploite avec une grande virtuosité les éléments typiques de ce genre théâtral, basé sur les quiproquos et où l'adultère devient un élément central de toute une société. Fort également de son expérience d'acteur, Feydeau dénote, dans son écriture, aussi une précision de metteur en scène quant à l'attention qu'il porte à l'espace scénique, aux objets, aux accessoires et à tous les éléments indispensables aux mécanismes comiques[3]. Les fondements de ses vaudevilles, que le critique anglo-américain Eric Bentley décrit comme un « théâtre du corps humain »[4], sont cependant constitués par le mouvement physique[5].

Lilo Baur, avec son expertise et son savoir-faire, est donc parfaitement qualifiée pour mettre en scène les pièces de Feydeau. Son parcours artistique comprend, entre autres, les années de formation à Paris, auprès de l'École internationale de théâtre Jacques Lecoq, qui articule son enseignement autour du « corps poétique »[6], et aussi sa longue expérience d'actrice, en particulier au sein de la compagnie anglaise Complicité, l'un des exemples historiquement les plus significatifs du *physical theatre*[7]. Ce type de théâtre, que l'on pourrait traduire en français par « théâtre du corps », place la physicalité et le mouvement des comédiennes et comédiens au centre du processus dramaturgique et de jeu des pièces[8]. En ce sens, c'est un théâtre qui met nécessairement l'accent sur la composante perceptive, par exemple visuelle et sonore, d'un spectacle. Dans les œuvres de Georges Feydeau, tout comme dans les mises en scène de Lilo Baur, le texte conserve un rôle fondamental, mais on ne peut pas comprendre toutes les spécificités des mots et des dialogues si l'on ne prend pas en compte le poids de la composante visuelle donnée par les interactions des corps sur le plateau.

213

1   Peter F. Parshall, «Feydeau's *A Flea in Her Ear*: The Art of Kinesthetic Structuring», dans: *Theatre Journal*, Oct. 1981, vol. 33, n° 3, p. 363. Et nous renvoyons aussi à Northop Frye, «Specific Forms of Drama», dans: *Anatomy of Criticism*, New York: Atheneum, 1969, pp. 282–293.

2   Georges Feydeau, *Théâtre complet*, édité par Henry Gidel, Paris: Garnier, 4 vol., 1988–89.

3   Marco Consolini, «Rivolte, utopie e tradizione nel teatro francese», dans: Roberto Alonge et Guido Davico Bonino (éds.), *Storia del teatro moderno e contemporaneo. III. Avanguardie e utopie del teatro. Il Novecento*, Torino: Einaudi, 2001, p. 339.

4   Eric Bentley, *The Life of the Drama*, New York: Atheneum, 1970, p. 252.

5   Peter F. Parshall, op. cit., p. 364.

6   Cf. Jacques Lecoq, *Le corps poétique: un enseignement de la création théâtrale*, Arles: Actes Sud, 1997.

7   Cf. Simon Murray et John Keefe, *Physical Theatres. A Critical Introduction*, London/New York: Routledge, 2007, pp. 15, 96–97 et 104–107.

8   Cf. Demis Quadri, «Le théâtre du corps. Pour une définition du terme physical theatre», dans: Michael Groneberg (éd.), *Philosophies du jeu théâtral*, Lausanne: Études de lettres, 2020, p. 259.

La Puce à l'oreille

La première et heureuse rencontre, on pourrait dire une sorte de collaboration à distance, entre Feydeau et Baur a eu lieu en 2019 avec la mise en scène, à la Comédie-Française, du vaudeville *La Puce à l'oreille*[9]. Cette pièce, écrite par Feydeau en 1907, est centrée sur le thème du sosie et des quiproquos que cela provoque. L'intrigue se développe autour d'un malentendu déclenché par la jalousie : Raymonde Chandebise soupçonne son mari Victor-Emmanuel, chef d'une assurance, de la tromper. Pour le tester, elle lui envoie une lettre anonyme en se faisant passer pour une maîtresse potentielle qui l'invite dans un hôtel à la moralité douteuse, le Minet-Galant. Mais Victor-Emmanuel y envoie son ami Tournel à sa place. Le chaos s'installe lorsque les personnages, y compris un garçon du Minet-Galant et sosie de Chandebise, se retrouvent piégés dans une série de situations comiques et absurdes générées par des quiproquos, erreurs d'identité, mécommunications, coïncidences et manifestations de jalousie et de désir, dans un crescendo rythmique continu.

Dans son interprétation de *La Puce à l'oreille*, Lilo Baur prête la même attention au décor et à l'utilisation de l'espace scénique que l'auteur de la pièce. Le cadre géographique et temporel est transposé d'un milieu parisien du début du XXe siècle à une maison bourgeoise de montagne des années 1960 durant la période de Noël. Ce choix permet de jouer, par exemple, sur le contraste entre l'hystérie des protagonistes et le calme du paysage enneigé, mais aussi sur les implications d'une période de l'année perçue comme liée à la chaleur du foyer et au rapprochement entre les personnes[10]. Cela correspond parfaitement aux exigences d'une trame qui explore les thèmes de l'adultère, de l'attraction physique et du rejet. Lilo Baur peut ainsi donner à sa mise en scène des nuances différentes par rapport au texte original, en le rapprochant en même temps de la sensibilité du public d'aujourd'hui. Il est néanmoins encore plus intéressant de noter la forte convergence entre l'écriture de Feydeau et la mise en scène de Lilo Baur pour construire des mécanismes comiques extraordinairement efficaces.

9   Spectacle créé le 21 septembre 2019, Salle Richelieu, Comédie-Française, Paris. Plus d'informations et images : https://www.comedie-francaise.fr/fr/evenements/la-puce-a-loreille-1920 (consulté le 9 décembre 2024).

10   Cf. l'entretien avec Lilo Baur, mené par Laurent Mulheisen et Oscar Héliani, à propos de sa mise en scène de *La Puce à l'oreille* : https://www.comedie-francaise.fr/fr/actualites/entretien-avec-lilo-baur-1920 (consulté le 10 décembre 2024).

Demis Quadri

Un aspect qui favorise la possibilité de comparer l'approche kinesthésique dans les pièces de Feydeau à celle de la mise en scène de Lilo Baur est le fait que, dans les textes de l'auteur parisien, contrairement aux normes d'écriture des œuvres dramatiques, il y a un grand nombre d'indications concernant les mouvements des personnages, leur position sur scène, le timing de leurs actions et de leurs gestes[11]. Cette caractéristique permet d'identifier trois outils fondamentaux de la dramaturgie de Feydeau, notamment la « sympathie kinesthésique », la « distanciation chorégraphique » et le « piégeage kinesthésique »[12], qui sont également repris avec une grande maîtrise par la metteuse en scène suisse dans sa lecture contemporaine de *La Puce à l'oreille*.

Dans les « comédies verbales », le contexte des personnages et les détails de l'intrigue sont présentés au public par des outils éminemment intellectuels, liées surtout au langage. Par contre, la notion de « sympathie kinesthésique » (kinesthetic sympathy) désigne le fait que l'exposition de la trame, ainsi qu'un lien entre le public et les personnages sont créés de façon kinesthésique, donc par la physicalité et le mouvement des actrices et acteurs, plutôt qu'à travers l'émotion[13] évoquée par les mots prononcés. Cette caractéristique est également très marquée dans le jeu des comédiennes et des comédiens de *La Puce à l'oreille* montée par Lilo Baur, où la dimension physique et les mouvements des personnages sont des éléments prépondérants par rapport à leurs traits psychologiques. Pour ce faire, la metteuse en scène a pris pour base une série de suggestions, allant des bandes dessinées de l'animateur et réalisateur américain Tex Avery, aux documentaires consacrés aux films muets de Charlie Chaplin, Buster Keaton, Stan Laurel et Oliver Hardy, en les associant à l'univers et à l'humour propres à chaque actrice et acteur[14]. Un bon exemple de « sympathie kinesthésique » dans la mise en scène de Lilo Baur se produit au deuxième acte, lorsque Raymonde et Tournel se retrouvent dans la même chambre et construisent une scène de séduction, d'érotisme et de rejet à travers des gestes et des mouvements équilibrés entre la stylisation et des allures de danse et d'acrobatie. D'autres exemples sont offerts par les personnages jouant avec les clichés culturels, Carlos Homenidès de Histangua (client espagnol de Victor-Emmanuel, acte II) et Rugby (hôte américain du Minet-Galant, acte III), dans leurs moments de colère ou d'exaltation.

---

11   Peter F. Parshall, op. cit., p. 356.

12   Idem. pp. 355–364.

13   Ibid., p. 357.

14   Laurent Mulheisen et Oscar Héliani, cit.

Si la sympathie qui naît du mouvement est un élément central pour créer un lien entre les personnages et le public, un sentiment de détachement est nécessaire pour provoquer le rire. Ce détachement peut être généré par la « distanciation chorégraphique » (choreographic distancing), qui consiste par exemple à construire des séquences de mouvements presque dansées, à mettre en scène des poursuites structurées avec une précision d'horloger et à développer des actions suffisamment rapides pour ne pas permettre un approfondissement de la dimension émotionnelle, donnant de cette façon toujours l'impression que tout n'est qu'un jeu[15]. Cette forme de distanciation peut être liée au principe de « mécanisme » énoncé par le philosophe Henri Bergson, selon lequel le rire se déclenche lorsqu'une personne donne l'impression d'être une chose[16]. L'outil de la « distanciation chorégraphique » est décliné de différentes manières dans la mise en scène de Lilo Baur, par exemple dans les scènes de fuite, de cachette, de poursuite et de gifles et coups de pied qui caractérisent le deuxième acte, lorsque les personnages se rencontrent entre le hall, les escaliers et les chambres de l'hôtel Minet-Galant.

Dans les mêmes espaces de l'hôtel, on relève un excellent exemple du troisième outil clé de l'écriture théâtrale de Feydeau, le « piégeage kinesthésique » (kinesthetic entrapment), qui porte à son apogée la tension physique accumulée au cours de l'intrigue[17]. Cela s'exprime, par exemple, lorsque deux personnages, qui ne devraient absolument pas se rencontrer, se retrouvent très souvent au même endroit[18]. Dans le deuxième acte de *La Puce à l'oreille*, ce piégeage produit un effet particulièrement hilarant lorsque, peu à peu, les personnages arrivent à l'hôtel, ajoutant à chaque fois une personne qui doit être évitée à tout prix par celles et ceux déjà sur place[19]. Lilo Baur reprend le même mécanisme de « piégeage kinesthésique » avec une grande attention au rythme et à l'orchestration, reconstituant habilement la chorégraphie de surprises, fuites, poursuites, coups de pied, bagarres, changements de chambre, parois tournantes, quiproquos et malentendus entre les personnages de *La Puce à l'oreille*, lorsqu'ils et elles se rencontrent au Minet-Galant. Toutefois, en situant sa mise en scène dans les années 1960, elle en profite aussi pour ajouter des éléments inspirés par les décors de séries télévisées telles que *Mad Men* (2007–2015, se déroulant dans le monde de la publicité à l'époque de John Fitzgerald Kennedy et Richard Nixon) et par

---

15   Peter F. Parshall, op. cit., p. 360.

16   Cf. Henri Bergson, *Le rire : Essai sur la signification du comique*, Paris : Félix Alcan, 1922, pp. 22–37.

17   Peter F. Parshall, op. cit., p. 361.

18   Marcel Achard, « Introduction », dans: *Georges Feydeau, Théâtre complet*, Paris : Belier, 1948, p. 14.

19   Peter F. Parshall, op. cit., p. 362.

Demis Quadri

l'humour visuel et slapstick de films comme *La Panthère rose* de Blake Edwards (1963, avec Peter Sellers dans le rôle du légendaire inspecteur Jacques Clouseau et David Niven dans le rôle de son antagoniste, le voleur de bijoux Sir Charles Lytton)[20].

Doubles et quiproquos

L'hôtel où se déroule le deuxième acte du vaudeville de Feydeau est aussi le lieu où s'insère une autre composante fondamentale de son comique physique et visuel, la coexistence de personnages identiques dans leur apparence, avec toutes les conséquences en termes de confusions et de malentendus qui peuvent en découler. Au Minet-Galant, l'une des composantes qui provoquent le chaos – un chaos toutefois organisé grâce à la virtuosité de l'auteur et de la metteuse en scène – est la présence de Poche, un garçon d'hôtel alcoolique qui est un sosie de Victor-Emmanuel Chandebise. Dans le spectacle monté par Lilo Baur à la Comédie-Française, Victor-Emmanuel et Poche sont interprétés par l'acteur Serge Bagdassarian. Ce choix a été guidé par le goût de la metteuse en scène pour le contre-emploi, qui l'incite à proposer aux comédiennes et comédiens des rôles dans lesquels on les voit moins souvent, par exemple en amenant des interprètes plus connus pour leurs personnages tragiques à explorer leur potentiel comique[21]. Bagdassarian incarne de façon très convaincante les deux personnages, en les présentant comme très différents dans leurs physicalités, leurs mouvements, leurs postures et leurs voix, sur la base de la consigne assignée par Lilo Baur de les interpréter comme s'il jouait simultanément dans deux pièces distinctes[22].

La figure du sosie s'inscrit dans une longue tradition des arts de la scène et du cinéma, qui s'étend de la tragédie et de la comédie grecques, en passant par la commedia dell'arte, le burlesque et les films comiques muets et sonores. Le dédoublement d'un personnage permet énormément de jeux de miroirs, d'échanges et de malentendus[23]. Depuis l'Antiquité, le double est exploité dans les tragédies et les comédies pour sa composante dérangeante et angoissante de remise en question de l'identité et de l'existence même des personnages et de leur réalité, comme cela se produit par exemple dans la

---

20   Florence Thomas, «Feydeau et ses metteurs en scène: un couple entre liberté et fidélité»: https://www.comedie-francaise.fr/www/comedie/media/document/programme-lapucealoreille-2223.pdf (consulté le 10 décembre 2024).

21   Laurent Mulheisen et Oscar Héliani, cit.

22   Idem.

23   Angelo Moscariello, *Gag. Guida alla comicità slapstick. Da Stanlio e Ollio ad Aldo, Giovanni e Giacomo*, Roma : Dino Audino, 2009, p.70.

F tragicomédie *Amphitryon* de Plaute (fin du IIIe siècle avant J.-C.)[24]. Le rythme rapide d'une pièce comme *La Puce à l'oreille* laisse peu de place à une dimension perturbante du dédoublement des personnages, mais exploite néanmoins pleinement dans un sens comique la déstabilisation qui en découle, tant pour les sosies, ignorant avoir un double, que pour les autres personnes qu'ils rencontrent au cours de l'intrigue[25].

Compte tenu de la puissance du mécanisme du double, dans le vaudeville de Feydeau comme, en général, dans la tradition théâtrale, il est crucial qu'un certain effort soit fait pour façonner sa présence en termes de structuration, de choix chorégraphiques et de jeu d'acteur. Cet effort est bien visible dans le travail de mise en scène de Lilo Baur pour *La Puce à l'oreille*, où les confrontations, parmi tant d'autres, entre le directeur de l'hôtel, Augustin Ferraillon, et Victor-Emmanuel Chandebise (pris pour Poche dans l'Acte II) ou celles entre le docteur Finache et Poche (pris pour Victor-Emmanuel dans l'Acte III) sont mémorables. Bien que cette composante soit intégrée de façon harmonieuse par rapport aux autres éléments du spectacle, le lien entre Victor-Emmanuel et Poche occupe une place fondamentale, ce qui est d'ailleurs très pertinent pour explorer les duplicités et les ambiguïtés d'une intrigue centrée sur les thèmes de l'adultère et du quiproquo.

218

Une question de timing

Chez Georges Feydeau, le recours aux outils de la « sympathie kinesthésique », de la « distanciation chorégraphique » et du « piégeage kinesthésique » est strictement lié à un développement de la dimension temporelle basé sur des rythmes rapides, qui ne laissent au public aucune possibilité d'approfondir les dynamiques émotionnelles[26]. Cette rapidité, combinée à un mécanisme complexe d'inventions comiques, nécessite une grande attention en termes de timing. Selon le chercheur britannique Matthew Bevis, le temps est quelque chose que nous ne sommes apparemment pas en mesure de contrôler, mais le timing de certaines blagues implique, au contraire, la possibilité de le faire[27]. Étant donné la précision scénique de son écriture et la complexité des « machines à rire » que sont ses vaudevilles, Feydeau devait aussi partager cette idée.

24   Cf. Guido Paduano, *Il teatro antico. Guida alle opere*, Roma / Bari : Laterza, 2005, pp. 228–229.

25   Cf. Angelo Moscariello, op. cit., p. 68.

26   Peter F. Parshall, op. cit., p. 360.

27   Matthew Bevis, *Comedy. A Very Short Introduction*, Oxford : Oxford University Press, 2013, p. 51.

Demis Quadri

Un aspect frappant de la rencontre de Lilo Baur avec le texte de Feydeau est précisément sa capacité à construire une mise en scène aux temps dynamiques dans sa tendance à la vitesse, qui ne perd jamais de vue l'exigence du timing comique et trouve à la fois son pendant spatial dans l'opposition susmentionnée entre l'hystérie des intérieurs et le calme du paysage enneigé. Lilo Baur y parvient par le biais d'une approche physique et chorégraphique appliquée au jeu des comédiennes et des comédiens, qui permet d'amplifier l'effet amusant de certaines scènes, mais surtout de transformer des moments de malentendu, d'embarras ou de conflit en perles comiques visuelles raffinées et surréalistes. Même dans les intermezzi chorégraphiés entre les actes, qui se caractérisent par une remarquable exploitation de la dimension temporelle, Lilo Baur porte ses interprètes à incarner l'idéal, exprimé par Eugenio Barba, d'artistes de la scène qui savent, sur le plateau, « sculpter » le temps en le syncopant, en le dilatant, en lui donnant un rythme et surtout en le mettant au centre d'une expérience concrète[28]. Ce travail est un excellent exemple de l'exploitation du temps et du rythme comme principes structurants de la mise en scène, tant du point de vue dramaturgique que du jeu des comédiennes et comédiens.·

Grâce à une approche basée sur la présence scénique des interprètes, combinée à l'attention minutieuse portée à la dimension de l'espace et des temps théâtraux, la rencontre entre le texte de Georges Feydeau et la mise en scène de Lilo Baur procure au public des moments de grand divertissement. Même si *La Puce à l'oreille* n'est peut-être pas une pièce aux intentions philosophiques ou politiques (après tout, chez Feydeau, il est difficile de dire si son travail autour du thème de l'adultère se veut un acte d'accusation ou un terrain de pure virtuosité comique[29]), la mise en scène de Lilo Baur, mettant l'accent sur les corps et le mouvement, a le grand mérite social et civil de plonger les spectatrices et spectateurs dans une expérience collective basée sur la présence physique, un besoin primordial pour les êtres humains qui, dans notre époque d'évasion dans des mondes virtuels et numériques[30], risque de passer au second plan.

---

28 Eugenio Barba et Nicola Savarese, *L'Énergie qui danse. Dictionnaire d'anthropologie théâtrale*, Montpellier: L'Entretemps, p. 223.

29 Marco Consolini, op. cit., p. 339.

30 Cf. Walter Siti, *C'era una volta il corpo*, Milano: Feltrinelli, 2024.

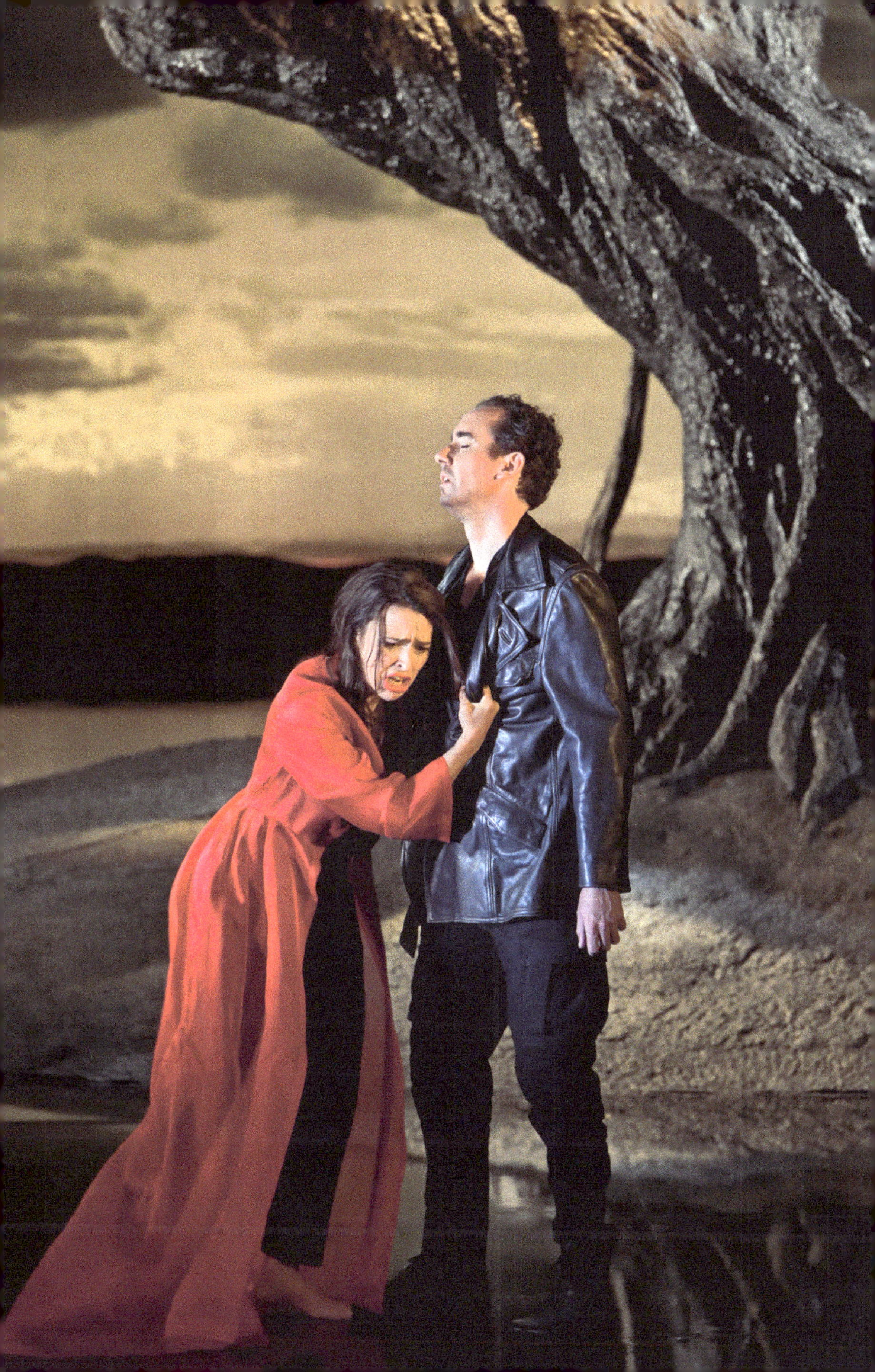

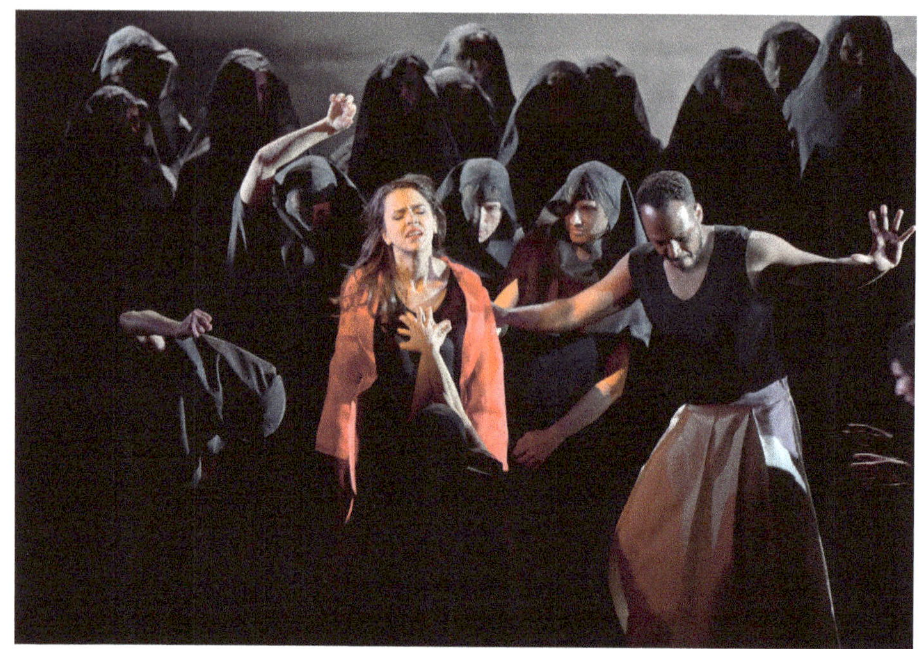

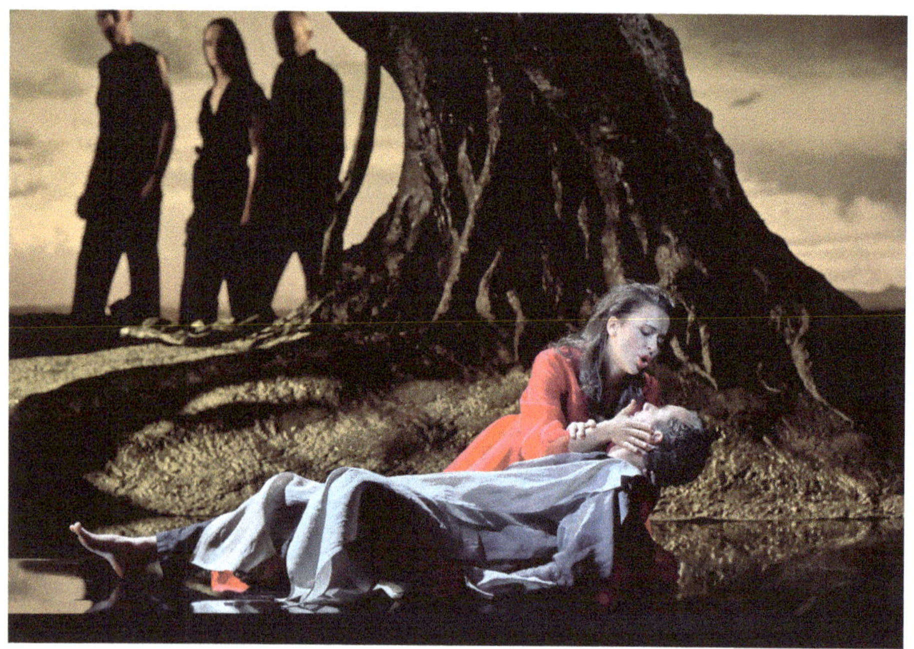

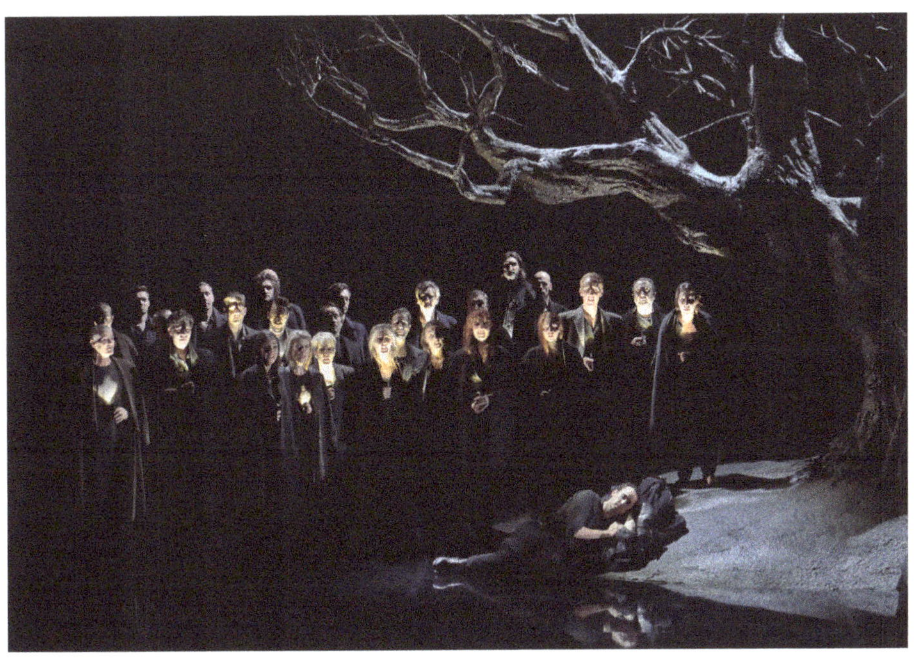

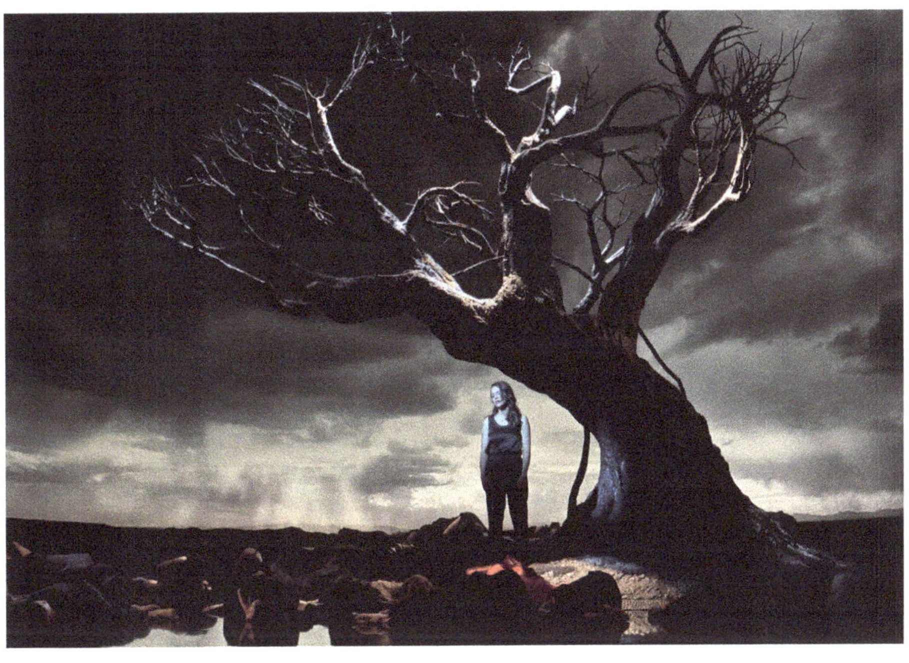

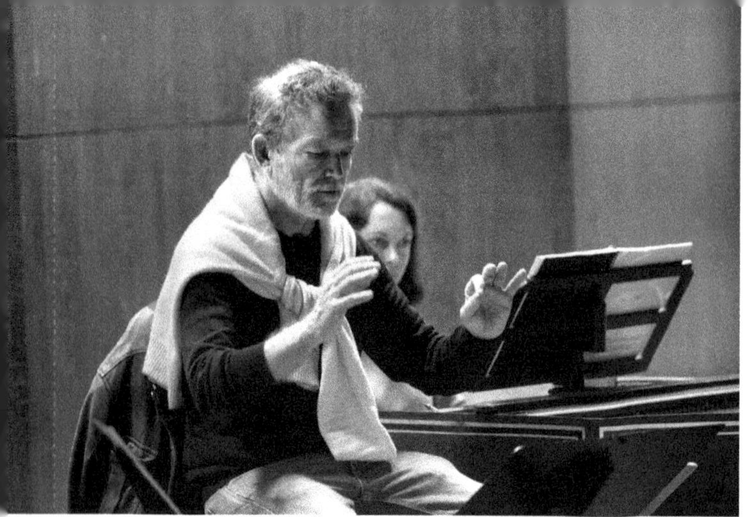

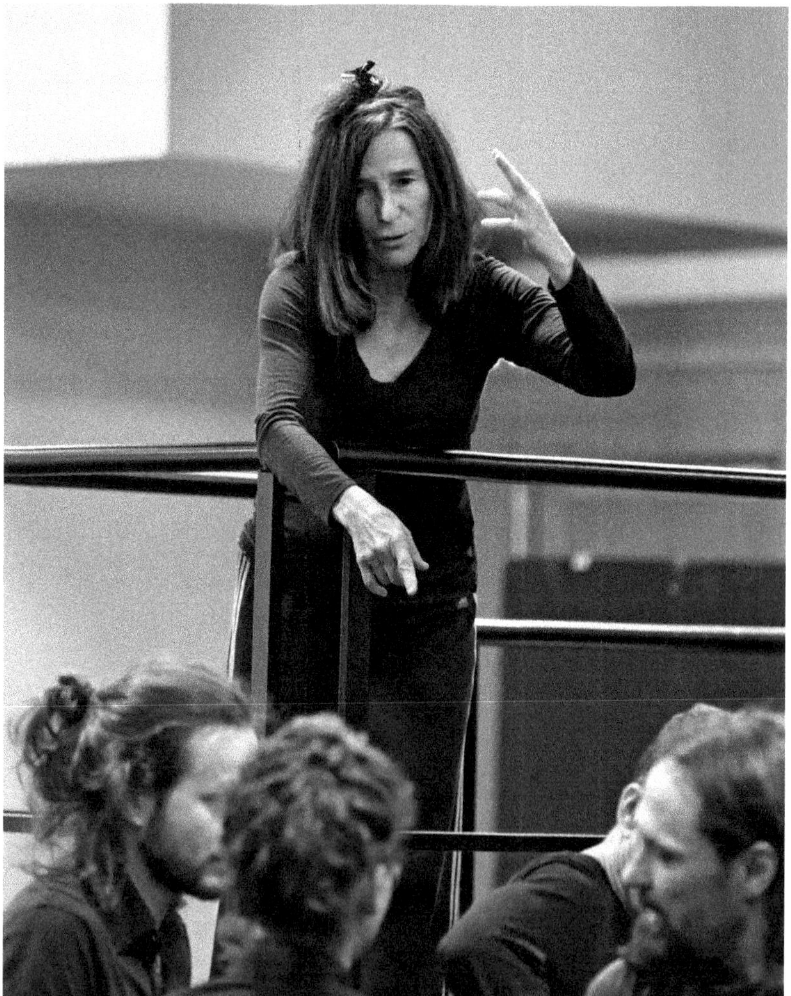

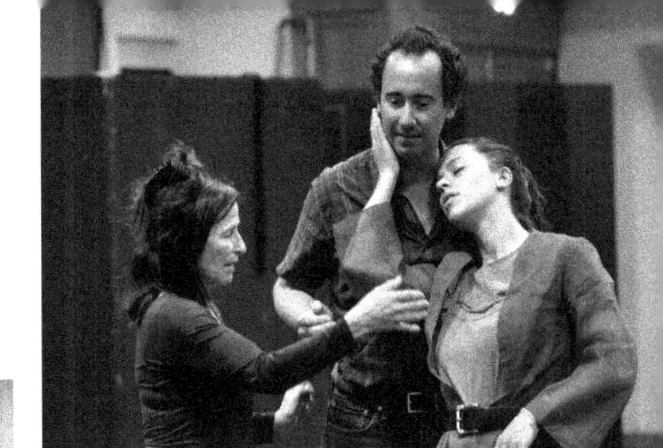

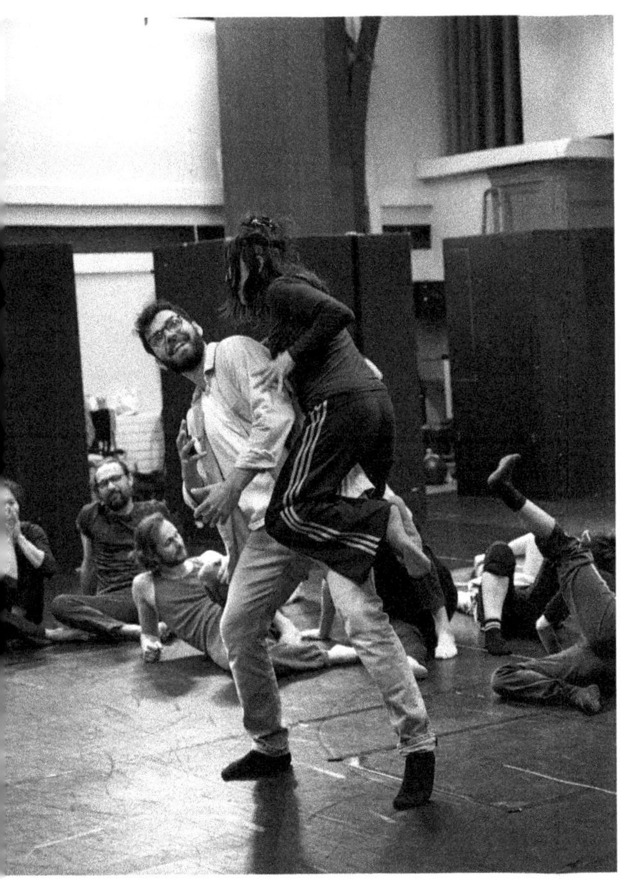

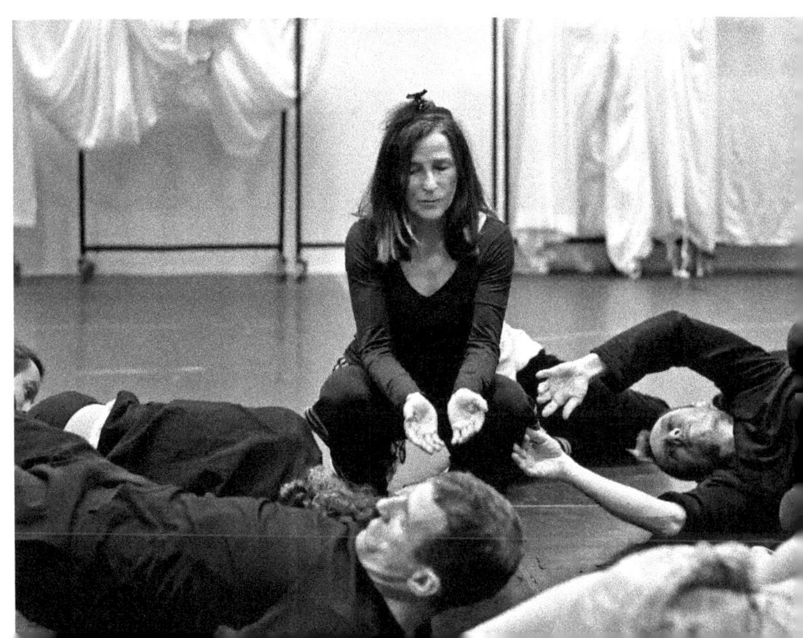

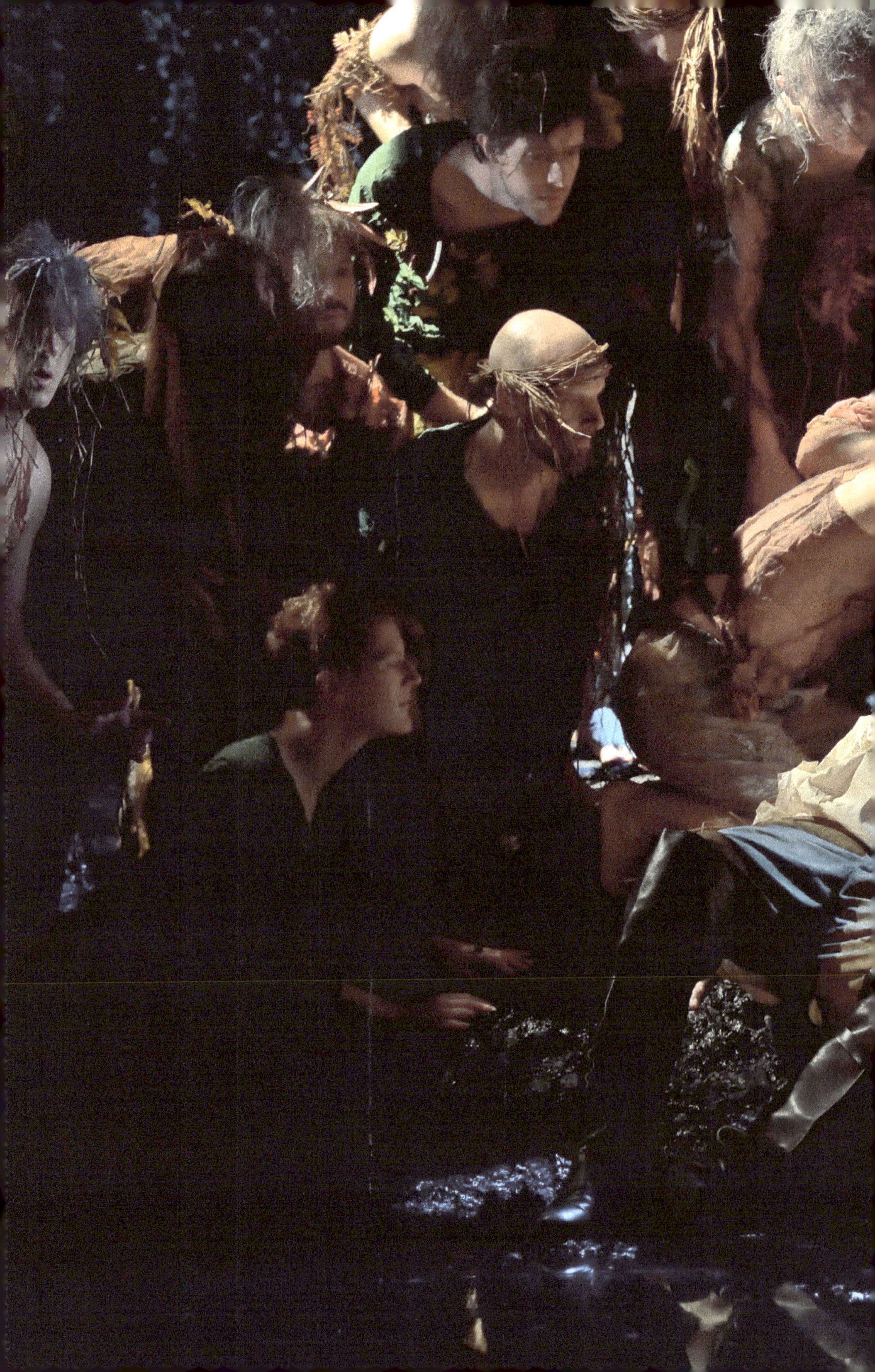

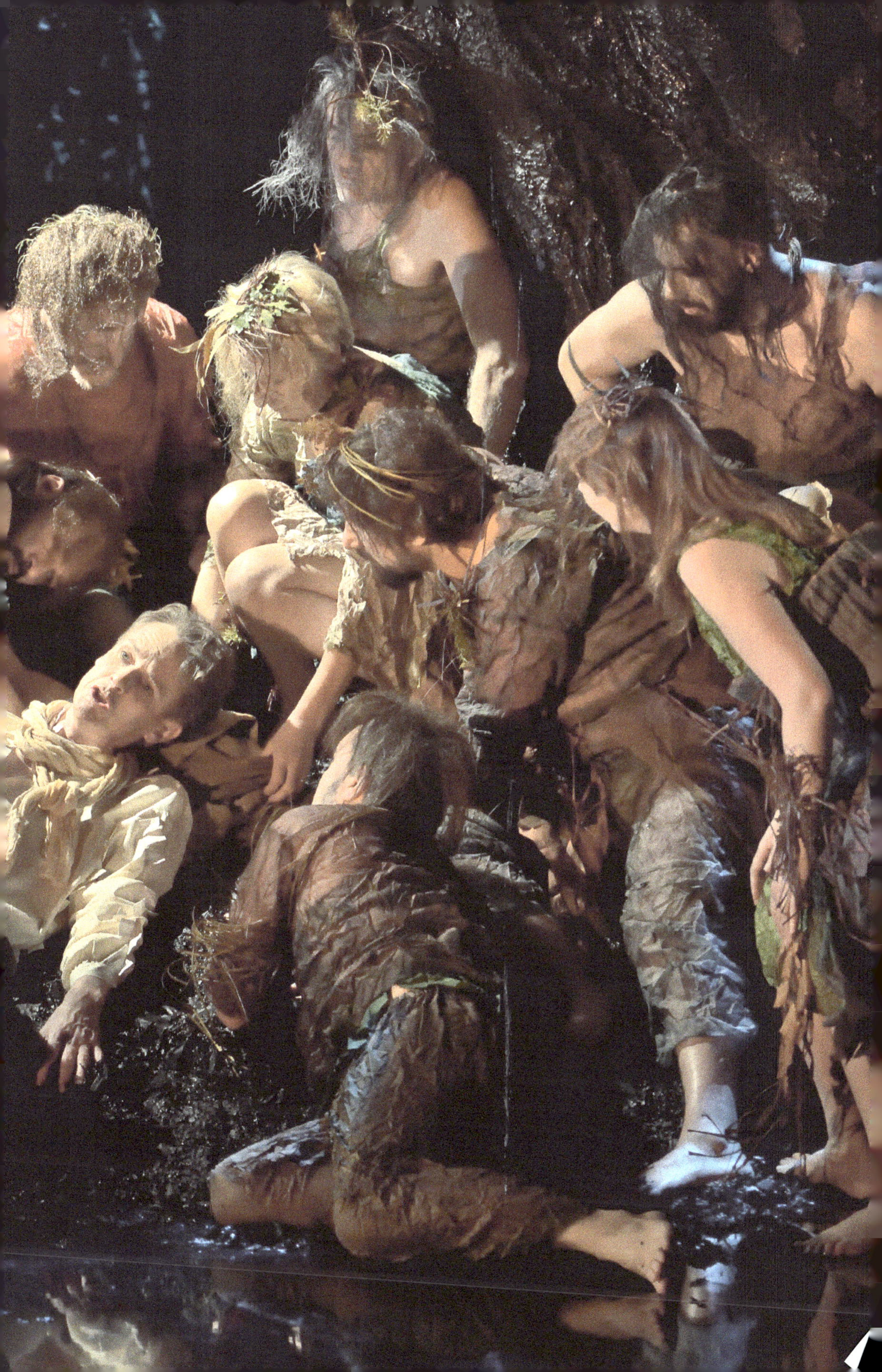

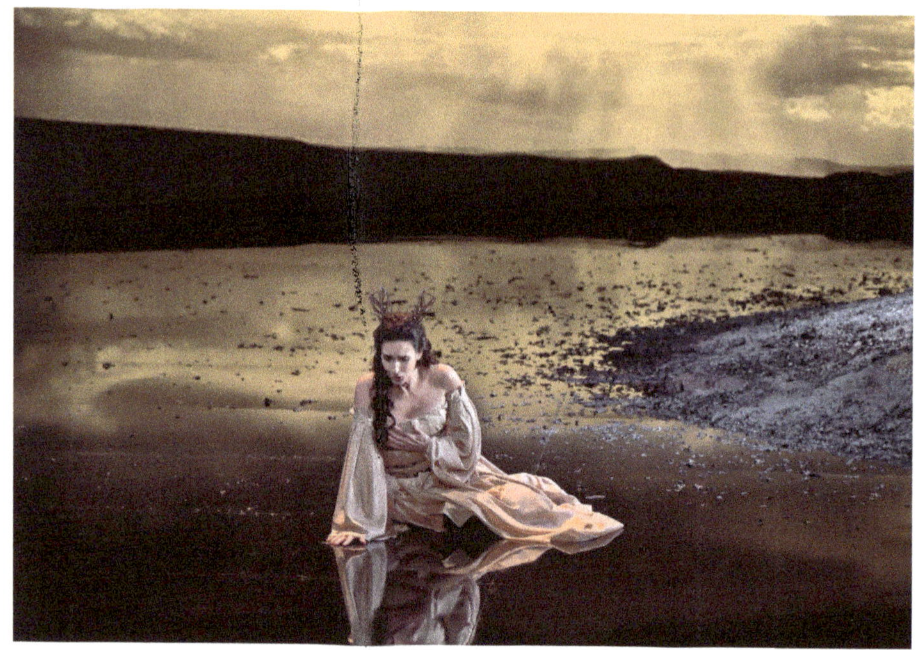

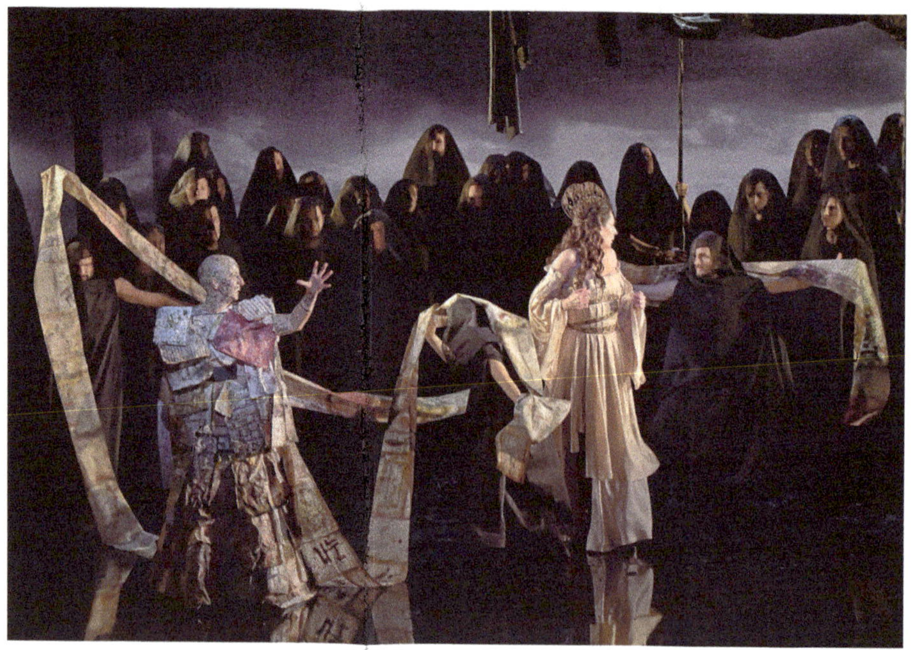

David Christoffel

D'une *Armide* à l'autre

Entretien avec Christophe Rousset

En novembre 2022, le chef d'orchestre et directeur des Talens
Lyriques, Christophe Rousset, et la metteuse en scène
Lilo Baur ont présenté, à l'Opéra-Comique de Paris, leur inter-
prétation de l'*Armide* de Christoph Willibald Gluck[1]. Créé à
l'Académie Royale de Musique en 1777, ce drame héroïque
en cinq actes est basé sur le livret que Philippe Quinault
avait écrit 91 ans plus tôt, à partir de *La Jérusalem délivrée*
de Torquato Tasso. Deux ans après leur première colla-
boration, en juin 2024, Rousset et Baur remontent aux sources,
en se penchant sur «le sommet de l'opéra français»[2]:
l'*Armide* de Jean-Baptiste Lully[3]. Le compositeur baroque
fut notamment le premier à avoir mis en musique, en 1686,
le texte de Quinault. Dans l'entretien, mené à Paris en juillet
2024, Christophe Rousset évoque les points forts et les
défis des deux tragédies lyriques montées avec Lilo Baur.

1   La première de l'*Armide* de Gluck, sous la direction musicale de Christophe Rousset et mise en scène par Lilo Baur, a eu lieu le 5 novembre 2022 à l'Opéra-Comique de Paris, Salle Favart. Avec Véronique Gens et Ian Bostridge dans les rôles d'Armide et Renaud. Plus d'informations et images : https://www.opera-comique.com/fr/spectacles/armide (consulté le 3 octobre 2024).

2   Citation tirée du site web de l'Opéra-Comique : https://www.opera-comique.com/fr/spectacles/armide (consulté le 3 octobre 2024).

3   La première de l'*Armide* de Lully réalisée par Christophe Rousset et Lilo Baur a eu lieu le 17 juin 2024 à l'Opéra-Comique de Paris, Salle Favart. Avec Ambroisine Bré et Cyrille Dubois dans les rôles d'Armide et Renaud. Plus d'informations et images : https://www.opera-comique.com/fr/spectacles/armide-2024 (consulté le 3 octobre 2024).

D'une *Armide* à l'autre

David Christoffel Travailler ensemble sur *Armide*, cela supposait de s'accorder sur les intentions. Comment vous êtes-vous impliqué ?

Christophe Rousset Quand une metteuse ou un metteur en scène s'attaque à un opéra, elle ou il souhaite d'abord entendre l'œuvre en musique grâce à un enregistrement. Concernant l'*Armide* de Gluck, j'ai mis en garde Lilo, en lui disant que les *tempi* ne seraient pas forcément les mêmes que ceux que je prendrai. Et les intentions non plus. Il y a des chœurs, par exemple, sur lesquels j'avais une idée assez particulière, où les versions enregistrées à notre disposition étaient très sautillantes, plutôt humoristiques… alors que j'avais en tête une interprétation beaucoup plus caressante. Quand nous nous sommes retrouvés pour les premières répétitions musicales, elle a découvert d'autres facettes de l'œuvre.

Il faut aussi dire que, pour les rôles d'Armide et de Renaud, on avait des stars comme Véronique Gens et Ian Bostridge, avec lesquels il faut être délicat dans l'accompagnement du geste vocal. En plus, j'étais beaucoup plus familier avec la partition de l'*Armide* de Lully qu'avec celle de Gluck qui, à mon avis, n'est pas sa meilleure tragédie lyrique. Je reste persuadé qu'*Iphigénie en Tauride* est supérieure du point de vue du geste musical. J'ai toutefois suggéré à l'Opéra-Comique de la monter, car on ne l'avait plus fait depuis longtemps à Paris. Et c'est un objet très particulier, qui épouse le livret de Quinault, avec les cinq actes mais sans le prologue (qui était à la gloire de Louis XIV et qui n'avait donc absolument aucune place à l'époque de Louis XVI). Bref, on s'est rapprochés l'un de l'autre avec Lilo. Et c'était très agréable. C'est une personne absolument charmante, très exubérante et qui, dans ses mises en scène, travaille énormément avec l'expression corporelle. Pour l'*Armide* de Gluck, elle avait mobilisé beaucoup les danseuses et danseurs, qui incarnaient tantôt l'armée de Renaud, tantôt les esprits qui accompagnent la reine Armide. Son intention était d'amplifier le geste des divers protagonistes de l'action par la présence des danseuses et danseurs.

DC Pour l'*Armide* de Lully, que vous avez monté deux ans après, en 2024, quelle approche avez-vous adoptée ?

CR Tout était beaucoup plus simple avec l'*Armide* de Lully. D'abord, Lilo et moi avions déjà collaboré, il y avait donc plus de confiance et de fluidité entre nous. Et elle pouvait aussi s'appuyer sur mon enregistrement de l'œuvre de Lully. Même si la distribution était différente. Interprétée par d'autres chanteuses et chanteurs, l'œuvre sonne différemment. Néanmoins, on s'est à peu près tenu à la version enregistrée. Lilo était embarrassée par le prologue à la gloire du Roi-Soleil. On en a discuté, je ne voulais pas le couper. On a trouvé des compromis. Il s'agissait toujours de s'approcher l'un de l'autre. Et, avec Lilo, cela a toujours été extrêmement simple, avec beaucoup de respect mutuel.

DC   Comment avez-vous travaillé autour des enjeux dramaturgiques de tel ou tel moment de l'œuvre ?

CR   Des explications de certains passages du livret ont été nécessaires. Car la langue de Quinault n'est pas toujours simple. Il y a des mots qui ont changé de sens entre le XVIIe siècle et aujourd'hui. Il a fallu apporter des ajustements pour faire comprendre le sens du texte. Nous sommes beaucoup revenus au texte, lorsque la pureté de la musique et du récitatif donnent plus de fluidité. Même si, pour moi, le récitatif de Gluck devait être aussi fluide que celui de Lully. Mais dans la mesure où il est plus écrit, il y a quelque chose de beaucoup plus contraint et de plus chanté. Là où celui de Lully est plus fluide et plus théâtral quelque part.

DC   Est-ce à dire que le travail sur le texte que vous aviez fait pour Gluck n'était pas complètement transférable ?

CR   Absolument. Parce que, dans l'*Armide* de Lully, la musique écrite sur la page ne suffit pas. Autant chez Gluck, on pourrait s'en satisfaire, autant chez Lully, il faut vraiment revenir à la déclamation pour arriver à faire sortir la sensibilité, la spontanéité du geste. La chance que nous avions, c'était que tous les chanteuses et chanteurs de la production du Lully étaient de langue française. Ils avaient une très belle élocution. Mais il s'agissait toujours de revenir à la langue parlée, pour arriver à obtenir à la fois les contrastes, les saveurs des mots, etc. Avec les interprètes, nous avons fait un travail beaucoup plus en profondeur dans le texte. On est passé par la lecture à la table du livret. Ce que nous n'avions pas fait sur Gluck. Cela aurait été peut-être aussi délicat avec des chanteuses et chanteurs plus confirmés.

DC   Vous évoquiez des *stars* comme Véronique Gens et Ian Bostridge investis dans l'*Armide* de Gluck. Est-ce qu'il a été plus difficile de trouver un point d'équilibre entre ce calibre d'artiste, Lilo Baur et vous ?

CR Sur la théâtralisation, sur les intentions, les gestes, etc., c'était en effet à Lilo et à moi de guider les chanteuses et chanteurs[4]. Pour eux, il s'agissait de prises de rôles. Ils n'avaient jamais chanté ces rôles, donc ils étaient tout à fait ouverts. Néanmoins, il aurait été un petit peu trop « laboratoire » de demander à des artistes confirmés comme Gens et Bostridge de revenir d'abord à un texte parlé. Avec l'équipe dont nous disposions pour l'*Armide* de Lully, cela n'a posé aucun problème. On est souvent plus précautionneux avec des *stars*. Mais nous n'avons jamais rencontré de problèmes réels.

DC Il y a des façons de travailler de Lilo Baur qui vous ont surpris ?

CR C'est quelqu'un qui s'amuse beaucoup, qui est très joueuse….

DC Y a-t-il eu des frottements sur certains enjeux de l'ouvrage ?

CR Pas du tout. Lilo était toujours à l'écoute. Elle est réceptive aux impulsions des collègues. Aussi bien celles de la chorégraphe que les miennes. Et elle en fait son miel. Elle a l'habileté de réussir à adopter, à épouser différentes idées et à les transposer du point de vue scénique. La collaboration était donc extrêmement agréable. Je me permettais d'intervenir assez largement sur l'élaboration du spectacle. Et elle ne s'est jamais sentie attaquée. Parce qu'elle a une conception à la fois très fluide et adaptable de la mise en scène. Il n'y a rien de vraiment figé. Elle a une idée dramaturgique globale, elle a compris l'œuvre. Et le fait d'avoir monté d'abord la version Gluck a permis à la version Lully d'être d'autant plus mûrie. Même si ce n'est pas la même rhétorique, même si ce n'était pas les mêmes interprètes et même s'il y a eu beaucoup d'adaptations des décors et des costumes, il reste un livret en commun qui lui a permis de faire avancer sa vision de l'*Armide*.

L'idée de cette reprise venait de moi, avec le concept écologique du recyclage. Souvent, une production est là et est aussitôt détruite. On en fait une autre, on construit des nouveaux décors, etc. Je trouve que, dans notre époque de récession, on a besoin d'être un petit peu plus rusé, de trouver des pirouettes qui nous permettent de réaliser des économies le plus possible et de reprendre sans vraiment reprendre… Dans notre cas, c'était parfait.

---

4 Au sujet du travail de Lilo Baur avec les chanteuses et chanteurs, en particulier pour *L'Armide* de Lully, nous renvoyons aussi à l'entretien d'Andreas Klaeui avec la metteuse en scène dans le présent ouvrage, pp.70 et suiv.

David Christoffel

DC   Lilo Baur a donc été particulièrement attentive à votre approche. À certains endroits de l'ouvrage – et notamment dans celui de Lully, que vous maîtrisiez d'autant plus –, sa lecture a-t-elle modifié votre vision de certains ressorts de cet opéra ?

CR   Je ne dirais pas ça. Elle faisait siennes toutes les idées que je pouvais apporter... Moi-même, par contre, je n'ai pas fait exactement la même chose que sur l'enregistrement, il y avait plusieurs différences. Mais, à chaque fois, Lilo et moi étions d'accord sur la façon dont certains aspects fonctionnaient ou pas sur scène. J'étais souvent un œil extérieur pour elle. J'ai besoin d'être pris par la main et de comprendre le propos. Si le propos n'est pas clair, ça me pose un problème. Je le dis de façon très ouverte. Et d'autant plus ouverte quand la confiance est là. Mais je ne pense pas avoir exploré des zones que je n'aurais pas explorées sans cette mise en scène.

DC   En quoi la mise en scène de Lilo Baur était juste, à votre avis ?

CR   La première réaction que je pourrais avoir, c'est de me dire qu'elle suivait exactement mon idée dramaturgique. Elle était donc parfaitement juste. [*Rires*]. Elle l'a traduite en mouvement et en images scéniques. Et ce n'est pas peu. Parce que mettre en scène une vision purement musicale, c'est un défi. Sa mise en scène permet d'entendre la musique. Ce qui est une grande qualité, à mon avis. Il y a tellement de metteuses et metteurs en scène qui nous racontent une autre histoire, qui font en sorte que « ça bouge »... à tel point qu'on n'arrive même plus à écouter la musique pour savoir où est l'un ou l'autre chanteur sur le plateau...

DC   Il s'agirait donc, à votre avis, de se mettre plutôt au service de la partition plus encore que du livret de Quinault ?

CR   Je pense que Quinault a été magnifiquement mis en musique par les deux compositeurs. Peut-être encore plus, à mon goût, par Lully. Mais c'est déjà une façon de mettre en lumière un texte, une mise en musique. Il y a donc, d'une part, cette mise en lumière du texte par Lully et, d'autre part, il y a la mise en lumière par la mise en scène. Évidemment, on a envie qu'elle nous fasse entrer vraiment dans le cœur de l'œuvre. Et de ce point de vue, la mise en scène de Lilo est très réussie, à mon avis : on comprend quand c'est une scène d'enchantement, on comprend quand c'est la scène de la haine, on est complètement pris par la grande chaconne du cinquième acte, on est totalement dans le désespoir d'Armide... On sortait du spectacle – et moi-même en premier –, bouleversé par la force de l'œuvre montée sur scène.

DC   Lilo Baur a dû renouveler la mise en scène, alors que la trame racontée est exactement la même, peut-être parce que, à livret égal, il aurait pu y avoir un risque de redondance entre la version de Lully, que vous avez montée en 2024, par rapport à celle de Gluck, réalisée en 2022 ?

CR   Je suis content qu'on l'ait fait dans ce sens-là. Ça aurait été peut-être plus logique d'aller dans le sens chronologique. Mais, en fait, c'était mieux comme ça. Le coup d'essai sur le Gluck nous a permis de rentrer davantage dans la fibre du texte. Encore une fois, il y a quelque chose de tellement pur dans la langue de Quinault, que l'on est beaucoup plus facilement bouleversé par la mise en musique de Lully. La seule chose qui nous manquait, c'était la fin du troisième acte où, après la scène de la haine, Armide se retrouve absolument seule, alors que tout le chœur de la haine et la Haine elle-même ont disparu. À cet endroit, Gluck a ajouté un petit air de solitude absolument poignant et bouleversant, dans lequel Armide accepte son amour désespéré pour Renaud.

DC   Après ces deux collaborations avec Lilo Baur, il ne vous resterait plus qu'à vous pencher sur les autres *Armide* à l'Opéra-Comique ?

CR   On a lancé cette idée en boutade. Mais on ne va pas monter l'*Armide* de Gioacchino Rossini dans le même décor… [*Rires*].

DC   Et celle de Salieri ?

CR   Celle de Salieri, pourquoi pas ? [*Rires*]. Non, non, ce n'est pas au programme…

David Christoffel

David Christoffel

Von einer *Armide* zur nächsten

Gespräch mit Christophe Rousset

Im November 2022 zeigten der Leiter des französischen Barockensembles Les Talens Lyriques, der Dirigent Christophe Rousset, und die Regisseurin Lilo Baur an der Pariser Opéra-Comique ihre Neuinszenierung von Christoph Willibald Glucks *Armide*[1]. Diese «grosse heroische Oper» in fünf Akten wurde 1777 an der Académie Royale de Musique in Paris uraufgeführt, der Vorgängerinstitution der heutigen Nationaloper. Das französische Libretto hatte der Dichter Philippe Quinault 91 Jahre zuvor auf der Grundlage von Torquato Tassos *Gerusalemme liberata* [*Das befreite Jerusalem*] verfasst. Zwei Jahre nach dieser ersten Zusammenarbeit gingen Rousset und Baur im Juni 2024 zurück zu den Wurzeln: Sie brachten die *Armide* von Jean-Baptiste Lully[2] auf die Bühne. Sie gilt als «Höhepunkt der französischen Oper»[3]. Der Barockkomponist Lully war 1686 der erste gewesen, der Quinaults Text vertonte. In diesem Interview, das im Juli 2024 in Paris stattfand, spricht Christophe Rousset über die Highlights und die Herausforderungen der beiden Opernaufführungen, die er mit Lilo Baur herausgebracht hat.

239

1   Christoph Willibald Glucks *Armide* unter der musikalischen Leitung von Christophe Rousset und in der Inszenierung von Lilo Baur hatte am 5. November 2022 in der Pariser Opéra-Comique, Salle Favart, Premiere. Mit Véronique Gens und Ian Bostridge in den Rollen von Armide und Renaud. Mehr Informationen und Bilder: https://www.opera-comique.com/fr/spectacles/armide (abgerufen am 3. Oktober 2024).

2   Jean-Baptiste Lullys *Armide* unter der musikalischen Leitung von Christophe Rousset und inszeniert von Lilo Baur kam am 17. Juni 2024 in der Opéra-Comique in Paris, Salle Favart, zur Premiere. Mit Ambroisine Bré und Cyrille Dubois in den Rollen von Armide und Renaud. Mehr Informationen und Bilder: https://www.opera-comique.com/fr/spectacles/armide-2024 (abgerufen am 3. Oktober 2024).

3   «Le sommet de l'opéra français», wie es auf der Webseite der Opéra-Comique heisst: https://www.opera-comique.com/fr/spectacles/armide (abgerufen am 3. Oktober 2024).

Von einer *Armide* zur nächsten

David Christoffel Die gemeinsame Arbeit an *Armide* bedeutete, sich über die Absichten einig zu sein. Wie haben Sie sich eingebracht?

Christophe Rousset Wenn sich eine Regisseurin oder ein Regisseur an eine Oper wagt, möchte sie oder er das Werk zuerst musikalisch in einer Aufnahme hören. Bei Glucks *Armide* habe ich Lilo gewarnt, dass die Tempi nicht unbedingt dieselben sein würden wie die, die ich wählen würde. Und auch nicht die Intentionen. Es gibt zum Beispiel Chöre, von denen ich eine ziemlich spezielle Auffassung hatte. Die Aufnahmen, die uns zur Verfügung standen, waren eher flott und humoristisch... während ich eine viel zärtlichere Interpretation im Kopf hatte. Als wir uns bei den ersten Musikproben trafen, hat Lilo Baur neue Seiten des Werks entdeckt.

Man muss auch sagen, dass wir für die Rollen von Armide und Renaud mit Stars arbeiteten, Véronique Gens und Ian Bostridge. Da braucht es Feingefühl in der Begleitung der Gesangslinie. Ausserdem war ich mit Lullys *Armide* weit vertrauter als mit der Partitur von Gluck. Meiner Ansicht nach ist dies nicht Glucks beste Oper. Ich bin überzeugt, dass *Iphigénie en Tauride* ihr musikalisch überlegen bleibt. Gleichwohl habe ich der Opéra-Comique vorgeschlagen, Glucks *Armide* zu bringen, da sie in Paris seit langem nicht mehr aufgeführt worden war. Und sie ist doch sehr besonders mit Quinaults fünf Akten, aber ohne den Prolog, der Ludwig XIV. glorifiziert und deshalb in der Epoche Ludwigs XVI. keinen Platz mehr hatte. Kurz, Lilo und ich näherten uns einander an. Und das war sehr angenehm. Sie ist eine absolut charmante Person, überschäumend, und in ihren Inszenierungen arbeitet sie stark mit dem körperlichen Ausdruck. Für Glucks *Armide* mobilisierte sie Tänzerinnen und Tänzer, die mal Renauds Heer, mal die Geister in Armides Gefolgschaft verkörperten. Ihre Absicht war, die Haltungen der Handlungsträger über den Tanz zu verstärken.

DC   Welches war Ihr Zugang bei Lullys *Armide,* die Sie zwei Jahre danach, 2024, herausbrachten?

CR   Bei Lullys *Armide* war alles viel einfacher. Zunächst, weil Lilo und ich schon miteinander gearbeitet hatten, so dass es bereits ein Vertrauen und eingespielte Abläufe zwischen uns gab. Sie konnte hier auch auf meine Aufnahme des Werks zurückgreifen. Auch wenn es andere Sängerinnen und Sänger waren. Mit jeder Besetzung klingt ein Werk anders. Gleichwohl hielten wir uns in etwa an die Aufnahmeversion. Lilo störte der Prolog zu Ehren des Sonnenkönigs. Wir diskutierten darüber, ich wollte ihn nicht streichen. Wir haben einen Kompromiss gefunden. Es ging immer darum, aufeinander zuzugehen. Mit Lilo war dies stets extrem einfach und geschah in grossem gegenseitigem Respekt.

DC Wie haben Sie im Einzelnen an den dramaturgischen Herausforderungen des Werks gearbeitet?

CR Einige Passagen im Libretto waren erklärungsbedürftig. Denn Quinaults Sprache ist nicht immer einfach. Manche Ausdrücke bedeuten heute nicht mehr dasselbe wie im 17. Jahrhundert. Wir mussten den Text stellenweise anpassen, um den Sinn verständlich zu machen. Am Text haben wir viel gearbeitet, die reine, pure Musik und die Rezitative fliessen von sich aus.

Auch bei Gluck sollte das Rezitativ meiner Ansicht nach fliessen wie bei Lully. Aber weil es stärker ausgeschrieben ist, wird die Phrasierung gezwungener und gesungener. Da ist Lully in den Rezitativen flüssiger und dramatischer.

DC Heisst das, dass die Arbeit am Text, die Sie für Gluck geleistet hatten, nicht vollständig übertragbar war?

CR Absolut. Denn in Lullys *Armide* ist die notierte Musik nicht hinreichend. Kann man sich bei Gluck damit begnügen, muss man bei Lully wirklich auf die Deklamation zurückgehen, damit die musikalische Geste empfunden und spontan klingt. Unser Glück war, dass alle Sängerinnen und Sänger in der Lully-Produktion französischsprachig waren. Ihr Sprachduktus war sehr schön. Aber es ging immer darum, auf die gesprochene Sprache zurückzukommen, um die Kontraste herauszuarbeiten, die Würze der Worte und so weiter. Wir arbeiteten mit den Darsteller:innen weit stärker am Text. Angefangen mit der Libretto-Lektüre am Tisch. Das hatten wir bei Gluck nicht gemacht. Das wäre mit den erfahreneren Sängerinnen und Sängern dort wohl auch etwas heikel gewesen.

DC Sie haben von den Gesangsstars Véronique Gens und Ian Bostridge in Glucks *Armide* gesprochen. War es schwieriger, zwischen Künstler:innen dieses Kalibers, Lilo Baur und Ihnen ein Gleichgewicht zu finden?

CR Was die Theatralisierung angeht, die Absichten, die Haltungen usw. lag es an Lilo und mir, die Sängerinnen und Sänger zu führen[4]. Es waren

---

4 Zur Arbeit von Lilo Baur mit den Sängerinnen und Sängern, insbesondere in Lullys *Armide*, verweisen wir auf das Gespräch der Regisseurin mit Andreas Klaeui im vorliegenden *MIMOS*-Band, S. 57 ff.

Von einer *Armide* zur nächsten

für sie Rollendebüts, deshalb waren sie ganz offen. Trotzdem wäre es etwas zu «workshopmässig» gewesen, erfahrene Künstler:innen wie Gens und Bostridge den Text zuerst sprechen zu lassen. Mit dem Ensemble in Lullys *Armide* war das überhaupt kein Problem. Im Umgang mit Stars ist man oft vorsichtiger. Aber wir hatten nie wirklich ein Problem.

> **DC**   Gibt es Arbeitsweisen von Lilo Baur, die Sie überrascht haben?

CR   Sie amüsiert sich gern, sie ist sehr spielerisch....

> **DC**   Gab es Reibungen bei gewissen Aspekten des Stoffs?

CR   Überhaupt nicht. Lilo hatte immer ein offenes Ohr. Sie ist empfänglich für die Inputs von Kolleg:innen. Sowohl der Choreografin als auch von mir. Sie macht das Beste daraus. Sie versteht es, unterschiedliche Ideen anzunehmen, miteinander zu verbinden und szenisch umzusetzen. Die Zusammenarbeit war also ausgesprochen angenehm. Ich habe mir erlaubt, mich ziemlich weitgehend in die Entwicklung der Inszenierung einzumischen. Sie fühlte sich nie angegriffen. Denn ihr Regiekonzept ist gleichzeitig fluid und anpassungsfähig. Nichts ist starr festgelegt. Sie hat eine dramaturgische Grundidee, sie hat das Werk begriffen. Dadurch, dass wir zuerst den Gluck herausgebracht hatten, konnte der Lully umso mehr reifen. Auch wenn es nicht die gleiche Rhetorik ist, die Interpret:innen andere waren, es viele Änderungen im Bühnenbild und bei den Kostümen gab. Es bleibt ein gemeinsames Libretto, das ihr erlaubt hat, ihre Vorstellung der *Armide* weiterzuentwickeln.

Die Idee zu dieser Wiederaufnahme kam von mir, aus einer Nachhaltigkeits-Überlegung heraus. Oft ist eine Produktion abgespielt, und alles wird weggeworfen. Es gibt eine neue Produktion mit neuem Bühnenbild usw. Ich finde, heutzutage sollte man schlauer mit Ressourcen umgehen und einen Dreh finden, der es erlaubt, sparsamer zu produzieren, etwas zu übernehmen, ohne es zur Gänze zu übernehmen... In unserem Fall hat das perfekt geklappt.

> **DC**   Lilo Baur war also besonders offen für Ihren Zugang. Hat ihre Lesart an manchen Stellen des Werks – insbesondere bei Lully, den Sie noch besser kennen – Ihre Sicht auf gewisse Aspekte dieser Oper verändert?

CR   Das würde ich nicht sagen. Sie machte sich alle Ideen zu eigen, die ich einbringen konnte... Ich selbst hingegen habe nicht genau das Gleiche

David Christoffel

gemacht wie in der Aufnahme, da gab es einige Unterschiede. Aber Lilo und ich waren uns immer einig, ob ein gewisser Aspekt auf der Bühne funktioniert oder nicht. Ich war oft das «Œil extérieur» für sie. Ich muss an der Hand genommen werden und ein Regiekonzept verstehen. Wenn das Konzept nicht klar ist, bekomme ich ein Problem. Das sage ich ganz offen. Und umso offener, je grösser das Vertrauen ist. Aber ich denke nicht, dass ich Bereiche erforscht habe, die ich ohne diese Inszenierung nicht erforscht hätte.

DC   Inwiefern war Lilo Baurs Inszenierung Ihrer Meinung nach stimmig?

CR   Meine erste Reaktion könnte sein, zu sagen, dass sie exakt meiner dramaturgischen Idee folgte. Sie war also absolut stimmig [*lacht*]. Sie hat sie in Bewegung und Theaterbilder umgesetzt. Das ist nicht wenig. Denn eine rein musikalische Vorstellung szenisch umzusetzen, ist eine Herausforderung. Ihre Inszenierung erlaubt es, die Musik zu hören. Was meiner Ansicht nach eine grosse Qualität ist. Es gibt so viele Regisseur:innen, die uns eine andere Geschichte erzählen, die dafür sorgen, dass sich «was bewegt»… so sehr, dass man nicht mal mehr dazu kommt, der Musik zuzuhören, um zu erkennen, wo der eine oder andere Sänger auf der Bühne steht…

DC   Es geht also Ihrer Meinung nach eher darum, sich in den Dienst der Partitur zu stellen als in den von Quinaults Libretto?

CR   Ich denke, beide Komponisten haben Quinault grossartig in Musik gesetzt. Lully für mich vielleicht noch besser. Aber die Vertonung eines Texts ist bereits eine Art Beleuchtung. Es gibt also zum einen Lullys Beleuchtung des Texts, zum andern die Beleuchtung durch die Inszenierung. Natürlich möchten wir, dass sie uns wirklich zum Kern des Werks führt. In dieser Hinsicht ist Lilos Inszenierung sehr gelungen, finde ich: Man begreift die Verzauberung, man begreift den Hass, man ist ganz und gar mitgenommen von der Chaconne im 5. Akt, von Armides Verzweiflung… Man verlässt das Theater – und ich selbst zuerst – überwältigt von der Kraft des auf die Bühne gebrachten Werks.

DC   Lilo Baur musste ihre Inszenierung neu entwickeln, obwohl die erzählte Handlung exakt dieselbe ist, vielleicht weil bei gleichem Libretto die Gefahr von Redundanz zwischen der Version von Lully, die Sie 2022 herausgebracht haben, und der von Gluck aus dem Jahr 2024 bestanden hätte?

Von einer *Armide* zur nächsten

D   CR   Ich bin froh, dass wir es so herum gemacht haben. Es wäre vielleicht folgerichtiger gewesen, chronologisch vorzugehen. Aber eigentlich war es besser so. Der Testlauf mit Gluck hat uns ermöglicht, tiefer in den Text einzudringen. Nochmals, Quinaults Sprache ist von solcher Makellosigkeit, dass man von Lullys Vertonung sehr viel leichter überwältigt wird. Das Einzige, was uns fehlte, war das Ende des dritten Aktes, wo Armide nach der Hass-Szene völlig allein ist, der ganze Hass-Chor und die Furie des Hasses sind verschwunden. An dieser Stelle fügt Gluck eine ergreifende, absolut erschütternde kleine Einsamkeits-Arie ein, in der Armide ihre verzweifelte Liebe zu Renaud akzeptiert.

      DC   Nach diesen beiden Kooperationen mit Lilo Baur bliebe Ihnen nur noch, sich an der Opéra-Comique mit den übrigen *Armides* zu beschäftigen?

      CR   Wir haben diese Idee scherzhaft in den Raum gestellt. Aber wir werden Rossinis *Armide* nicht im gleichen Bühnenbild produzieren... [*lacht*].

      DC   Und die von Salieri?

      CR   Warum nicht die von Salieri? [*lacht*]. Nein, nein, das ist nicht geplant...

David Christoffel

David Christoffel

Da un'*Armide* all'altra

Intervista a Christophe Rousset

Nel novembre del 2022, il direttore d'orchestra e fondatore dell'ensemble Les Talens Lyriques, Christophe Rousset, e la regista Lilo Baur hanno presentato all'Opéra-Comique di Parigi la loro interpretazione dell'*Armide* di Christoph Willibald Gluck[1]. Questo dramma eroico in cinque atti, il cui debutto ebbe luogo nel 1777 all'Académie Royale de Musique (oggi Opéra National de Paris), si basa sul libretto in francese che Philippe Quinault aveva scritto 91 anni prima, traendo ispirazione dalla *Gerusalemme liberata* di Torquato Tasso. Due anni dopo, nel giugno del 2024, Rousset e Baur tornano alle origini cimentandosi in quello che viene definito il «culmine dell'opera francese»[2]: l'*Armide* di Jean-Baptiste Lully[3]. Il compositore barocco fu infatti il primo a mettere in musica il testo di Quinault, nel 1686. Nell'intervista, svoltasi a Parigi nel luglio del 2024, Christophe Rousset evidenzia i punti di forza e le sfide delle due tragedie liriche portate in scena con Lilo Baur.

247

1   L'*Armide* di Gluck, per la direzione musicale di Christophe Rousset e la regia di Lilo Baur, ha debuttato il 5 novembre 2022 all'Opéra-Comique di Parigi, Salle Favart, con Véronique Gens e Ian Bostridge nei ruoli di Armide e Renaud. Ulteriori informazioni e immagini: https://www.opera-comique.com/fr/spectacles/armide (consultato il 3 ottobre 2024).

2   Citazione tratta dal sito web dell'Opéra-Comique di Parigi: https://www.opera-comique.com/fr/spectacles/armide (consultato il 3 ottobre 2024).

3   L'*Armide* di Lully, portata in scena da Christophe Rousset e Lilo Baur, ha debuttato il 17 giugno 2024 all'Opéra-Comique di Parigi, Salle Favart, con Ambroisine Bré e Cyrille Dubois nei panni di Armide e Renaud. Ulteriori informazioni e immagini: https://www.opera-comique.com/fr/spectacles/armide-2024 (consultato il 3 ottobre 2024).

David Christoffel Collaborare alla messinscena dell'*Armide* significava trovare un accordo riguardo alle intenzioni. Qual è stata la Sua esperienza?

Christophe Rousset Quando una o un regista si confronta per la prima volta con un'opera lirica, desidera innanzitutto ascoltare la musica tramite una registrazione. In merito all'*Armide* di Gluck, ho avvertito Lilo che i *tempi* non sarebbero stati necessariamente gli stessi che avrei scelto io. E neppure le intenzioni. Ci sono alcuni cori, ad esempio, per i quali avevo un'idea ben precisa: le versioni registrate a nostra disposizione erano piuttosto vivaci e umoristiche… mentre io avevo in mente un'interpretazione molto più soave. Quando ci siamo incontrati di nuovo per le prove musicali, Lilo ha avuto modo di scoprire ulteriori sfaccettature dell'opera.

Devo anche dire che i ruoli di Armide e Renaud erano stati affidati a due star come Véronique Gens e Ian Bostridge, con cui bisogna essere delicati nell'accompagnamento del gesto vocale. Inoltre, la partitura dell'*Armide* di Lully mi era molto più familiare rispetto a quella di Gluck che, a mio avviso, non è la sua migliore tragedia lirica. Sono convinto che l'*Iphigénie en Tauride* sia di gran lunga superiore per quanto riguarda il gesto musicale. Ciononostante, ho proposto all'Opéra-Comique di portarla in scena, perché non era stata rappresentata da parecchio tempo a Parigi. Si tratta di un'opera molto particolare, che adotta il libretto di Quinault, con i suoi cinque atti, ma senza il prologo (che glorificava Luigi XIV ed era quindi totalmente fuori luogo all'epoca di Luigi XVI). In ogni caso, durante il processo creativo Lilo ed io ci siamo avvicinati l'uno all'altra, ed è stato molto piacevole. È una persona piena di fascino, alquanto esuberante, e l'espressione fisica è un elemento chiave nelle sue messinscene. Per l'*Armide* di Gluck, aveva previsto delle coreografie con numerosi danzatori e danzatrici, che in alcune scene avrebbero incarnato l'esercito di Renaud e in altre gli spiriti al seguito della regina Armide. La presenza dei danzatori aveva lo scopo di amplificare i gesti dei protagonisti.

DC Qual è stato il vostro approccio per l'*Armide* di Lully, che avete portato in scena due anni dopo, nel 2024?

CR Con l'*Armide* di Lully tutto è stato più semplice. Innanzitutto, perché Lilo ed io avevamo già collaborato in precedenza, c'era dunque una

maggiore fiducia e più affiatamento tra di noi. Inoltre, Lilo poteva attingere
alla mia registrazione dell'opera di Lully, malgrado gli interpreti non fossero
gli stessi. Eseguita da altri cantanti, l'opera assume una tonalità diversa.
Comunque, ci siamo attenuti grossomodo alla versione registrata. Lilo era
imbarazzata dal prologo in onore del Re Sole. Ne abbiamo discusso. Io non
volevo tagliarlo e abbiamo trovato un compromesso. Con Lilo è sempre stato
estremamente facile trovare un punto d'incontro, grazie al nostro grande
rispetto reciproco.

DC   Come avete affrontato eventuali problemi drammaturgici
riscontrati in determinati momenti dell'opera?

CR   Alcuni passaggi del libretto necessitavano di una spiegazione. Il
linguaggio di Quinault non è sempre accessibile, in quanto varie parole
hanno cambiato significato rispetto al XVII secolo. Abbiamo dovuto lavorare
parecchio sul testo, apportando alcune modifiche per renderlo più comprensibile, mentre la purezza della musica e del recitativo conferiscono all'opera
una maggiore fluidità. Secondo me, anche il recitativo di Gluck doveva fluire
come quello di Lully. Ma dal momento che la partitura è più elaborata, il
fraseggio risulta più forzato, più cantato. La musica di Lully, al contrario, è
più fluente e in un certo senso più teatrale.

249

DC   Ciò significa che il lavoro drammaturgico svolto per
l'*Armide* di Gluck non era completamente trasferibile?

CR   Proprio così. Perché nell'*Armide* di Lully la composizione musicale
non basta. Mentre nell'opera di Gluck è possibile attenersi alla partitura,
nella versione di Lully è necessario ricorrere alla declamazione per far emergere la sensibilità, la spontaneità del gesto. Per la nostra messinscena
dell'*Armide* di Lully, siamo stati fortunati perché tutti i cantanti erano francofoni e avevano dunque un'ottima elocuzione. Ma dovevamo tornare spesso
alla lingua parlata per riuscire a estrapolare i contrasti, il sapore delle parole.
Abbiamo approfondito il testo con gli interpreti, addirittura tramite la lettura al tavolo del libretto, cosa che non avevamo fatto per la versione di
Gluck. Anche perché sarebbe stato alquanto delicato con cantanti di fama
internazionale.

DC   Ha detto che per l'*Armide* di Gluck avete potuto avvalervi di
star come Véronique Gens e Ian Bostridge. È stato più difficile trovare
un equilibrio fra artisti di questo calibro, Lilo Baur e Lei stesso?

CR   Per quanto riguarda la teatralizzazione, le intenzioni, la gestualità e così via, spettava a me e a Lilo guidare i cantanti[4]. Interpretavano per la prima volta i ruoli di Armide e Renaud, non li avevano mai cantati, erano quindi totalmente aperti alla nostra chiave di lettura. Sarebbe stato tuttavia un po' troppo «didattico» chiedere ad artisti affermati come Gens e Bostridge di partire dalla semplice declamazione del testo. Con il cast a nostra disposizione per l'*Armide* di Lully, ciò non ha invece posto alcun problema. Spesso si tende ad essere più cauti quando si ha a che fare con delle star. Ma non abbiamo mai avuto problemi neanche con loro.

DC   È rimasto sorpreso dal modo di lavorare di Lilo Baur?

CR   Le piace divertirsi, è molto giocosa...

DC   Ci sono stati attriti su alcuni aspetti dell'opera?

CR   Niente affatto. Lilo era sempre disposta ad ascoltare i suggerimenti dei colleghi, sia quelli della coreografa che i miei. E ha saputo sfruttarli al meglio. Ha una grande capacità di adottare idee diverse e integrarle nella propria messinscena. Perciò è stato molto piacevole collaborare con lei. Mi sono permesso di intervenire ampiamente nello sviluppo della produzione, e lei non si è mai sentita sotto attacco, perché ha una concezione di regia alquanto fluida e malleabile. Non c'è mai nulla di prefissato. In un primo momento, a Lilo basta farsi un'idea drammaturgica globale dell'opera. Il fatto di avere portato in scena prima l'*Armide* di Gluck, ci ha consentito un maggiore approfondimento nella versione di Lully. Malgrado la retorica sia molto diversa, gli interpreti non fossero gli stessi e siano state apportate varie modifiche alla scenografia e ai costumi, entrambe le opere si basano sullo stesso libretto, e ciò ha permesso a Lilo di sviluppare ulteriormente la propria idea della trama.

Sono stato io a proporre di riutilizzare alcuni elementi della nostra precedente messinscena, ricollegandomi al concetto ecologico di riciclaggio. Spesso una produzione scompare senza lasciare traccia poco dopo avere preso vita. Se ne crea subito un'altra, per la quale viene costruita una nuova scenografia, e via dicendo. In questi tempi di recessione, credo si debba aguzzare l'ingegno, escogitare dei trucchi per ridurre i costi al minimo, recuperando alcune cose, pur senza riprendere tutto quanto... Nel nostro caso era perfetto.

---

4   Sul lavoro di Lilo Baur con i cantanti, in particolare per l'*Armide* di Lully, si veda anche l'intervista di Andreas Klaeui alla regista nel presente volume di *MIMOS*, pp. 82 sgg.

David Christoffel

DC   Lilo Baur ha dimostrato una grande apertura nei confronti del Suo approccio. D'altro canto, l'interpretazione della regista ha forse alterato in qualche modo la Sua visione di alcuni aspetti dell'opera – in particolare per quanto riguarda la versione di Lully, di cui Lei è uno dei massimi esperti?

CR   Non direi. Lilo ha accolto tutte le mie proposte... Mentre io stesso non mi sono attenuto esattamente alla registrazione che avevo realizzato in precedenza. Tuttavia, Lilo ed io eravamo sempre d'accordo se determinate idee potessero funzionare in scena o meno. Spesso fungevo da sguardo esterno per lei. Ho bisogno di essere preso per mano e di capire il messaggio. Se un concetto non è chiaro, per me è un problema. E lo dico apertamente, soprattutto quando c'è un rapporto di fiducia. Ma non credo di avere scoperto nuovi aspetti grazie a questa messinscena.

DC   In che misura la regia di Lilo Baur Le è sembrata congeniale?

CR   La prima reazione che potrei avere è quella di dire a me stesso che ha seguito alla lettera la mia idea drammaturgica. Quindi la sua messinscena era perfettamente congeniale. [*Ride*]. È riuscita a trasporla in movimenti e immagini sceniche. E non è un'impresa da poco, perché interpretare una visione puramente musicale è una grande sfida. A mio avviso, la qualità del suo concetto registico consiste nell'avere posto in primo piano l'ascolto della musica. Numerosi registi e registe raccontano una storia diversa, tanto per fare... al punto tale che il pubblico riesce a malapena a concentrarsi sulla musica per riuscire a capire dove si trovi l'uno o l'altro cantante in scena...

DC   Ritiene dunque necessario mettersi innanzitutto al servizio della partitura musicale, a scapito del libretto di Quinault?

CR   Penso che entrambi i compositori abbiano messo in musica il testo di Quinault in modo magistrale. Soprattutto Lully, per i miei gusti. La composizione musicale è già un modo di mettere in risalto un determinato testo. Il libretto è dunque messo in risalto, da un lato, grazie alla musica di Lully e, dall'altro grazie alla trasposizione scenica. Ovviamente, auspichiamo che quest'ultima ci consenta di immergerci in profondità, nel cuore dell'opera. Da questo punto di vista, la messinscena di Lilo mi sembra molto ben riuscita: si capisce quando si tratta di una scena d'incantesimo o di odio, siamo totalmente rapiti dal ritmo della ciaccona nel quinto atto, condividiamo la disperazione di Armide... E alla fine lasciamo il teatro – io per primo! – profondamente scossi dalla potenza dell'opera portata in scena.

251

DC   Lilo Baur ha dovuto creare una nuova messinscena, benché la trama, basata in entrambi i casi sul libretto di Quinault, sia esattamente la stessa. Forse per evitare troppa ridondanza fra la versione di Lully, che avete portato in scena nel 2024, e quella di Gluck, realizzata nel 2022?

CR   Sono contento della scelta fatta. Forse sarebbe stato più logico procedere in ordine cronologico. Ma, in effetti, è stato meglio così. L'esperienza precedente con l'*Armide* di Gluck ci ha permesso di penetrare ancora di più nella fibra testuale. Come detto, il linguaggio di Quinault è talmente puro che è molto facile lasciarsi travolgere dalla messa in musica di Lully. La sola cosa di cui abbiamo sentito la mancanza è una breve aria, molto struggente e commovente, che Gluck ha aggiunto alla fine del terzo atto, in cui Armide si ritrova nella solitudine più totale, dopo che l'intero coro dell'odio e l'Odio stesso sono scomparsi, e ammette il suo amore disperato per Renaud.

DC   Dopo queste due collaborazioni con Lilo Baur, intende forse proporre all'Opéra-Comique anche le altre versioni dell'*Armide*?

CR   Avevamo lanciato l'idea per scherzo. Ma non potremmo di certo portare in scena l'*Armide* di Gioacchino Rossini con la stessa scenografia… [*Ride*].

DC   E quella di Salieri?

CR   Quella di Salieri, perché no? [*Ride*]. No, no, non rientra nei nostri piani…

David Christoffel

David Christoffel

From One *Armide* to Another

An Interview with Christophe Rousset

In November 2022, Christophe Rousset, the conductor and director of Les Talens Lyriques, and stage director Lilo Baur presented their rendition of Christoph Willibald Gluck's *Armide* at the Opéra-Comique in Paris.[1] First performed at the Académie Royale de Musique in 1777, this heroic drama in five acts uses the libretto Philippe Quinault wrote in French 91 years earlier, inspired by Torquato Tasso's *La Gerusalemme Liberata* [*Jerusalem Delivered*]. In June 2024, two years after their first collaboration, Rousset and Baur went back to "the apogee of French opera"[2]: Jean-Baptiste Lully's version of *Armide*.[3] The Baroque composer was the first to set Quinault's libretto to music, back in 1686. In the following interview, conducted in Paris in July 2024, Christophe Rousset discusses the strengths and challenges of the two tragic operas he has put on stage with Lilo Baur.

253

---

1   Gluck's *Armide*, conducted by Christophe Rousset and directed by Lilo Baur, premiered on 5 November 2022 at the Opéra-Comique in Paris (in Salle Favart), starring Véronique Gens and Ian Bostridge as Armide and Renaud. For more information and visuals, go to: https://www.opera-comique.com/en/shows/armide (last accessed on 3 October 2024).

2   Quote from the Opéra-Comique website: https://www.opera-comique.com/en/shows/armide (last accessed on 3 October 2024).

3   Christophe Rousset and Lilo Baur's production of Lully's *Armide* premiered on 17 June 2024 at the Opéra-Comique in Paris (Salle Favart), starring Ambroisine Bré and Cyrille Dubois as Armide and Renaud. For more information and visuals, go to: https://www.opera-comique.com/en/spectacles/armide-2024 (accessed on 3 October 2024).

David Christoffel Working together on *Armide* meant having to see eye to eye on intentions. How did that work?

Christophe Rousset When a stage director takes on an opera, they want to hear the music first, on a recording. As for Gluck's *Armide*, I warned Lilo that the tempi wouldn't necessarily be the same ones I'd be using. Nor would the intentions. I had pretty clear-cut ideas about some of the choruses, for example, where the recorded versions available to us were very bouncy, rather on the humorous side, whereas I had a much softer interpretation in mind. When we met up again for the first sitzprobes, she discovered other facets of the work.

I should add that, for the roles of Armide and Renaud, we had Véronique Gens and Ian Bostridge: when it comes to stars like them, the vocal gesture has to be accompanied gently. What's more, I was far more familiar with the score of Lully's *Armide* than with Gluck's, which, in my opinion, is not his best tragic opera. I'm still convinced *Iphigénie en Tauride* is superior in terms of musical gesture. All the same, I suggested the Opéra-Comique do Gluck's *Armide* because it hadn't been staged in Paris for a long time. And it's a very special piece, which uses all five acts of Quinault's libretto, though without the prologue – which was to the glory of Louis XIV and therefore completely out of place in the age of Louis XVI. Anyway, Lilo and I grew closer and that was really nice. She's an absolutely charming person, quite exuberant, and physical expression is a key element of her productions. She made extensive use of the dancers for Gluck's *Armide* – to represent Renaud's army in some scenes and the spirits accompanying Queen Armide in others. Her intention was to use the dancers' presence to amplify the main characters' gesture on stage.

DC What was your approach to Lully's *Armide*, which you put on two years later, in 2024?

CR Everything was a lot simpler with Lully's *Armide*. First of all, Lilo and I had already worked together, so there was more trust and a smoother rapport between us. Also, she could draw on my recording of Lully's work – even if the cast was different. The work sounds different when performed by other singers. Nevertheless, we basically stuck to the recorded version. Lilo was uncomfortable with the prologue glorifying the Sun King, so we talked it over: I didn't want to cut the prologue. We managed to come up with workable compromises. It was always a matter of finding middle ground. And that was always extremely easy to do with Lilo – with plenty of mutual respect.

David Christoffel

DC   How did you handle dramaturgical problems you came up against in certain scenes?

CR   Certain passages in the libretto needed explaining. Quinault's language isn't always easy to understand. Some words have changed meaning since the 17th century. So, adjustments had to be made to render their meaning comprehensible. We spent a lot of time working on the text, whereas the purity of the music and the recitative makes for a smoother flow. I feel that Gluck's recitative ought to be just as smooth as Lully's, but Gluck's score is more elaborate, there's something much more constrained and more sung about it. Whereas Lully's is, in a way, more fluid and theatrical.

DC   Does that mean the work you did on the text for Gluck wasn't entirely transferable?

CR   Absolutely. Because in Lully's *Armide*, the music written on the page is not enough. Much as it might suffice for Gluck, for Lully you really need to fall back on declamation to bring out the sensibility, the spontaneity of the gesture. We were lucky that all the singers in the Lully production were French speakers with very good elocution. But it was always a matter of getting back to the spoken language to bring out the contrasts, the flavours of the words. We delved much deeper into the text with the performers. We even did sit-down read-throughs of the libretto – which we didn't do with Gluck. That might have been trickier, too, with more established singers.

DC   You mentioned stars like Véronique Gens and Ian Bostridge performing in Gluck's *Armide*. Was it harder to strike a balance between such high-calibre artists, Lilo Baur and yourself?

CR   When it came to dramatisation, intentions, gestures and the like, it was really up to Lilo and me to guide the singers.[4] They were taking on roles they'd never sung before, so they were completely open to suggestions. Still, it would have been a little too "drama workshop" to ask established artists like Gens and Bostridge to start by reverting to a spoken text. But that was no problem with the cast of Lully's *Armide*. We're often more cautious with stars. Then again, we never ran into any real problems with them either.

DC   Were you surprised at any of Lilo Baur's working methods?

---

4   For more on Baur's work with singers, in particular on Lully's *Armide*, see Andreas Klaeui's interview with the director in this *MIMOS* edition, pp. 93 ff.

CR   She enjoys herself on the job, she's a very jolly person.

DC   Was there any friction about aspects of the production?

CR   None at all. Lilo was always open to others' input. She's receptive to her colleagues' suggestions – both the choreographer's and mine. And she makes the most of them. She has the ability to adopt and embrace different ideas and transpose them for the stage. So, it was a great pleasure working with her. I took the liberty of getting involved in many aspects of the production – and she never felt under attack, because she has a very fluid and adaptable approach to directing. Nothing's really set in stone. She has an overall dramaturgical idea of the work, she understands it. And having staged Gluck's version first helped make Lully's an all the more mature production. Even if it wasn't the same rhetoric or the same cast, and even if there were lots of changes to the sets and costumes, there was still a shared libretto, which enabled her to more fully develop her vision of *Armide*.

I'm the one who had the idea of reusing some elements of our former *Armide* production – which ties into the ecological concept of recycling. Oftentimes a production is there and it gets torn down immediately afterwards. Then another one is constructed, new sets get built and so on. In these times of recession, I think we need to be a little craftier, to come up with tricks to cut costs as much as possible and start afresh without starting from scratch... In our case, it was perfect.

DC   So, Lilo Baur was particularly receptive to your approach. At certain points in the production – especially in Lully's version, which you mastered even more fully – did her reading alter your vision of certain aspects of the opera?

CR   I wouldn't say that. She embraced all the ideas I managed to contribute. Then again, I myself didn't do things exactly the same way as on the recording. But, each time, Lilo and I saw eye on eye on which aspects worked or did not work on stage. I often served as an outside perspective for her. I need to be walked through things and to understand the intentions behind them. If the director's concept isn't clear, I have a problem with that, which I express quite candidly – and even more candidly where there's trust. But I don't think I discovered aspects I would not have explored were it not for this production.

DC   What do you think was right about Baur's staging?

David Christoffel

CR   My first reaction is to say that it followed my own dramaturgical vision to a T – so, it was spot on! [*Laughs*]. She transposed it into movement and images on the stage – which is no mean feat. Because staging a purely musical vision is a challenge. Her transposition permits the music to be heard. And that's a great quality, in my opinion. So many directors tell us a different story just to change things around… to the point where you're so busy trying to figure out where the singer is on stage that you don't get round to actually listening to the music.

DC   So, you feel your job is to serve the score rather than Quinault's libretto?

CR   I think both composers did a superb job of setting Quinault to music. Lully perhaps even more so, in my estimation. But a musical setting is already a way of illuminating a given text. Lully illuminates the text, on the one hand, and the staging does too. Naturally, we want the staging to get to the heart of the work. And in that respect, Lilo's staging is, in my opinion, very effective: we *get* it when the scene is about enchantment, or hatred; we're enraptured by the grand chaconne in Act 5; we share fully in Armide's despair… We left the show – especially me! – blown away by the power of the work on stage.

DC   Lilo Baur had to create a new staging, even though the plot is exactly the same. Was this perhaps because the 2024 production of Lully's *Armide* ran the risk of repeating what you'd done two years before with Gluck's setting of the same libretto?

CR   I'm glad we did it in that order. It might have been more logical to go about it chronologically. But it was actually better the other way round. Our trial run with Gluck's *Armide* helped us delve deeper into the substance of the text. Once again, there's something so pure about Quinault's language that one is far more likely to be moved by Lully's setting. The only thing we missed was something at the end of Act 3, when, after the hate scene, Armide finds herself all alone, while the whole hate chorus and Hatred himself have disappeared. At this juncture, Gluck added a little aria of solitude that's extremely poignant and profoundly moving, in which Armide accepts her hopeless love for Renaud.

DC   After these two joint productions with Lilo Baur, now you've got your work cut out for you exploring the other *Armides* at the Opéra-Comique, right?

E   CR   We actually pitched this idea in jest. But we're not about to stage Gioacchino Rossini's *Armide* on the same set! [*Laughter*].

DC   What about Salieri's?

CR   Salieri's *Armide*, why not? [*Laughter*]. No, no, that's not in the pipeline.

David Christoffel

Karelle Ménine

En quête du point absolu de métamorphose

Karelle Ménine

En quête du point absolu
de métamorphose

ZUSAMMENFASSUNG

Inszenieren bedeutet, die Hintergründe einer tiefen Begegnung mit einem Text sichtbar zu machen, zu teilen, was eine Erzählung in uns bewegt, etwas, das ungreifbar ist und dennoch verkörpert werden soll. Laut der Historikerin, Autorin und Künstlerin Karelle Ménine «greift Lilo Baur die Fragen unserer Welt auf, um sie in Theater zu verwandeln». In ihrem Beitrag befasst sie sich mit Lilo Baurs Inszenierung *Une journée particulière* [*Ein besonderer Tag*], nach dem gleichnamigen Film von Ettore Scola (1977), die 2023 im Genfer Théâtre de Carouge zur Premiere kam. In ihrer Bühnenfassung setzt Lilo Baur auf die Körpersprache, die niemals schummelt, um die Begegnung der unterdrückten Hausfrau Antonietta mit dem homosexuellen Journalisten Gabriele zu erzählen. Verkörpert werden sie von Laetitia Casta und Roschdy Zem. Eine Begegnung zweier Einsamkeiten vor der Folie von Hitlers Besuch in Rom am 6. Mai 1938.

RIASSUNTO

Portare in scena un testo significa scavare nelle profondità di un incontro intimo con esso, condividere il modo in cui una storia scuote qualcosa dentro di noi, qualcosa d'inafferrabile e che tuttavia verrà incarnato. Secondo la storica, autrice e artista Karelle Ménine, «Lilo Baur affronta le questioni del nostro mondo trasformandole in teatro». Nel suo contributo analizza il lavoro della regista e soprattutto *Une journée particulière*, spettacolo basato sull'omonimo film di Ettore Scola del 1977 e presentato nel 2023 al Théâtre de Carouge. Nel suo adattamento scenico, Lilo Baur privilegia il linguaggio del corpo, che non tradisce mai, per raccontare l'incontro fra la casalinga sottomessa Antonietta e il giornalista omosessuale Gabriele, interpretati da Laetitia Casta e Roschdy Zem. È un incontro fra due solitudini, sullo sfondo della visita di Hitler a Roma il 6 maggio 1938.

ABSTRACT

Directing a play is about revealing the depths of an intimate encounter with a text, sharing how a story shifts something within us - something elusive yet ultimately embodied. Historian, author and artist Karelle Ménine notes, "Lilo Baur addresses the questions of today's world and turns them into theatre." In her article, Ménine delves into the director's work, particularly *Une journée particulière*, [*A Special Day*], a production based on Ettore Scola's 1977 eponymous film performed in 2023 at the Théâtre de Carouge (Geneva). In her stage adaptation, Lilo Baur prioritises the language of the body - a language which never deceives - to convey the encounter between Antonietta, a repressed housewife, and Gabriele, a homosexual journalist, portrayed by Laetitia Casta and Roschdy Zem. It is an encounter between two lonely souls, set against the backdrop of Hitler's visit to Rome on 6 May 1938.

Mettre en scène, c'est partager un voyage. C'est ouvrir les dessous d'une rencontre intime, faire l'offrande de ce qu'un récit et une langue déplacent en nous, quelque chose d'insaisissable et qui sera cependant incarné. C'est un périple hors du texte, avec et à partir de lui. Et c'est tout l'enjeu du théâtre que d'y parvenir. Ainsi, lorsque Lilo Baur met en scène, en 2023, *Une journée particulière*[1], adaptée du scénario d'Ettore Scola, décide-t-elle en tout premier lieu de ne pas revoir le film éponyme de 1977 interprété par Sofia Loren et Marcello Mastroianni. C'est du moins ce qu'elle me confiera peu avant la première, tandis que je la questionnais déjà sur son travail. Ce dialogue se poursuivra en l'été 2024, en architecture de la présente contribution. Lilo Baur est de ces metteuses en scène pour qui le théâtre est avant tout et en toutes ses dimensions un profond travail d'affranchissement. En parler avec elle, c'est parler de la Vie.

Née en cette terre étroite couverte de forêts et de montagnes qu'est la Suisse, Lilo Baur en a retenu la poésie des choses, celle qui murmure sous les ombres. Elle y a appris à écouter ce que les gens confient, et plus encore ce qu'ils taisent. Elle a quitté son Argovie natale assoiffée d'aventures, en emportant avec elle le roc de son accent alémanique et la vivacité des chemins de traverse. Tout d'abord comédienne, formée notamment à l'École internationale de théâtre Jacques Lecoq à Paris, ainsi qu'auprès des metteuses et metteurs en scène Simon McBurney[2], Katie Mitchell et Peter Brook, elle sait ce qu'interpréter signifie, ce que cela engage comme ce que cela exige. D'aimer parler sans aimer parler d'elle frappe qui l'écoute avec attention. Lilo Baur est une artiste volubile adorant le verbe, parce qu'il est une terre où le monde entier peut se tenir. Il y a chez elle une appétence réelle pour tout ce qui met en mouvement l'intelligence par le dialogue et sa langue est une langue fleuve qui a l'exigence de s'élever. Elle ne s'arrête ni contre les rochers, ni contre les courants. Si elle invite sur les scènes des théâtres ou des opéras avec lesquels elle collabore des personnages ordinaires autant que des monstres, c'est pour mieux regarder l'envers de notre humanité.

---

1   Cette mise en scène de Lilo Baur a été créée le 3 octobre 2023 au Théâtre de Carouge (près de Genève). Avec Laetitia Casta (Antonietta), Roschdy Zem (Gabriele), Joan Bellviure (Emanuele), Sandra Choquet (la concierge), Luna-Janet Bovet, Azel Garrel-Casta, Robinson Landolt (voix des enfants) et Gaetano Lucido (voix du présentateur radio). Plus d'informations et images : https://theatredecarouge.ch/spectacle/une-journee-particuliere/ (consulté le 10 octobre 2024).

2   À ce sujet, nous renvoyons aussi au témoignage de Simon McBurney dans le présent ouvrage, pp. 97–103.

En quête du point absolu de métamorphose

« C'est le texte qui fait l'image »[3], rappelait Marguerite Duras à propos du cinéma. Et Lilo Baur a un jour interprété Anne-Marie Stretter d'*India Song*[4], héroïne si caractéristique de l'œuvre durassienne, où tout est ravissement, rapt par le désir de l'amour, de la mort, ou de l'inconnu. Que le texte fait l'image est aussi vrai sur le plateau. Lorsque la chanteuse Jeanne Crousaud se faisant Petit Prince dans l'opéra éponyme monté par Lilo Baur en 2014 à Lausanne[5], prononce : « Les yeux sont aveugles, il faut chercher avec le cœur », elle crée un espace plus grand qu'elle. Il ne s'agit ainsi pas d'interpréter un rôle, mais d'être, d'être là tous les soirs, d'aller par-devant son personnage afin de l'accueillir. Lilo Baur quête ce point absolu de métamorphose, cet instant où tout existe, matière impalpable qui dévoile et habille en même temps, vertige où tout est possible, le meilleur comme le pire.

Une journée particulière

Devant l'Histoire, chacune et chacun fera comme elle et il peut. Qui se pensait faible, y découvrira une force nouvelle. Qui se pensait seul·e, une solidarité. Le temps de cette « journée particulière », Gabriele, journaliste homosexuel condamné à la déportation, et Antonietta, mère prolétaire mariée à un mari misogyne, promise à une sourde solitude, forment un couple improbable capable de briser les murs. L'homosexualité, la condition féminine, en filigrane de la haine d'un peuple, sont les prisons dont ils vont s'extraire quelques heures. Tandis que la ville entière court fêter, en ce 6 mai 1938, l'union d'Hitler à Mussolini, elle et lui vont se rencontrer, se raconter l'un à l'autre, affronter leurs mensonges et leurs peurs. C'est portée par l'urgence de répondre à une société qui bascule, que Lilo Baur confie s'être lancée dans l'adaptation théâtrale du scénario d'Ettore Scola pour son célèbre film *Una giornata particolare*. Il y a chez elle une véritable colère envers ce que le monde fait au monde, bateau à la dérive où l'autre, étranger, devient peu à peu dérangeant, et banni. Elle sait qu'au théâtre les masques finissent toujours par tomber. Ce qui qualifie sa passion du théâtre est une quête de sincérité, dans toute sa complexité. Elle ne travaille qu'à cette authenticité-là,

3   Marguerite Duras, *Le cinéma que je fais : Écrits et entretiens*, édition établie par François Bovier et Serge Margel, Paris : P.O.L, 2021, p. 339.

4   En 1975, Marguerite Duras réalisa le film *India Song* d'après sa pièce éponyme, publiée en 1973, et qui est elle-même inspirée de son roman *Le Vice-Consul* (Paris : Gallimard, 1966). Lilo Baur a incarné le rôle d'Anne-Marie Stretter dans l'adaptation d'*India Song* pour le plateau, créée le 3 septembre 1993, au Theatr Clywd, à Mold, Pays de Galles. Mise en scène : Annabel Arden et Annie Castledine ; scénographie : Iona McLeish ; conception sonore : Oliver Productions.

5   *Le Petit Prince*, opéra du compositeur Michaël Levinas, qui a également adapté le livret d'après le célèbre roman d'Antoine de Saint-Exupéry. Création le 5 novembre 2014 à l'Opéra de Lausanne sous la direction du chef d'orchestre Arie van Beek et avec l'Orchestre de chambre de Genève ; mise en scène par Lilo Baur. Plus d'informations et images : https://www.opera-lausanne.ch/show/le-petit-prince/ (consulté le 7 octobre 2024).

Karelle Ménine

ce rendu à la justice. Comme lorsque Gabriele dit : « Ce n'est pas le locataire du sixième étage qui est anti-fasciste, c'est le fascisme qui est anti-locataire du sixième étage. »[6]

En matière d'adaptation, Marguerite Duras préférait parler plutôt « d'équilibre », et Lilo Baur, dans ses mises en scène, cherche cet équilibre. Elle place le « maintenant » au centre, façon de dire : « On en est où avec nos ombres ? » Sur le plateau, elle privilégie donc le corps, ce plein langage qui ne triche jamais. Dès les premiers jours des répétitions, elle organise avec les interprètes des improvisations, des danses, une écriture organique où la chair, les os, le squelette articulent quelque chose propre à eux. La spontanéité offre toujours sa part de vérité, inviter une actrice ou un acteur à se faire face, les inviter à s'abandonner, encourager le tâtonnement comme le lâcher prise, elle s'y attelle ainsi en chacun de ses projets. Le jeu libre des comédiennes et des comédiens modèle les caractères, les morphologies, les attitudes des personnages qui se construisent pas à pas depuis ce qui surgit. C'est le lent et patient travail du théâtre. Reprendre, refaire, revenir encore, humblement. En coulisses, elle le nourrit généreusement d'images. C'est en quelque sorte sa « boîte à outils ». Et l'on y trouvera en premier lieu le peintre Francis Bacon. Ce qui échappe des corps tordus de ses toiles expose nos vérités *intranquilles.* Les êtres se cabrent, fuient, coulent, s'effacent. Ils résistent autant qu'ils vivent, on ne peut les observer sans frémir. Mais il y a aussi la solitude féminine peinte par Toulouse-Lautrec, la folie saisie par Goya, ou le théâtre pur, si corpulent, si tendrement brutal, des toiles de Paula Rego. Tout nous y affronte, tout nous y interroge. Lilo Baur fouille en des situations du quotidien ce qu'elle va mettre en scène. Par exemple l'enfermement d'une relation, que la banalité d'une éponge passée sur une table saisira. Son univers pictural est un univers mental à multi-couches : une à une les images enrichissent l'image de la scène, ajoutent à la courbure d'un corps plié par le temps, un regard, une absence.

Elle puise aussi, bien sûr, dans le cinéma italien : *Amarcord* de Federico Fellini, sorti en 1973 et qui se veut la chronique de la vie d'un adolescent sous le fascisme, ou le cinéma de Roberto Rossellini, tel son *Roma città aperta*, sorti en 1945, tragédie vertigineuse sur la résistance. La sublime Anna Magnani y incarne Pina et ses gestes ne sont pas éloignés de ceux d'Antonietta dans l'adaptation pour la scène, par Lilo Baur, d'*Una giornata particolare* d'Ettore Scola. Même intérieur sobre, même quête d'une liberté.

---

6   Dans la version originale en italien du scénario d'Ettore Scola pour son film *Una giornata particolare* : «Io non credo che l'inquilino del sesto piano sia antifascista, semmai il fascismo è anti-inquilino del sesto piano!» https://artesettima.it/2023/04/02/una-giornata-particolare-di-ettore-scola-tra-societa-e-ruoli-di-genere/ (consulté le 2 novembre 2024).

F Lorsqu'elle offre un café au résistant Luigi Ferraris (alias ingénieur Giorgio Manfredi), incarné par Marcello Pagliero, et parle de son mariage à venir en haussant les épaules, on retrouve un peu d'Antonietta avouant à Gabriele le malheur de son union. Pour sa mise en scène, Lilo Baur s'appuie sur l'histoire d'une époque, le cinéma de propagande, les dessins animés glorifiant les plus forts. Elle place sous sa loupe les mouvements de foules, les chants, les médias, tout ce qui fourmille sous les fractures. Elle dépose le « Je suis » face au « Nous sommes », relit Pier Paolo Pasolini mille fois, relit mille fois Jorge Luis Borges, lui qui sait nous rappeler que « si les personnages d'une fiction peuvent être lecteurs ou spectateurs, nous, leurs lecteurs ou spectateurs, pouvons être des personnages fictifs. »[7] Une fois sur le plateau, elle cadre la scène comme l'on cadre une image. Elle veut regarder. Elle veut que l'on regarde. Toujours plus près. Avec toujours plus de justesse. Elle resserre, ralentit, reprend. Laetitia Casta et Roschdy Zem portent les rôles d'Antonietta et Gabriele, quarante-six ans après la sortie du film d'Ettore Scola, sous cette attention où chaque détail compte. La scénographie est mobile, leurs personnages traversent les cloisons, le temps est une boule, le matin et le soir ne forment qu'une seule phrase, la foule peut rester dehors : l'avenir se joue entre deux cloisons. Moudre du café, plier un drap, devient alors plus vaste. S'aimer, plus simple.

264 Soirs après soirs, gestes après gestes, créations après créations, Lilo Baur ausculte minutieusement nos âmes et nos cœurs, qu'elle tend à la lumière. Si Marguerite Duras disait faire des films pour « occuper » son temps, l'étymologie latine du verbe « occuper » signifie : « s'emparer de » ; Lilo Baur s'empare des questions de notre monde pour les offrir au théâtre.

---

7 Jorge Luis Borges, « Magies partielles du *Quichotte* », dans : *Autres Inquisitions / Otras Inquisiciones* [1952], ici cité à partir des *Œuvres complètes*, édition établie, présentée et annotée par Jean-Pierre Bernès, Paris : Gallimard, « Bibliothèque de la Pléiade », 1993, tome I, p.106.

Karelle Ménine

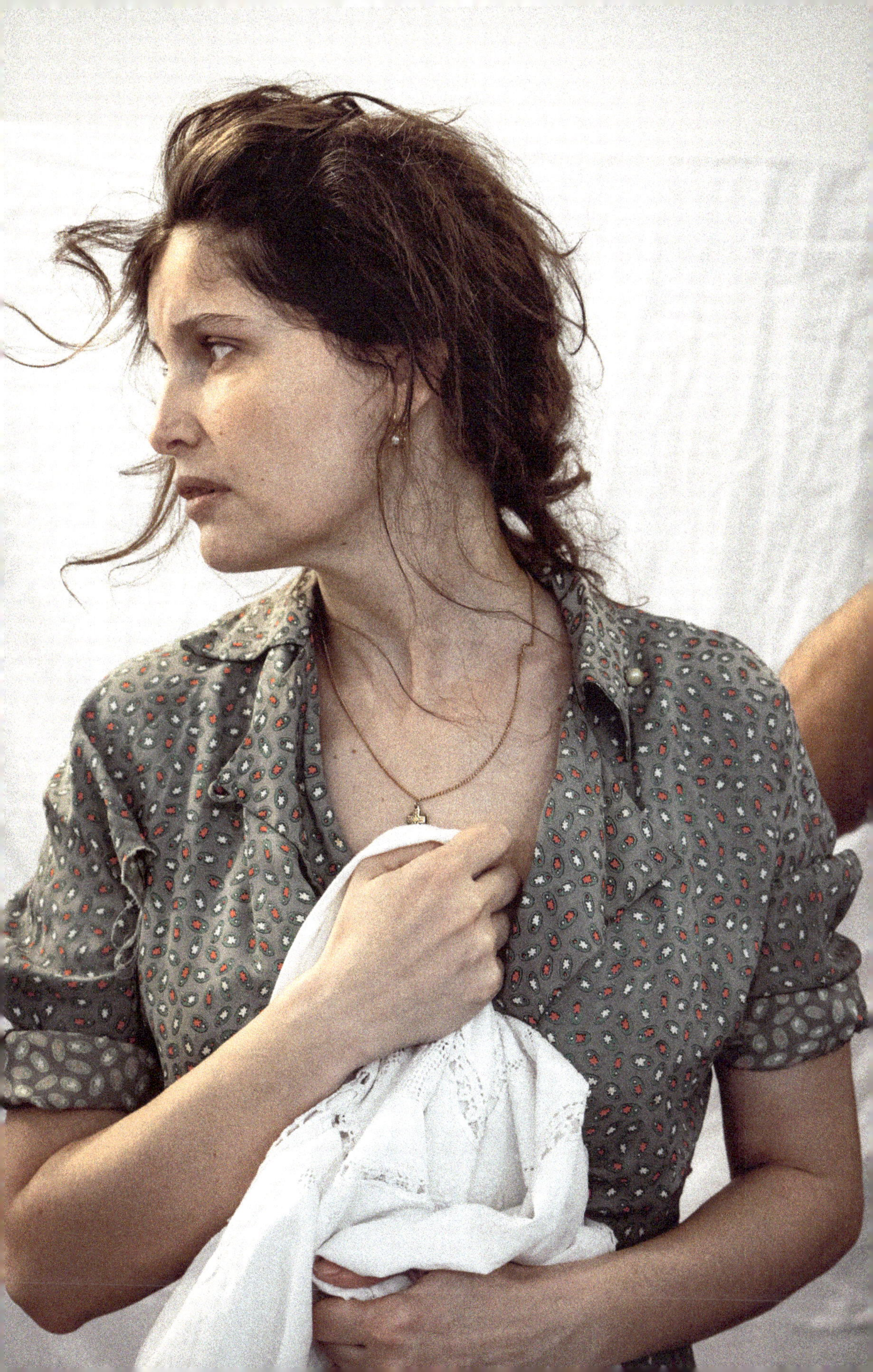

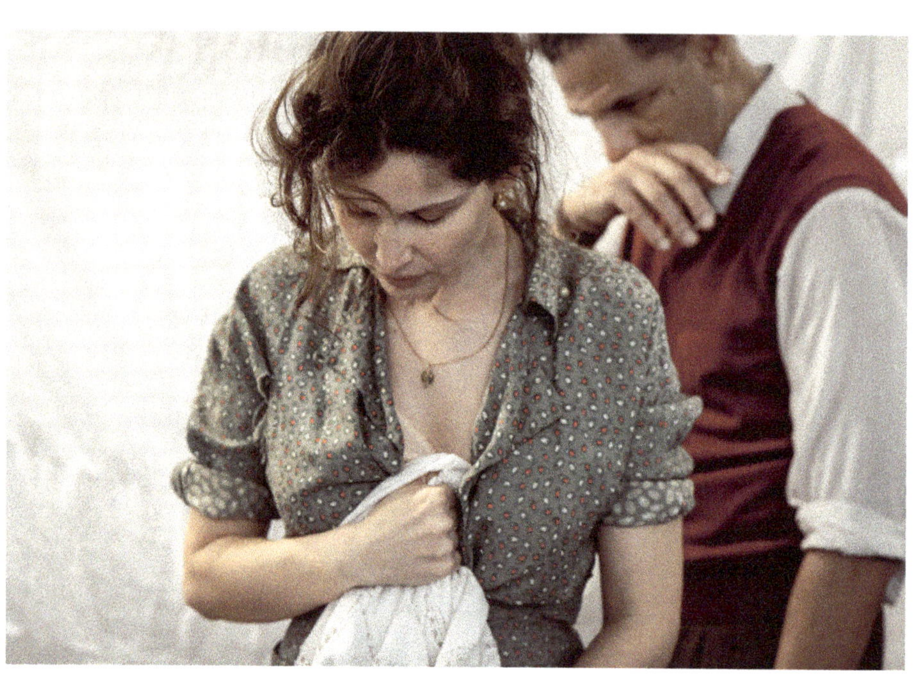

266

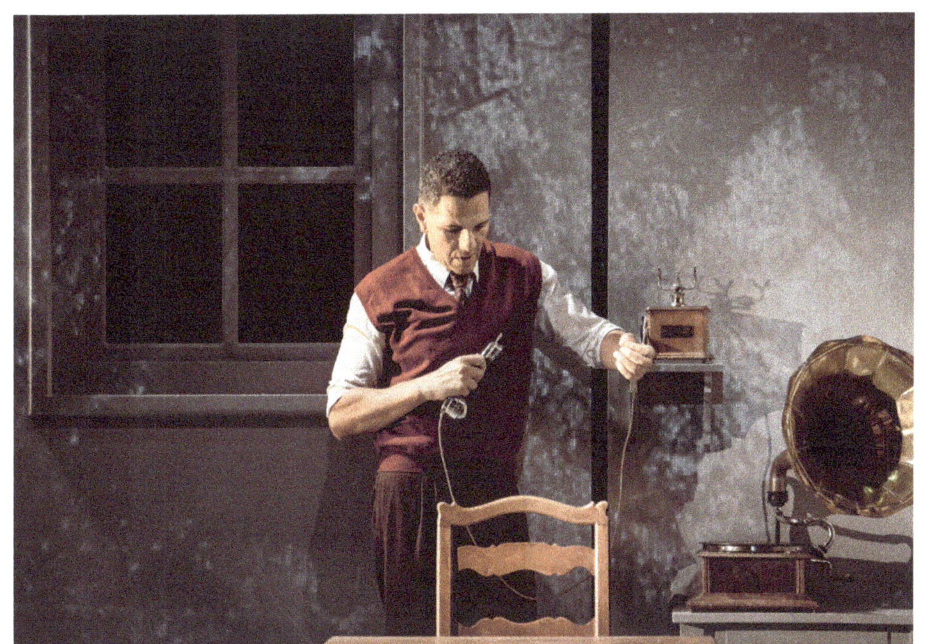

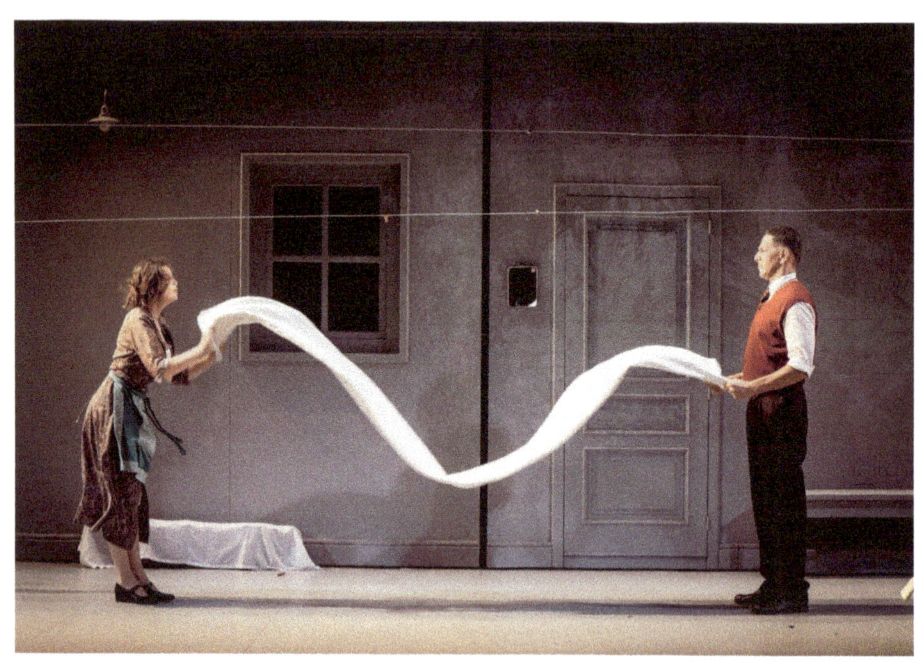

268

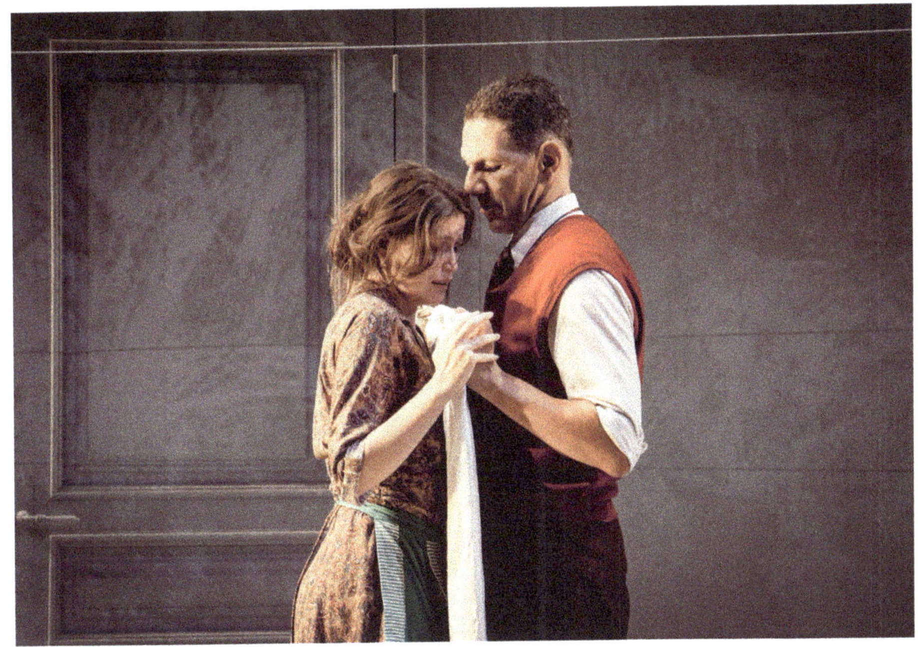

269

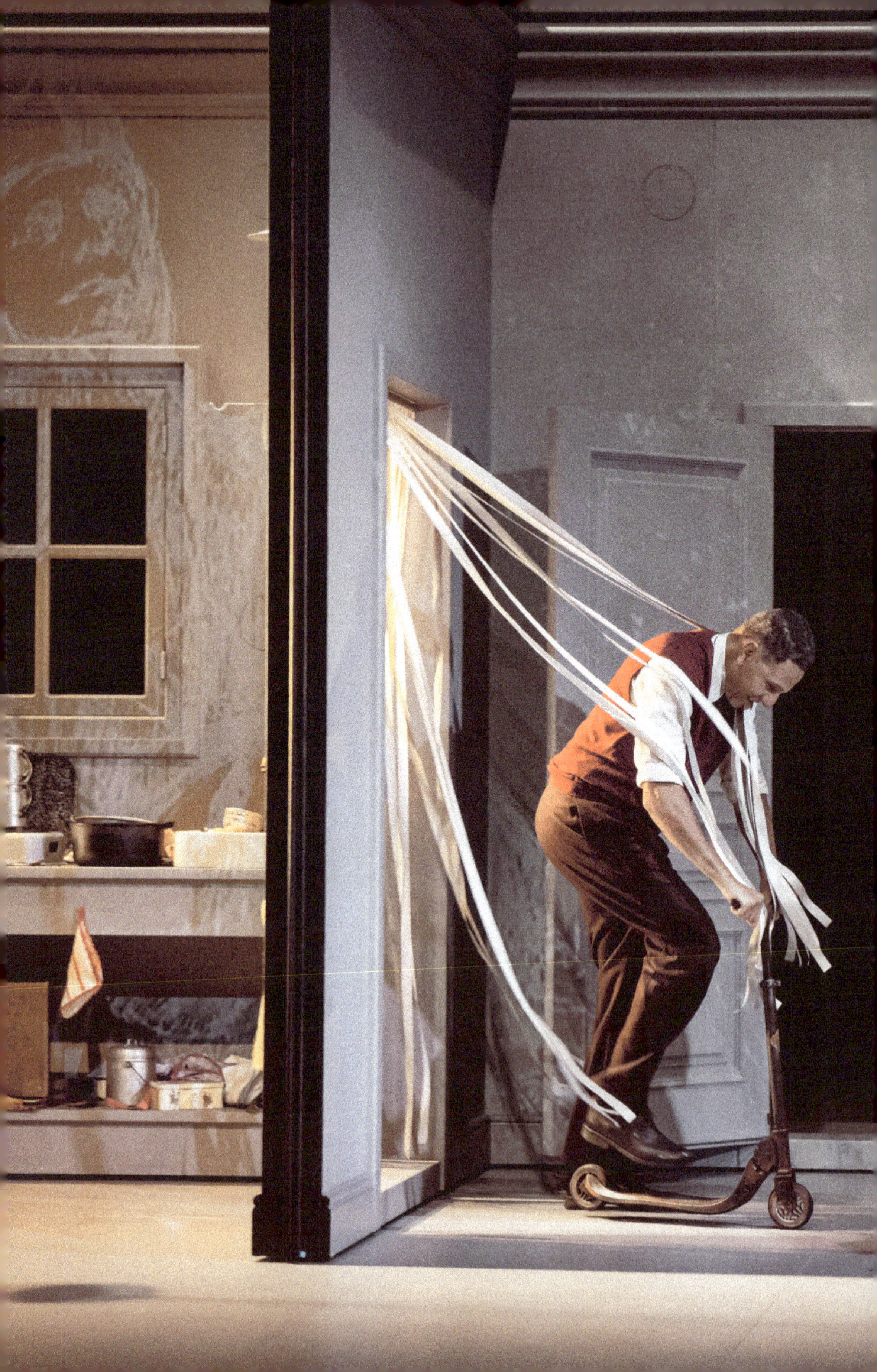

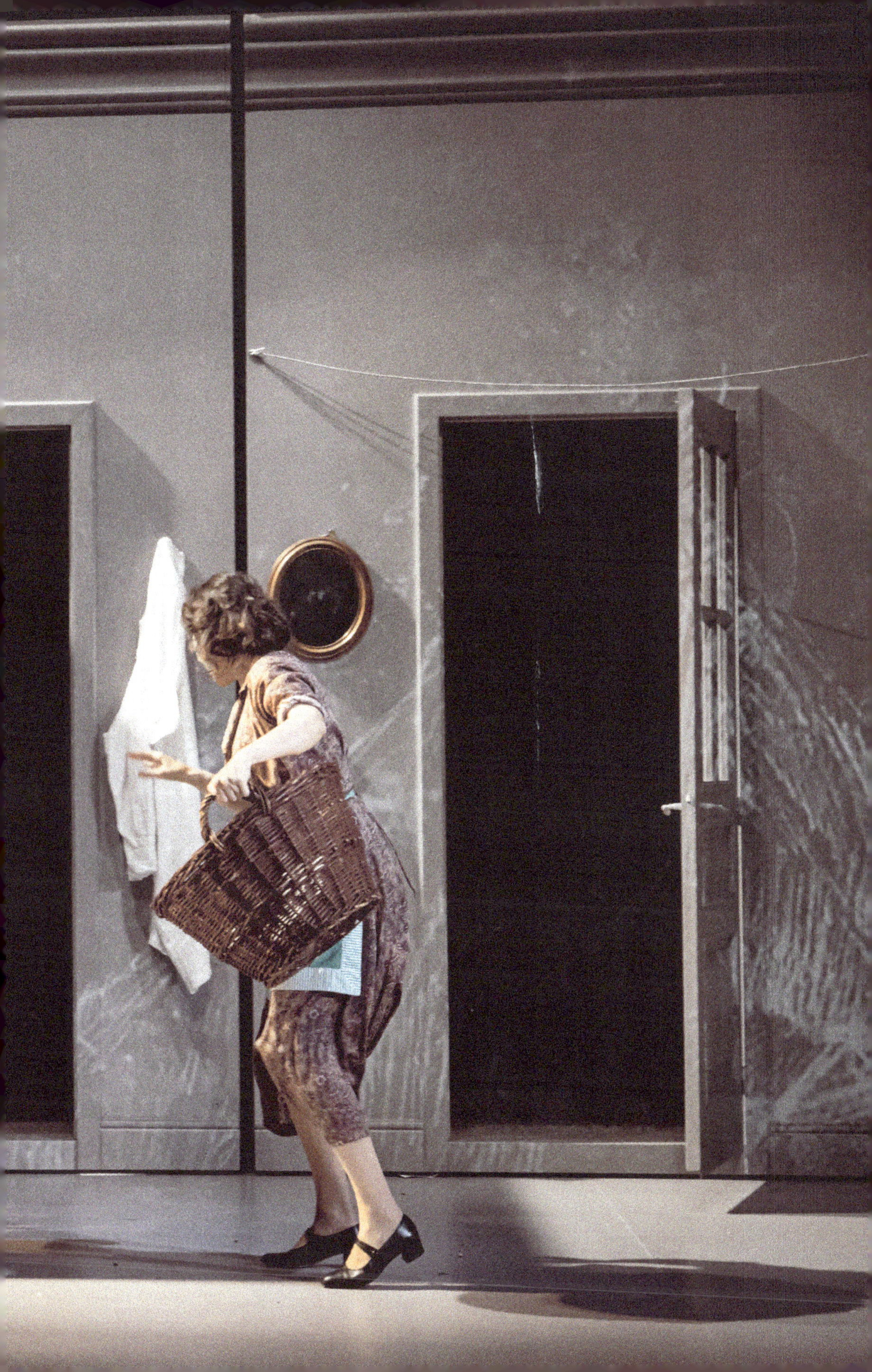

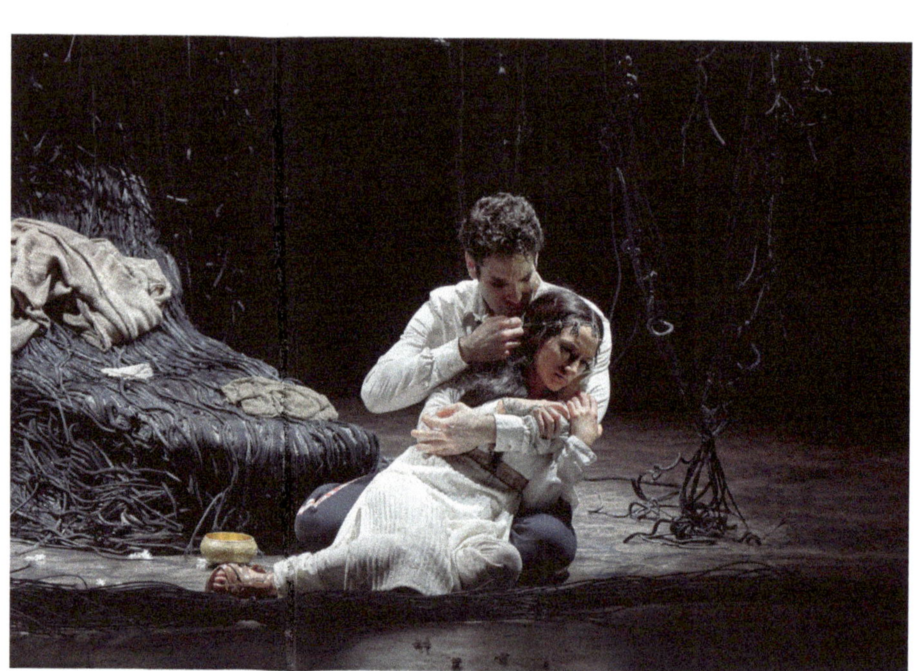

Anhang

Annexes

Appendice

Appendix

Lilo Baur, geboren 1958 im Kanton Aargau (Schweiz), hat ihre Karriere als Schauspielerin und Regisseurin überwiegend im Ausland gemacht – als Schauspielerin vor allem in London und als Regisseurin in Griechenland, Spanien, Italien und Paris. Sie besuchte zunächst das Lehrerseminar in Wohlen (AG) und absolvierte im Anschluss ihre Schauspielausbildung bei Jacques Lecoq in Paris. Erste Engagements erhielt sie in Frankreich und den USA. Von 1988 bis 2002 war sie Ensemblemitglied der 1983 in London gegründeten freien Theatergruppe Complicité. Deren Produktionen touren auch heute weltweit und werden vielfach prämiert. So wurde Lilo Baur für ihre Titelrolle in *The Three Lives of Lucie Cabrol* (1994), inszeniert vom Complicité-Gründer Simon McBurney, 1994 mit dem Manchester Evening News Award und 1997 mit dem kanadischen Dora Award als beste Schauspielerin ausgezeichnet. Das Stück war damals auch am Zürcher Theaterhaus Gessnerallee zu sehen. Lilo Baur spielte zudem in *The Honest Whore* und *The Merchant of Venice* (beide 1998) im Globe Theatre, in der *Orestie* (2000) unter der Regie von Katie Mitchell oder in Paris bei Peter Brook als Gertrude in *La Tragédie d'Hamlet* (2002/03). Sie assistierte Brook bei der Inszenierung der *Fragmente* nach Samuel Beckett (2006) und von *Warum, warum* (2008), die auch im Zürcher Schiffbau gezeigt wurde. Sie verkörperte

auch Rollen in Filmen, u.a. in *Vollmond* (1998) von Fredi M. Murer, *Don Quixote* (2000) von Peter Yates, *Hell* (2010) von Tim Fehlbaum, hatte einen Kurzauftritt in *Bridget Jones: The Edge of Reason* (2004) und spielte in der BBC-Serie *BleakHouse* (2005).

Seit Anfang der 2000er-Jahre wirkt Lilo Baur hauptsächlich als Theater- und Opernregisseurin. Zu ihren vielen Regiearbeiten zählen *Grimms Märchen* (2009) in Athen, *33 svenimenti* (2008) in Rom oder *Fish Love* (2008), eine Aufführung nach Tschechows Erzählungen, die vom Théâtre Vidy-Lausanne co-produziert wurde. Grosse Operninszenierungen waren *Dido and Aeneas* (2011) von Henry Purcell und *Ariane et Barbe-Bleu* (2012) von Paul Dukas, beide in Dijon. *Lakmé* von Léo Delibes realisierte sie 2013 an der Opéra de Lausanne, ebenfalls dort 2014 die Oper *Le Petit Prince* von Michaël Levinas. An der Opéra-Comique in Paris brachte sie zusammen mit dem Dirigenten Christophe Rousset *Armide* von Christoph Willibald Gluck 2022 auf die Bühne, und 2024 die frühere *Armide*-Version von Jean-Baptiste Lully.

Seit 2010 inszeniert Lilo Baur regelmässig an der Comédie-Française. Dort stehen in der Saison 2024/25 *L'Avare* von Molière und *La Souricière* von Agatha Christie auf dem Spielplan. Für *La Tête des autres* von Marcel Aymé erhielt sie 2013 den Prix Beaumarchais, und

2020 war sie für den Prix Molière
für die Regie von Georges Feydeaus
La Puce à l'oreille nominiert.

Lilo Baur inszeniert aber auch immer
wieder in der Schweiz: So wurde im
Oktober 2023 *Une journée particulière*, nach dem gleichnamigen Film
von Ettore Scola, im Théâtre de
Carouge (bei Genf) uraufgeführt. Sie
ist ausserdem Gastdozentin an der
Manufacture – Haute École des arts
de la scène in Lausanne, und seit
2015 arbeitet sie auch regelmässig
in Japan.

Für ihre künstlerischen Leistungen
hat das französische Kulturministe-
rium Lilo Baur 2015 als Officier de
l'Ordre des Arts et des Lettres und
2023 als Commandeur de l'Ordre
des Arts et des Lettres ernannt.
Und vom Bundesamt für Kultur in
Kooperation mit der Schweizerischen Gesellschaft für Theaterkultur wurde sie 2024 mit dem Schweizer Grand Prix Darstellende Künste /
Hans-Reinhart-Ring ausgezeichnet.

276

Anhang

Née en 1958 dans le Canton d'Argovie, en Suisse, Lilo Baur a réalisé la majeure partie de sa carrière à l'étranger – celle d'actrice surtout à Londres et celle de metteuse en scène en Grèce, en Espagne, en Italie et à Paris. Lilo Baur a tout d'abord fréquenté l'École Normale à Wohlen (AG). Après sa formation à l'École internationale de théâtre Jacques Lecoq à Paris, elle est engagée en tant qu'actrice en France, puis aux États-Unis de 1986 à 1988. Elle fait ensuite partie, jusqu'en 2002, de la compagnie indépendante londonienne Complicité, fondée en 1983, dont les productions font l'objet de tournées mondiales et reçoivent de nombreuses distinctions. En 1994, Lilo Baur est notamment récompensée par le prix Manchester Evening News de la meilleure actrice pour son rôle-titre dans *The Three Lives of Lucie Cabrol* (1994), mis en scène par le co-fondateur et directeur artistique de Complicité, Simon McBurney, puis, en 1997, par le prix canadien Dora de la meilleure actrice pour cette même pièce, qui a été présentée aussi à Zurich, au théâtre Gessnerallee. Lilo Baur a joué également, en 1988, dans *The Honest Whore* et *The Merchant of Venice* au Globe Theatre de Londres, en 2000 dans *Oresteia* sous la direction de Katie Mitchell, puis sous celle de Peter Brook dans le rôle de Gertrude dans *La Tragédie d'Hamlet* (2002/03). Elle collabore ensuite avec Peter Brook à la mise en scène des *Fragments* de Samuel Beckett (2006) et de *Warum, warum* (2008), une pièce présentée aussi au Schiffbau à Zurich. Elle a par ailleurs joué dans plusieurs films – notamment dans *Vollmond* (1998) de Fredi M. Murer, dans *Don Quixote* de Peter Yates (2000) et dans *Hell* (2010) de Tim Fehlbaum. Elle a également fait une brève apparition dans *Bridget Jones: The Edge of Reason* (2004) et joué dans la série *Bleak House*, réalisée par la BBC en 2005. Depuis le début des années 2000, Lilo Baur travaille surtout comme metteuse en scène. Parmi les nombreuses pièces à son actif, on peut citer *Les contes de Grimm* (2009) à Athènes, *33 svenimenti* (2008) de Tchekhov à Rome ou encore *Fish Love* (2008), toujours d'après Tchekhov, une coproduction du Théâtre Vidy-Lausanne. Elle a en outre réalisé plusieurs grands opéras comme *Dido and Aeneas* (2011) de Henry Purcell et *Ariane et Barbe-Bleu* (2012) de Paul Dukas, présentés tous deux à Dijon, ou *Lakmé* de Léo Delibes, monté en 2013 à l'Opéra de Lausanne, où elle a également mis en scène, en 2014, l'opéra *Le Petit Prince* de Michaël Levinas. À l'Opéra-Comique de Paris, elle a réalisé avec le chef d'orchestre Christophe Rousset l'*Armide* de Christoph Willibald Gluck en 2022 et la version plus ancienne de Jean-Baptiste Lully en 2024.

Aujourd'hui, Lilo Baur travaille principalement pour la Comédie-Française, qui propose pour la saison 2024/25 deux de ses productions, *L'Avare* de Molière et *La Souricière* d'Agatha Christie. En tant que metteuse en scène, en 2013, elle a reçu le prix Beaumarchais pour *La Tête des autres* de Marcel Aymé et, en 2020, une nomination au Prix Molière pour *La Puce à l'oreille* de Georges Feydeau.

Lilo Baur réalise des productions aussi en Suisse. En octobre 2023 elle a notamment créé, au Théâtre de Carouge (Genève), *Une journée particulière* d'après le film éponyme d'Ettore Scola. Elle a également été professeure invitée de la

277

Manufacture – Haute École des arts
de la scène à Lausanne et travaille
par ailleurs régulièrement au Japon
depuis 2015.

Elle a été nommée Officier de
l'Ordre des Arts et des Lettres par
le Ministère français de la Culture en
2015, puis Commandeure du même
ordre en 2023. Enfin, en 2024,
elle a reçu de la part de l'Office
fédéral de la culture, en coopération
avec la Société suisse du théâtre,
le Grand Prix suisse des arts de
la scène / Anneau Hans Reinhart.

278

Anna Cervinka

Formée au Conservatoire royal
de Bruxelles, Anna Cervinka entre
dans la troupe de la Comédie-
Française en 2014 et est nommée
540ᵉ sociétaire en 2023. Elle y joue
les répertoires classique et contemporain, dirigée entre autres par
Ivo van Hove, Maëlle Poésy, Thomas
Ostermeier, Clément Hervieu-Léger,
Galin Stoev ou Éric Ruf. Pour ses
rôles dans *Vania* (d'après Tchekhov,
mise en scène de Julie Deliquet) et
dans *Les Enfants du silence* (de
Mark Medoff, mise en scène d'Anne-
Marie Etienne), Anna Cervinka est
récompensée par le Molière de
la Révélation féminine en 2017.
Lilo Baur la met en scène dans
La Souricière d'Agatha Christie
(juin 2025), *La Puce à l'oreille* de
Georges Feydeau (2019), *L'Avare*
de Molière (2022), *Après la pluie* de
Sergi Belbel (2017) et *La Maison
de Bernarda Alba* de Federico García
Lorca (2015).

David Christoffel

Après une thèse en Musicologie
à l'EHESS de Paris et plusieurs
saisons dans la matinale de France
Musique, David Christoffel est
producteur pour la Radio Télévision
Suisse RTS depuis 2013. Il lance
en 2019 l'émission indépendante
Metaclassique, attachée au dialogue
interdisciplinaire autour de la musique, qu'il promeut dans ses enseig-
nements à Paris, notamment à
l'École normale supérieure ENS
d'Ulm et à la Sorbonne. Compositeur
et poète, il a écrit et performé une
quinzaine d'opéras parlés pour
lesquels il a été invité par le Festival
d'Automne à Paris et par Ars Musica
à Bruxelles. Il publie régulièrement
des essais sur la musique aux
 Presses Universitaires de France, et
est aussi auteur de livres de poésie.

Anne Fournier

Anne Fournier a suivi des études
de Lettres à l'Université de Lausanne
avant de rejoindre l'Université de
Paris 8 pour y effectuer un diplôme
d'études approfondies en Arts de
la scène. Elle travaille ensuite comme
correspondante à Zurich et critique
de théâtre pour le quotidien *Le Temps*
(2004–2014), puis pour la Radio
Télévision Suisse RTS (2014–2017)
et, entre 2017 et 2022, elle a été
correspondante à Paris pour la RTS.
Depuis 2023 elle est rédactrice
Culture pour la RTS à Lausanne. Elle
est membre du comité directeur de
la Société suisse de théâtre, qu'elle
a coprésidé de 2010 à 2018, et a fait
partie du jury fédéral du théâtre
(2014–2019).

Paola Gilardi

Redattrice responsabile della collana
MIMOS dal 2015 e copresidente della
Società Svizzera di Studi Teatrali
dal 2018. Paola Gilardi è giornalista,
pubblicista, traduttrice e docente.
Dopo la laurea in Germanistica,
Scandinavistica e Italianistica a
Basilea, ha insegnato per diversi anni
presso le Università di San Gallo e
Friburgo. Collabora inoltre regolarmente a progetti teatrali ed editoriali,
fra cui il plurilingue *Dizionario teatrale
svizzero* (Chronos 2005) e *L'Ency-
clopédie Mondiale des Arts de la
Marionnette* (L'Entretemps 2009).
Dal 2004 al 2008 ha fatto parte della
giuria dell'Anello Hans Reinhart e dal
2020 è vicepresidente del Consiglio
di fondazione di SAPA – Archivio
svizzero delle arti della scena.

279

Armelle Héliot

À 20 ans, en 1969, Armelle Héliot
entre à *La Quinzaine Littéraire*,
engagée par Maurice Nadeau. Elle
parachève ses études de Philoso-
phie, de Lettres, d'Histoire de l'art et
d'Archéologie. De 1979 à 1994 au
Quotidien de Paris, puis de 1994
à 2019 au *Figaro*, elle est grand
reporter étranger et société, puis
rédactrice en chef Culture. Elle a
collaboré à la télévision (*Plaisir du
théâtre* et *Le Cercle de Minuit*), à la
radio (France Culture et *Le Masque
et la Plume*, France Inter, de 1983 à
2023). Elle a été décorée en tant que
Chevalier de la Légion d'Honneur,
Chevalier du Mérite, Commandeur
de l'ordre des Arts et Lettres.
Critique dramatique, elle collabore
aujourd'hui à *La Tribune Dimanche* et
au site web de *Marianne*.

Chantal Hurault

Docteure en Études théâtrales, Chantal Hurault est responsable
des publications et de la communication du Théâtre du Vieux-Colombier
/ Comédie-Française. Membre
du comité de rédaction de la revue
Alternatives Théâtrales, elle
a notamment dirigé le numéro
141/2020 *Images en scène (cinéma,
art vidéo, numérique)*. Elle a publié,
entre autres, deux ouvrages d'entretiens : avec Dominique Bruguière,
Penser la lumière (Actes Sud,
«Le temps du théâtre», 2017); et
avec Christian Hecq et Valérie
Lesort, en accompagnement des
photographies de Fabrice Robin,
Jouer (Studio Popincourt, 2021).
Elle enseigne les esthétiques
théâtrales à La Salle Blanche,
le laboratoire de l'acteur-chercheur,
à Paris.

Andreas Klaeui

Andreas Klaeui ist Theaterkritiker
und war bis 2020 Kulturredaktor
beim Schweizer Radio SRF 2 Kultur.
Bis 2008 war er verantwortlicher
Redaktor von *du – Die Zeitschrift der
Kultur*. Seine Kritiken und Reportagen
erscheinen ausserdem in Fach-
publikationen wie *nachtkritik.de* und
Theater heute. Seine Spezialgebiete
sind Theater und klassische Musik,
aber auch die Vermittlung von
kulturellen Ereignissen und ihren
Hintergründen aus dem französischen Sprachgebiet. Von 2017 bis
2021 war Andreas Klaeui in der
Auswahljury des Berliner Theater-
treffens zuständig für die Schweiz.
Er ist Vorstandsmitglied der
Schweizerischen Gesellschaft für
Theaterkultur.

Simon McBurney

Simon McBurney is one of the UK's
most renowned and daring creative
pioneers. An actor, activist, writer
and director and co-founder of
Complicité, his work across genres
and media, from radio to cinema to
live performance is constantly
collaborative, frequently disruptive
and highly influential. It is seen all
over the world from the Schaubühne
in Berlin to the Metropolitan Opera
in New York. He lives with his family
in a house in Stroud, in the West of
England, near the river Severn.

Karelle Ménine

Auteure et historienne franco-suisse vivant à Chêne-Bourg (Canton de Genève, Suisse), elle dirige la collection Arch*Vives* chez MétisPresses. Son travail se consacre aux archives dites «ego-documents»: ce sont les archives du peuple, celles des «petites voix», ces paroles et gestes ordinaires que l'Histoire a longtemps ignorées et qu'elle tente de replacer dans la pensée collective au travers d'ouvrages, de pièces, ou d'expositions.

Laurent Muhleisen

Laurent Muhleisen se consacre à la traduction de théâtre contemporain de langue allemande depuis 1992. Il a traduit vers le français plus d'une soixantaine de pièces. En 1999, il devient directeur artistique de la Maison Antoine Vitez, centre international de la traduction théâtrale, à Paris. En 2006, il rejoint la Comédie-Française en qualité de conseiller littéraire; outre des travaux d'écriture, il y dirige le Bureau des lectures, en charge de l'exploration du répertoire contemporain et anime des ateliers de dramaturgie. Il mène aussi régulièrement des ateliers de traduction théâtrale, et enseigne au sein de L'Ecole Nationale Supérieure des Arts et Techniques du Théâtre à Lyon.

Demis Quadri

Demis Quadri è professore di Ricerca e didattica in Physical Theatre, responsabile del settore Ricerca e prestazioni di servizio, e docente di Teoria e storia del teatro presso l'Accademia Dimitri SUPSI di Verscio (Svizzera). Ha conseguito un doppio dottorato in Lingua e letteratura italiane e in Studi teatrali presso le Università di Friburgo e di Berna. È membro del comitato direttivo della Società Svizzera di Studi Teatrali, della Giuria federale delle arti sceniche e della Commissione culturale Elisarion. Tra i suoi temi di ricerca figurano il physical theatre, il teatro applicato e la commedia dell'arte.

Claudia Rosiny

Claudia Rosiny war von 2021 bis Februar 2025 Verantwortliche für die Darstellenden Künste im Bundesamt für Kultur, zuvor ab 2012 zuständig für Tanz und Theater. Daneben unterrichtete sie an Hochschulen und publizierte (u.a. *Tanz Film, Intermediale Beziehungen zwischen Mediengeschichte und moderner Tanzästhetik*, Transcript 2013). Sie studierte Theater-, Film- und Fernsehwissenschaft in Köln und Amsterdam und promovierte an der Universität Bern mit einer Arbeit über Videotanz. Von 1991 bis 2007 leitete sie die Berner Tanztage und baute von 1998 bis 2007 ein Forum für Medien und Gestaltung im Kornhaus Bern auf. Nach einem Stipendienaufenthalt 2008–2009 in New York City war sie von 2009 bis 2012 Beraterin und Projektleiterin im Schweizer Tanzarchiv, heute SAPA - Schweizer Archiv der Darstellenden Künste. Sie wirkte zudem in der Jury des Hans-Reinhart-Rings mit (2001–2006). Ab März 2025 steht sie bei Frieda – KulturBeratung für Konzept- und Strategieentwicklungen, Jurierungen u.a. zur Verfügung.

Christophe Rousset

Après avoir étudié le clavecin à la
Schola Cantorum de Paris avec
Huguette Dreyfus, puis au Conservatoire Royal de la Haye avec Bob
van Asperen, Christophe Rousset
crée son propre ensemble, Les
Talens Lyriques, en 1991. Pleinement
investi dans la richesse et la diversité des répertoires baroque,
classique et préromantique, il est
régulièrement invité à se produire
avec son ensemble dans toute
l'Europe (de Paris à Vienne en
passant par Amsterdam, Lausanne
et Bruxelles). Avec les Talens
Lyriques, il a enregistré des œuvres
pour clavecin de Couperin, Rameau,
Duphly, Forqueray, Balbastre, Scar-
latti et Bach, ainsi que plusieurs opéras de Salieri. Christophe Rousset
est Chevalier de La Légion d'Honneur, Commandeur de l'ordre des
Arts et des Lettres et Chevalier de
l'Ordre national du Mérite.

Laurent Stocker

Laurent Stocker est né le 27 mai
1973 en Champagne et a grandi dans
les Vosges, à l'est de la France. À
quinze ans, il rejoint Paris pour un
baccalauréat option théâtre. Formé
aux Ateliers Gérard Philipe et au
Conservatoire national supérieur
d'art dramatique, il entre à la Comédie-Française en 2001, et en devient
sociétaire en 2004. À ce titre, il a
joué entre autres dans plusieurs
pièces de Molière. Parallèlement,
il s'engage devant la caméra. En
1997, il joue son premier personnage
au cinéma dans *La Mort du Chinois*
de Jean-Louis Benoît. En 2008,
il remporte le César du meilleur
espoir masculin pour son rôle dans
Ensemble, c'est tout, film de Claude
Berri. Laurent Stocker est Chevalier
de l'ordre des Arts et des Lettres
du Ministère français de la Culture.

Éric Ruf

Comédien, metteur en scène et
scénographe, Éric Ruf entre à la
Comédie-Française en 1993, et en
devient administrateur général en
août 2014. Il y mène une politique
artistique où se côtoient grands
maîtres de la mise en scène et
talents émergents, ainsi qu'un
travail de fond pour la diversité et la
parité sur les scènes de l'institution.
À Paris, il a récemment dirigé, en
2023, *La Bohème* au Théâtre des
Champs-Elysées et, en 2021, *Roméo
et Juliette* à l'Opéra-Comique. Au
cours de la saison 2024/2025, la
Comédie-Française accueille sa
mise en scène du *Soulier de satin* de
Paul Claudel. En tant qu'acteur, il
travaille au théâtre comme au
cinéma et à la télévision. Éric Ruf est
Commandeur de l'ordre des Arts et
des Lettres du Ministère français de
la Culture.

Anhang

Übersetzungen und Lektorat
Traductions et relecture
Traduzioni e revisione
Translations and Proofreading

Übersetzungen
ins Deutsche und Lektorat

English Translations and
Proofreading

Andreas Klaeui
Gespräch mit Éric Ruf,
Beitrag von Armelle Héliot,
Interview mit Christophe Rousset,
Zusammenfassungen

Karen Oettli-Geddes
Introduction,
Conversation with Lilo Baur,
Abstracts

Lektorat
Andreas Härter, Paola Gilardi

Eric Rosencrantz
Conversation with Éric Ruf,
Armelle Héliot's contribution,
Interview with Christophe Rousset

Proofreading
Karen Oettli-Geddes, Mary Carozza

Traductions en français et relecture

Anne Fournier
Entretien avec Lilo Baur,
Résumés

Ariane Gigon
Introduction

Relecture
Cécile Dalla Torre, Anne Fournier,
Paola Gilardi

Traduzioni in italiano e revisione

Paola Gilardi

Übersetzung des Vorworts von
Claudia Rosiny und der Laudatio
der Jury

Sprachendienst des Bundesamts
für Kultur

Die Schweizerische Gesellschaft für Theaterkultur (SGTK) verlieh von 1957 bis 2013 den Hans-Reinhart-Ring, der sich rasch zur bedeutendsten Auszeichnung im Theaterleben der Schweiz entwickelte. Von Anfang an gehörten zu den Preisträger:innen international renommierte Persönlichkeiten aus den verschiedenen Bereichen der darstellenden Künste und aus allen vier Sprachregionen der Schweiz. In einer Vereinbarung mit dem Bundesamt für Kultur (BAK) hat die SGTK 2014 den Hans-Reinhart-Ring in den damals neugeschaffenen Schweizer Grand Prix Theater / Hans-Reinhart-Ring überführt. Im Jahr 2021 hat das BAK die Schweizer Tanz- und Theaterpreise zusammengelegt. Seitdem führt der Schweizer Grand Prix Darstellende Künste / Hans-Reinhart-Ring diese Tradition weiter. Der symbolträchtige Ring kann nun wieder (wie es bis 2013 der Fall war) spartenübergreifend vergeben werden.

La Société suisse du théâtre (SST) a décerné chaque année, entre 1957 et 2013, l'Anneau Hans Reinhart qui s'est vite imposé comme la plus importante distinction de la vie théâtrale suisse. Des personnalités de renom international de différents domaines des arts de la scène et de toutes les régions linguistiques de la Suisse ont été récompénsées. En 2014, la SST a conclu un accord avec l'Office fédéral de la culture (OFC) et l'Anneau Hans Reinhart a été associé au nouveau Grand Prix suisse du théâtre. Depuis 2021, avec la fusion des Prix suisses de la danse et du théâtre, c'est le Grand Prix suisse des arts de la scène / Anneau Hans Reinhart qui poursuit cette tradition. La prestigieuse bague peut désormais à nouveau être attribuée (comme c'était le cas jusqu'en 2013) dans tous les domaines des arts de la scène.

Anhang

Storia del
Gran Premio svizzero
delle arti sceniche/
Anello Hans Reinhart

History of the
Swiss Grand Award
for the Performing Arts/
Hans Reinhart Ring

La Società Svizzera di Studi Teatrali (SSST) ha conferito fra il 1957 e il 2013 l'Anello Hans Reinhart che in breve tempo si è imposto come il riconoscimento più prestigioso nel panorama teatrale elvetico. Fra i premiati figurano personalità di spicco a livello internazionale dei diversi ambiti delle arti sceniche e di tutte le quattro regioni linguistiche della Svizzera. Nel 2014 la SSST ha stipulato un accordo con l'Ufficio federale della cultura, associando l'Anello Hans Reinhart al Gran Premio svizzero di teatro. Con la fusione dei Premi svizzeri di danza e di teatro, dal 2021 è il Gran Premio svizzero delle arti sceniche/Anello Hans Reinhart a dare continuità a questa lunga tradizione. Da allora, il prezioso Anello può di nuovo essere attribuito (come era il caso fino al 2013) in tutte le discipline delle arti della scena.

Between 1957 and 2013, the Swiss Association for Theatre Studies (SATS) was the body awarding the Hans Reinhart Ring, which quickly established itself as the most prestigious accolade in the Swiss theatre scene. Laureates include internationally renowned personalities from various fields of the performing arts and from all four language regions of Switzerland. In 2014, SATS concluded an agreement with the Federal Office of Culture to merge the Hans Reinhart Ring with the Swiss Grand Award for Theatre. And now, with the fusion of the Swiss Dance and Theatre awards in 2021, it is the Swiss Grand Award for the Performing Arts/Hans Reinhart Ring that will continue this long tradition. The precious ring can once again be awarded (as was the case until 2013) across all disciplines of the performing arts.

Schweizer Grand Prix Darstellende Künste / Hans-Reinhart-Ring
Grand Prix suisse des arts de la scène / Anneau Hans Reinhart
Gran Premio svizzero delle arti sceniche / Anello Hans Reinhart
Swiss Grand Award for the Performing Arts / Hans Reinhart Ring

2024   Lilo Baur
        Regisseurin und
        Schauspielerin

2023   Cindy Van Acker
        Danseuse et chorégraphe

2022   Barbara Frey
        Regisseurin
        und Intendantin

2021   Martin Zimmermann
        Choreograf, Regisseur,
        Bühnenbildner, Clown

Anhang

2020	Jossi Wieler Opern- und Theaterregisseur	2016	Theater HORA. Ensemble von Schauspie- ler:innen mit einer kognitiven Beeinträchtigung
2019	Yan Duyvendak artiste d'art visuel et performeur	2015	Stefan Kaegi (Rimini Protokoll), Regisseur
2018	Theater Sgaramusch freie Gruppe im Bereich Kinder- und Jugendtheater	2014	Omar Porras directeur de théâtre, metteur en scène, acteur
2017	Ursina Lardi Schauspielerin		

Anhang

Die Träger:innen des Hans-Reinhart-Rings
Les lauréat·e·s de l'Anneau Hans Reinhart
Le personalità insignite dell'Anello Hans Reinhart
Recipients of the Hans Reinhart Ring

1957	Margrit Winter Schauspielerin	1973	Inge Borkh Sängerin
1958	Leopold Biberti Schauspieler, Regisseur	1974	Annemarie Düringer Schauspielerin
1959	Traute Carlsen Schauspielerin	1975	Charles Joris Animateur, metteur en scène, directeur de théâtre
1960	Käthe Gold Schauspielerin	1976	Dimitri Clown
1961	Marguerite Cavadaski comédienne	1977	Max Röthlisberger Bühnenbildner
1962	Heinrich Gretler Schauspieler	1978	Edith Mathis Sängerin
1963	Ernst Ginsberg Schauspieler, Regisseur	1979	Peter Brogle Schauspieler
1964	Michel Simon comédien	1980	Philippe Mentha metteur en scène, directeur de théâtre
1965	Maria Becker Schauspielerin	1981	Ruodi Barth Bühnenbildner
1966	Max Knapp Schauspieler	1982	Heinz Spoerli Choreograf
1967	Lisa Della Casa Sängerin	1983	Reinhart Spörri Regisseur, Theaterleiter
1968	Charles Apothéloz animateur, metteur en scène, directeur de théâtre	1984	Ruedi Walter Schauspieler
1969	Leopold Lindtberg Regisseur	1985	Benno Besson Regisseur
1970	Ellen Widmann Schauspielerin	1986	Annemarie Blanc Schauspielerin
1971	Rolf Liebermann Komponist, Theaterleiter	1987	Werner Düggelin Regisseur, Theaterleiter
1972	Carlo Castelli regista	1988	Emil Steinberger Kabarettist

Anhang

1989	François Rochaix metteur en scène
1990	Gardi Hutter Clownin
1991	Bruno Ganz Schauspieler
1992	nicht vergeben / pas décerné
1993	Paul Roland Schauspieler, Direktor Schauspielschule Bern
1994	Ketty Fusco Attrice, regista
1995	Rolf Derrer Licht-Designer
1996	Mathias Gnädinger Schauspieler
1997	Luc Bondy Regisseur
1998	Werner Hutterli Bühnenbildner
1999	Ruth Oswalt Schauspielerin, Theaterleiterin
1999	Gerd Imbsweiler Schauspieler, Theaterleiter
2000	Werner Strub créateur de masques
2001	Peter Schweiger Schauspieler, Regisseur, Theaterleiter
2002	Anna Huber Tänzerin, Choreografin
2003	Véronique Mermoud comédienne
2003	Gisèle Sallin metteuse en scène
2004	Brigitta Luisa Merki Flamenco-Tänzerin, Choreografin

2005	Dominique Catton comédien, metteur en scène, directeur
2006	Roger Jendly comédien
2007	Giovanni Netzer reschissur ed intendant
2008	Nadja Sieger Bühnenkünstlerin
2008	Urs Wehrli Bühnenkünstler
2008	Tom Ryser Regisseur und Schauspieler
2009	Jean-Marc Stehlé scénographe et comédien
2010	Volker Hesse Regisseur und Theaterleiter
2011	Christoph Marthaler Regisseur
2012	Daniele Finzi Pasca attore, regista e clown
2013	Yvette Théraulaz comédienne, chanteuse

Anhang

Mickaël Pelissier, Nicolas Verdier
Premiere: 21. September 2019
Salle Richelieu,
Comédie-Française, Paris
Fotos: © Brigitte Enguérand

S.145
La Puce à l'oreille
Proben der Wiederaufnahme,
Dezember 2022
Im Bild: Lilo Baur,
Bakary Sangaré, Serge
Bagdassarian, Anna Cervinka

S.146, oben
La Puce à l'oreille, 2019
Serge Bagdassarian, Sébastien
Pouderoux, Anna Cervinka

S.146, Mitte
La Puce à l'oreille, 2019
Jean Chevalier, Jérémy Lopez

S.146, unten
La Puce à l'oreille, 2019
Birane Ba, Bakary Sangaré,
Camille Seitz, Pauline Clément,
Cécile Brune

S.147, oben
La Puce à l'oreille, 2019
Sébastien Pouderoux,
Anna Cervinka

S.147, Mitte
La Puce à l'oreille, 2019
Serge Bagdassarian,
Alexandre Pavloff,
Anna Cervinka
Skifahrer: Aksel Carrez,
Mickaël Pelissier,
Nicolas Verdier

S.147, unten
La Puce à l'oreille, 2019
Birane Ba, Jérémy Lopez
Bakary Sangaré

S.148–149
Après la pluie
Von Sergi Belbel
Französische Version:
Jean-Jacques Préau
Regie: Lilo Baur
Bühne: Andrew D. Edwards

Kostüme: Agnès Falque
Licht: Fabrice Kebour
Musik: Mich Ochowiak
Mit: Véronique Vella,
Cécile Brune, Alexandre
Pavloff, Clotilde de Bayser,
Nâzim Boudjenah,
Sébastien Pouderoux,
Anna Cervinka, Rebecca Marder
Premiere: 29. November 2017
Théâtre du Vieux-Colombier,
Comédie-Française, Paris
Fotos: © Brigitte Enguérand

S.148
Après la pluie
Cécile Brune, Véronique
Vella, Alexandre Pavloff

S.149, oben
Après la pluie
Anna Cervinka,
Alexandre Pavloff

S.149, unten
Après la pluie
Véronique Vella, Anna Cervinka,
Rebecca Marder, Clotilde de
Bayser

S.150–153
L'Avare
Von Molière
Regie: Lilo Baur
Bühne: Bruno de Lavenère
Licht: Nathalie Perrier
Kostüme: Agnès Falque
Musik, Regieassistenz:
Mich Ochowiak
Mit: Laurent Stocker (Harpagon),
Alain Lenglet, Françoise Gillard,
Jérôme Pouly, Serge
Bagdassarian,
Nicolas Lormeau, Anna Cervinka,
Jean Chevalier, Élise Lhomeau,
Clément Bresson, Adrien Simion,
Jérémy Berthoud
Premiere: 1. April 2022
Salle Richelieu,
Comédie-Française, Paris
Fotos: © Brigitte Enguérand

S.150
L'Avare
Jérôme Pouly,
Laurent Stocker

S.151
L'Avare
Françoise Gillard,
Laurent Stocker

S.152, oben
L'Avare
Vorne: Jean Chevalier,
Anna Cervinka
Hinten: Laurent Stocker

S.152, unten
L'Avare
Jérémy Berthoud, Élise Lhomeau,
Nicolas Lormeau, Clément
Bresson, Adrien Simion,
Laurent Stocker, Jean Chevalier

S.153
L'Avare
Laurent Stocker

S.154–157
La Tête des autres
Von Marcel Aymé
Regie: Lilo Baur
Assistenz: Katia Flouest-Sell
Bühne: Oria Puppo
Kostüme: Agnès Falque
Licht: Gwendal Malard
Musik: Mich Ochowiak
Mit: Véronique Vella,
Alain Lenglet, Florence Viala,
Serge Bagdassarian,
Nicolas Lormeau,
Clément Hervieu-Léger,
Félicien Juttner,
Laurent Lafitte,
Laure-Lucile Simon,
Mich Ochowiak
Premiere: 8. März 2013
Théâtre du Vieux-Colombier,
Comédie-Française, Paris
Fotos: © Christophe
Raynaud de Lage

S.154
La Tête des autres
Florence Viala,
Laurent Lafitte

S.155
La Tête des autres
Florence Viala,
Nicolas Lormeau

S.156–157
La Tête des autres
Clément Hervieu-Léger,
Félicien Juttner,
Alain Lenglet,
Florence Viala

S.158–159
Le Mariage
Von Nikolai Gogol
Französische Version:
André Markowicz
Regie: Lilo Baur
Assistenz: Clara Bauer
Bühne: James Humphrey
Kostüme: Agnès Falque
Licht: Christian Dubet
Musik: Mich Ochowiak
Mit: Yves Gasc,
Catherine Sauval,
Jean-Baptiste Malartre,
Alain Lenglet,
Clotilde de Bayser,
Laurent Natrella,
Julie Sicard,
Nicolas Lormeau
Nâzim Boudjenah,
Géraldine Roguez
Premiere: 24. November 2010
Théâtre du Vieux-Colombier,
Comédie-Française, Paris
Fotos: © Cosimo Mirco Magliocca

S.158
Le Mariage
Links: Jean-Baptiste Malartre,
Laurent Natrella, Alain Lenglet,
Nâzim Boudjenah, Nicolas
Lormeau, Yves Gasc,
Géraldine Roguez
Rechts: Julie Sicard, Catherine
Sauval, Clotilde de Bayser

292

Anhang

S.159
Le Mariage
Julie Sicard

S.160–164
La Maison de Bernarda Alba
Von Féderico Garcia Lorca
Französische Version:
Fabrice Melquiot
Regie: Lilo Baur
Bühne: Andrew D. Edwards
Kostüme: Agnès Falque
Musik: Mich Ochowiak
Choreografie: Claudia
de Serpa Soares
Künstl. Mitarbeit: Katia
Flouest-Sell
Mit: Cécile Brune (Bernarda Alba),
Anne Kessler, Claude Mathieu,
Florence Viala, Sylvia Bergé,
Coraly Zahonero / Anna Cervinka,
Jennifer Decker, Adeline d'Hermy,
Elsa Lepoivre, Elliot Jenicot,
Claire de la Rüe du Can
Premiere: 23. Mai 2015
Salle Richelieu,
Comédie-Française, Paris
Fotos: © Brigitte Enguérand

S.160
Bernarda Alba
Florence Viala, Jennifer Decker

S.161, oben
Bernarda Alba
Coraly Zahonero, Adeline d'Hermy,
Claude Mathieu, Jennifer Decker

S.161, unten
Bernarda Alba
Coraly Zahonero, Claire
De La Rüe Du Can, Adeline
d'Hermy, Cécile Brune,
Elsa Lepoivre

S.162
Bernarda Alba
Adeline d'Hermy, Elliot Jenicot

S.163
Bernarda Alba
Adeline d'Hermy

S.164
Bernarda Alba
Adeline d'Hermy

S.221–223
Armide
Von Jean-Baptiste Lully
Libretto: Philippe Quinault
Musikalische Leitung:
Christophe Rousset
Regie: Lilo Baur
Assistenz: Florimond Plantier
Choreografie: Claudia
de Serpa Soares
Bühne: Bruno de Lavenère
Kostüme: Alain Blanchot
Licht: Laurent Castaingt
Chorleitung: Joël Suhubiette
Mit: Ambroisine Bré (Armide),
Cyrille Dubois (Renaud),
Edwin Crossley-Mercer,
Anas Séguin,
Lysandre Châlon,
Enguerrand de Hys,
Florie Valiquette,
Apolline Raï-Westphal,
Abel Zamora
Orchester Les Talens Lyriques
Chor Les Éléments
Tänzer:innen: Fabien
Almakiewicz, Nicolas
Diguet, Rafael Pardillo,
Mai Ishiwata, Panagiota
Kallimani, Emilio Urbina
Premiere: 17. Juni 2024
Salle Favart,
Opéra-Comique, Paris
Fotos: © Stefan Brion

S.221
Lullys *Armide*
Ambroisine Bré,
Cyrille Dubois

S.222, oben
Lullys *Armide*
Ambroisine Bré,
Anas Séguin
Chor Les Éléments,
Tänzer:innen

S.222, unten
Lullys *Armide*
Cyrille Dubois,
Ambroisine Bré

S. 223, oben
Lullys *Armide*
Cyrille Dubois,
Chor Les Élements

S. 223, unten
Lullys *Armide*
Ambroisine Bré,
Chor Les Éléments,
Tänzer:innen

S. 224, oben
Lullys *Armide*
Proben, Mai 2024
Christophe Rousset
Foto: © Fabrice Labit

S. 224, unten
Lullys *Armide*
Proben, Mai 2024
Lilo Baur, Tänzer:innen
Foto: © Stefan Brion

S. 225, oben
Lullys *Armide*
Proben, Mai 2024
Lilo Baur, Cyrille Dubois,
Ambroisine Bré
Foto: © Fabrice Labit

S. 225, Mitte
Lullys *Armide*
Proben, Mai 2024
Lilo Baur,
Lysandre Châlon
Foto: © Fabrice Labit

S. 225, unten
Lullys *Armide*
Proben, Mai 2024
Lilo Baur, Tänzer:innen
Foto: © Stefan Brion

S. 226–228
Armide
Von Christoph Willibald Gluck
Libretto: Philippe Quinault
Musikalische Leitung:
Christophe Rousset
Regie: Lilo Baur
Regieassistenz: Céline Gaudier
Bühne: Bruno de Lavenère
Kostüme: Alain Blanchot
Licht: Laurent Castaingt
Gesangleitung: Brigitte Clair
Mit: Véronique Gens (Armide),

Ian Bostridge (Renaud),
Edwin Crossley-Mercer,
Anaïk Morel, Philippe Estèphe,
Enguerrand de Hys, Florie
Valiquette,
Apolline Raï-Westphal
Orchester Les Talens Lyriques
Chor Les Éléments
Tänzer:innen: Fabien
Almakiewicz, Nicolas
Diguet, Mai Ishiwata
Premiere: 5. November 2022
Salle Favart,
Opéra-Comique, Paris
Fotos: © Stefan Brion

S. 226–227
Glucks *Armide*
Ian Bostridge,
Chor Les Éléments,
Tänzer:innen

S. 228, oben
Glucks *Armide*
Véronique Gens

S. 228, unten
Glucks *Armide*
Anaïk Morel (La Haine),
Véronique Gens,
Chor Les Éléments,
Tänzer:innen

S. 265–271
Une journée particulière
Nach Ettore Scolas Drehbuch
Bühnenfassung: Gigliola Fantoni,
Ruggero Maccari
Französische Version:
Huguette Hatem
Regie: Lilo Baur
Assistenz: Robin Ormond,
Barthélémy Fortier
Bühne: Bruno de Lavenère
Kostüme: Agnès Falque
Licht: Laurent Castaingt
Musik: Mich Ochowiak
Video: Etienne Guiol
Dramaturgie: Valérie Six,
Arnaud Duprat de Montero
Mit: Laetitia Casta (Antonietta),
Roschdy Zem (Gabriele),
Joan Bellviure, Sandra Choquet
Premiere: 3. Oktober 2023
Théâtre de Carouge
Fotos: © Simon Gosselin

Anhang

S.265–271
Une journée particulière
Laetitia Casta (Antonietta),
Roschdy Zem (Gabriele)

S.272
Lakmé
Von Leo Délibes
Libretto: Edmond Gondinet,
Philippe Gille
Im Bild: Sabine Devieilhe (Lakmé),
Frédéric Antoun (Gérald)
Musikalische Leitung:
François-Xavier Roth
Regie: Lilo Baur
Bühne: Caroline Ginet
Kostüme: Hanna Sjödin
Licht: Gilles Gentner
Choreografie: Olia Lydaki
Gesangleitung: Mathieu Pordoy
Chorleitung: Christophe
Grapperon
Mit: Sabine Devieilhe,
Frédéric Antoun,
Élodie Méchain, Paul Gay,
Jean-Sébastien Bou, Marion
Tassou, Roxane Chalard, Hanna
Schaer, Antoine Normand,
Laurent Deleuil, David Lefort,
Jean-Christophe Jacques
Chor accentus
Orchester Les Siècles
Aufführung: Januar 2014
Salle Favart,
Opéra-Comique, Paris
Foto: © Pierre Grosbois